vie d'une part
les représents
de Catherine
La Voisin.
notaire, Maître
Jean Racine
Monseig

tolets automatiques
dispensables les p
précautions pen
cution des tirs
faits accomp
la patri
grande
détente des

Eric Le Collen

Feder, Tinte und Papier

Die Geschichte schönen Schreibgeräts

Aus dem Französischen von
Cornelia Panzacchi

Gerstenberg Verlag

Für Sylvie, für Brieuc –
und für die geheimen
Freiheiten, die uns Papier
und Feder schenken.

Die Deutsche Bibliothek – CIP-Einheitsaufnahme
LeCollen, Eric: Feder, Tinte und Papier :
die Geschichte schönen Schreibgeräts /
Eric Le Collen. Aus dem Franz. von Cornelia
Panzacchi. – Hildesheim : Gerstenberg, 1999
Einheitssacht.: Objets d'écriture <dt.>
ISBN 3-8067-2860-7

Die Originalausgabe erschien 1998
unter dem Titel *Objets d'écriture*
bei Flammarion, Paris.

Konzeption: Ghislaine Bavoillot
Gestaltung: Marc Walter / Bela Vista

Satz bei Fotosatz Ressemann, Hochstadt
Druck bei Canale, Turin
Printed in Italy
ISBN 3-8067-2860-7

Zitate aus französischen Werken wurden von
Cornelia Panzacchi ins Deutsche übertragen.

Schreibgeräte von gestern bis heute: Gänsefeder (S. 1) und die Schrift von Racine, nachempfunden von Jacques Le Roux; Stahlfeder (S. 2–3) mit Holzfederhalter, hergestellt von Cayenne-Sträflingen; Filzschreiber und von Christian Lacroix beschriebenes Papier (der am liebsten mit einem Montblanc-Füller oder Filzschreiber schreibt).

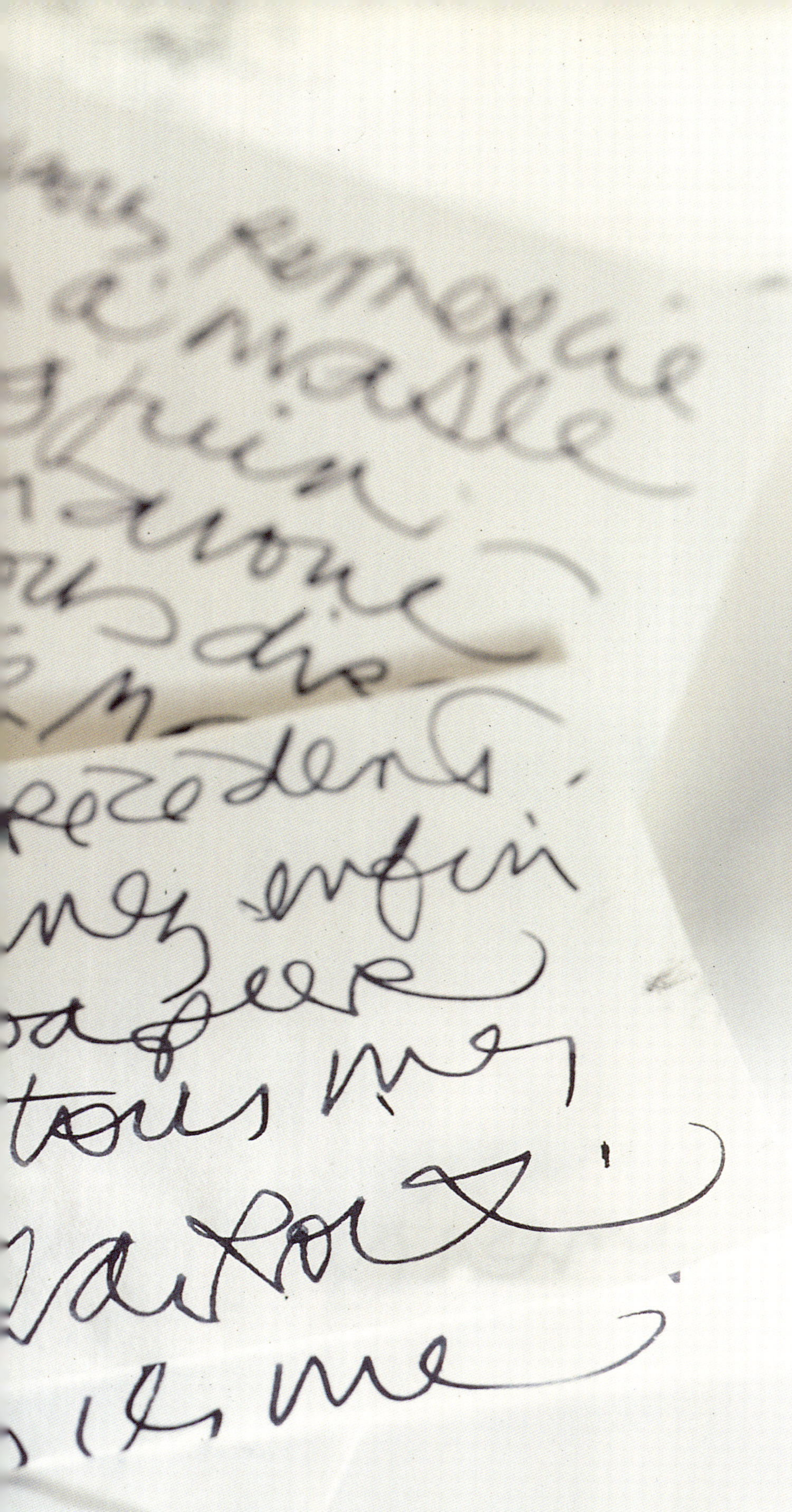

Inhalt

Schreibgefährten 7

Tausend Jahre Gänsefeder 11

Von Tinte und Papier 31

Die Stahlfeder 53

Die Schule des Schreibens 79

Der Füller –
ein amerikanischer Traum 103

Die Kugelschreiber-Generation 141

Schreibgeräte der Zukunft 157

Nützliches und Wissenswertes 161

mon cœur
ardents:
et
Lange,
1891

Schreib-gefährten

Ob einfach oder kostbar – Schreibgeräte haben für uns stets eine besondere Bedeutung. Sie begleiteten unsere Finger bei den ersten ungeschickten Versuchen, etwas zu Papier zu bringen. Allmählich haben wir dann entdeckt, welche Freiheit uns diese wunderbaren Instrumente schenken.

Mit einem nur wenige Gramm schweren Kugelschreiber können wir kilometerlang schreiben; mit einem einfachen Bleistift alles sagen, alles ausdrücken und den endlosen Raum eines weißen Blatt Papiers zu einem Teil unserer selbst machen. Etwas mit der Hand zu schreiben ist immer auch ein bißchen Zauberei – und nach wie vor die beste Art, anderen kleine Zeichen unserer Zuneigung zu geben, Zeichen, denen wir unseren besonderen Ausdruck verleihen können und die man immer wieder lesen kann. Wir können das Papier mit Pinseln oder Filzstiften streicheln oder unsere Zeichen mit der Feder einritzen – je nach Vorliebe. Häufig begleiten uns ein Lieblingsfüller, ein Lieblingsstift ein ganzes Leben lang, und für uns haben sie beinahe eine eigene Seele.

Auf unserer Zeitreise durch die Geschichte des Schreibens werden wir die Gänsefeder näher kennenlernen, die Stahlfeder, den Füllfederhalter, Buntstifte und Kreiden, den Kugelschreiber. Aus den vergangenen Jahrhunderten kennen wir so viel Geschriebenes; die Geräte aber, mit denen geschrieben wurde, sind uns kaum bekannt. Wir wollen uns auf die Suche begeben und die Spuren von Schreibgeräten verfolgen, die verschwunden sind, nachdem sie ihre Aufgabe erfüllt haben.

Links: Auf einem »Grußbrief« aus geprägtem, goldverziertem Papier, der im 19. Jahrhundert von einem Kind geschrieben wurde, bilden ein Tintenfaß aus Kristallglas, das mit den eingeschliffenen Facetten einem Edelstein gleicht, und ein Füllhalter mit Goldfeder aus den dreißiger Jahren dieses Jahrhunderts stimmungsvolle Requisiten ästhetischer Schreibkultur.

Wenn man sich näher mit ihnen und ihrer Geschichte beschäftigt, kann man dabei überraschende Entdeckungen machen, interessanten Persönlichkeiten begegnen und sich ausmalen, womit wir morgen vielleicht schreiben werden.

Aber machen wir uns nichts vor: Schreibgeräte können durch ihren ausgeklügelten Aufbau, durch ihre Schönheit oder durch ihr bizarres Aussehen faszinieren, immer aber sind sie Instrumente unseres Gedächtnisses, der menschlichen Intelligenz, der Phantasie.

Zu allen Zeiten haben Schriftsteller und Dichter darüber nachgedacht, welche Werkzeuge es ihnen erleichtern, ihre Gedanken mitzuteilen, und welche das Gegenteil bewirken. Wie wir aus *Dichtung und Wahrheit* erfahren, schrieb Goethe »weit lieber« mit dem Bleistift: »Denn es war mir einigemal begegnet, daß das Schnarren und Spritzen der Feder mich aus meinem nachtwandlerischen Dichten aufweckte, mich zerstreute und ein kleines Produkt in der Geburt erstickte.«

Der französische Schriftsteller Alexandre Dumas hingegen hätte auf keinen Fall auf seine Gänsefeder verzichten wollen – obwohl die Fabriken des 19. Jahrhunderts bereits begonnen hatten, die Welt mit Stahlfedern zu überschwemmen.

In seinem Vorwort zu *La Civilisation de l'écriture* (Die Zivilisation der Schrift) betont der Philosoph und Literaturkritiker Roland Barthes, daß man nur mit guten Schreibgeräten Spaß am Schreiben haben kann: »… die oft undankbar erscheinende geistige Arbeit wird in meinen Augen durch das Glück wiedergutgemacht, ein weißes Blatt Papier (wie die Werkbank eines Handwerkers) und eine gute Feder vor mir liegen zu haben …«

Wie lange ist es her, daß die Schrift und ihre Werkzeuge wenigen Eingeweihten vorbehalten waren? Die fernen Vorfahren der schönen Füllfederhalter, die uns so gut gefallen, wurden aus dem elementaren Bedürfnis heraus entwickelt, Feldfrüchte und Herden zu zählen. Später diente die Keilschrift – mit einem Stab in Täfelchen aus feuchtem Ton gedrückt – dazu, Ideen und Gefühle auszudrücken und die genauen Einzelheiten jener Geschichte niederzulegen, die bis dahin mündlich überliefert worden war.

Mit dem Griffel der Buchhalter brachten die Sumerer vor viertausend Jahren zum ersten Mal ein Epos in schriftliche Form. Wenn man die eingeritzten Zeichen entziffert, offenbaren sich im *Gilgamesch-Epos* die Legenden, die die Griechen inspirierten. Andere Täfelchen erzählen die Geschichte jener großen Überschwemmung, der »Sintflut«, von der die Bibel berichtet.

Ägypten schenkte der Menschheit seine zeitlos schönen Hieroglyphen. Die Texte waren heilig, daher hatten die Schreiber große Macht. Im Laufe einer sehr langen Ausbildungszeit lernten die Eingeweihten, die komplizierte Schrift perfekt zu beherrschen; außerdem mußten sie ein außergewöhnlich gutes Gedächtnis besitzen.

Unten: Unter dem wachsamen Blick von Thot – dem mythischen Begründer der ägyptischen Schrift – vertieft sich der Schreiber Nebmertuf in seine Arbeit. Das kleine Kunstwerk stammt aus der Regierungszeit von Amenophis III. und gehört heute zur Sammlung des Louvre.

Oben: Der Calamus aus Schilf- oder Bambusrohr ist eines der frühesten Schreibgeräte. Bis heute ist er das traditionelle Schreibgerät der arabischen Kalligraphie. Das stabile Instrument, mit dem man Linien in den verschiedensten Stärken ziehen kann, eignet sich gut für das Schreiben einer komplizierten Schrift.

Die Schreiber suchten nach Möglichkeiten, die Schrift für den Alltagsgebrauch zu vereinfachen. So entstanden auf Papyrus, Leder oder Stoff neue Schriften, die sich schneller schreiben ließen, weil sie flüssiger und gelöster waren. Gleichzeitig wurden neue Utensilien entwickelt, deren Namen wir auch heute noch kennen: Tinte, Tintenfaß, Rohrfeder, Pinsel.

Die Erfindung des Alphabets durch die Phönizier vor dreitausend Jahren war eine Revolution, denn nun brauchte man nicht mehr mehrere Hunderte, sondern nur noch an die dreißig Zeichen schreiben zu können. Der griechische Schreiber hatte einen Metallgriffel, mit dem er die Buchstaben auf wachsüberzogene Tafeln ritzte. Der römische Schüler tat es ihm gleich, allerdings benutzte er mitunter einen seltsamen Bronzestab mit gespaltener Spitze … auf den wir im 19. Jahrhundert zurückkommen werden.

Während die Steinmetze in ihren Werkstätten in Rom die *Capitalis monumentalis* meißelten, bedeckten sich die Mauern entlang der kleinen Gassen mit Graffiti, in denen es um Liebe, um Politik, um das gesellschaftliche Leben ging. Das *Album*, die Tafel für öffentliche Bekanntmachungen, war nie groß genug, um alle Klagen der wütenden Bürger aufzunehmen, wie z. B. die eines über seinen Wirt in Pompeji enttäuschten Gastes: »Du verkaufst sauren Wein, Schuft, und behältst die guten Flaschen für dich!« Pompeji wurde von Lava bedeckt, Rom ging unter. Nach den großen Eroberungszügen wollte Karl der Große ein Reich aufbauen, in dem Wissen und Kultur wieder einen angemessenen Platz finden sollten. Auch er träumte vom Schreiben.

Durch den Chronisten Eginhard ist überliefert, daß der Herrscher »ein Schreibtäfelchen und Büchlein unter dem Kopfpolster seines Bettes« aufbewahrte, um sich in Momenten der Muße im Schreiben zu üben. Ob er wohl ein gewissenhafter Schüler war?

Anscheinend nicht: »… er begann zu spät damit, und die Ergebnisse waren nur mittelmäßig …«, fährt der Chronist fort. Zum Glück gab es Mönche, die in dieser Kunst bewanderter waren.

Oben: Ein Engel diktiert dem Heiligen Matthias (Skulptur im Lettner der Kathedrale von Chartres).
Im Hintergrund: eine römische Unzialschrift (5. Jahrhundert).

Rechts: In dieser Miniatur aus dem 13. Jahrhundert prüft ein Mönch das Pergament, das ihm ein weltlicher Händler vorlegt. Im Hintergrund eine auf einen Rahmen aufgespannte Haut. Im Grunde genommen ist es ein Wunder, daß die gegerbte, bearbeitete Tierhaut tausend Jahre überdauern konnte.

Exemple

Tausend Jahre Gänsefeder

Wenn man das Dorf Saint-Emilion durch das Tor in der Befestigungsmauer verläßt, steht man vor dem Priorat Saint-Florent, in dem Benediktinermönche seit vielen Jahrhunderten beten und Landwirtschaft betreiben.

Im Herzen des Gebäudes, in der Nähe der Kapelle mit den kostbaren Reliquien des Heiligen Eutrope, befinden sich Räume, die einer anderen Form des Gebets vorbehalten sind: dem Schreiben!

Von Matutin bis Komplet, von den frühen Morgenstunden bis zum Abend, sind hier täglich fast zwanzig Mönche an der Arbeit. Im Skriptorium, das nach Süden ausgerichtet ist, damit möglichst viel Licht durch die Fenster hereinkommt, üben sie eine jahrhundertealte Kunst; wie ihre Vorgänger werden auch sie ihre Werke nicht signieren.

Im Priorat Saint-Florent

An diesem Herbstmorgen des Jahres 1450 ist es beinahe noch dunkel, aber Bruder Trasibule sitzt bereits an seinem Pult. Seit über einem Jahr arbeitet er an der Abschrift einer Bibel; eine bedeutende Gemeinde von Gläubigen in Bordeaux hat die Arbeit in Auftrag gegeben.

Im Skriptorium ist es ganz still. Bruder Trasibule weiß, daß er nicht das kleinste Geräusch machen darf, »weder mit dem Pergament, noch mit der Feder«. Er hört nicht einmal, wie die Laienbrüder den Bauernhof des Priorats verlassen, so vertieft ist er in seine langsame, mühselige Arbeit. Er hat zwei Tintenfässer aus hohlem Kuhhorn auf sein Pult gestellt, die er gelegentlich auch in der Linken hält oder in eine Mulde legt, die eigens dafür in den Rand des Pults eingearbeitet wurde.

Außer den Hörnern liegen da noch ein paar Stücke Kreide und zwei Bimssteine, mit denen er Fehler ausradieren kann. Mit dem Lineal hat er Zeile für Zeile die Führungslinien für die Schrift gezogen, nachdem er mit einem Stichel die Anfangspunkte der Linien markiert hatte. Ein wachsüberzogenes Täfelchen, das neben seinem Manuskript liegt, dient ihm als Schmierblatt; auf ihm kann er sich mit einem Griffel Notizen machen.

Bruder Trasibule bereitet seine Pergamente nicht selbst vor. Das Priorat verfügt über genügend Mittel, sie fertig von Gaucem zu kaufen, einem Handwerker aus Saint-Emilion. Gaucem stellt seine Pergamente aus Tierhäuten her, meist von Kälbern, Ziegen, Lämmern, Hirschen oder Säuen. Pergamente sind eine würdige Grundlage für die Schrift; sie sind aufwendig in der Herstellung und daher kostbar.

Wenn die Utensilien an ihren Plätzen liegen und das Pergament bereit ist, nimmt Bruder Trasibule endlich seine Gänsefeder zur Hand. In einer Lade unter seinem Pult liegen noch ein paar Rohrfedern, die er kaum mehr benutzt. Er zieht die Gänsefeder vor. Sie ist beweglicher, elastischer und überträgt auch die kleinsten Veränderungen des Drucks der Hand zuverlässig auf das Papier.

Links: Die Gänsefeder ist umgeben von einer Vielzahl von Schreibutensilien aus dem 17. und 18. Jahrhundert. Die Federn wurden mit verschiedenen Messern, Klingen und Instrumenten mit mechanischer Wirkungsweise zurechtgeschnitten. Der Ring aus Elfenbein wird auf den Finger gesteckt und dient dazu, das ausgefranste Ende der Feder rasch zu kappen. Die Federhalter aus Elfenbein und die Schreibnecessaires aus Blech kündigen bereits an, daß die Gänse- bald von der Stahlfeder verdrängt werden wird.

Unten: Der Heilige Hieronymus fragt sich, wie er die Mönche dazu bringen kann, aufmerksam zu bleiben und beim Abschreiben keine Wörter, Punkte oder Kommas zu vergessen. Anscheinend nützt es nichts mehr, wenn er ihnen mit dem Teufel der Skriptorien droht, dem Wortklauber Titivillus, der jeden Morgen alle von den Mönchen vergessenen Wörter in einen Sack stopft und in die Hölle schleppt.

Viele Stunden lang kopiert Bruder Trasibule. Dadurch sorgt er, wie der Heilige Hieronymus gesagt hat, für »sein Seelenheil«. Und wenn er manchmal in Gedanken ist und den Faden verliert, erinnert ihn ein alter Text aus der Zeit Karls des Großen, der mit großen Buchstaben an die Wand des Skriptoriums geschrieben ist, an seine Pflichten. Es sind die Empfehlungen Alkuins (Alcoins), eines englischen Mönchs, der zu seiner Zeit die Kalligraphie reformierte und das Skriptorium der Abtei Saint-Martin in Tours leitete: »Hier mögen jene sich setzen, die die Worte der heiligen Gebote niederschreiben und die Lehren der heiligen Väter. Sie mögen sich hüten, weltliche Dinge mit jenen Worten zu vermischen. Sie mögen sich sorgfältig geprüfte Werke besorgen, so daß die Vogelfeder dem rechten Weg folgen kann. Es ist eine edle Aufgabe, die geheiligten Bücher abzuschreiben, und der Schreiber wird dafür seinen Lohn empfangen.«

Was den Lohn betrifft, so kennt Bruder Trasibule das Zitat von Petrus Venerabilis, einem der großen Äbte von Cluny (1092/1094–1156) auswendig, weil es ihm viele hundert Male vorgebetet wurde: Das Schreiben erlaubt, »die Früchte des Geistes zu pflegen und das himmlische Brot der Seele zu backen«.

Die Wirklichkeit aber sieht anders aus; zwischen dem Schreiber der Antike, der den Göttern beinahe gleichgestellt war, und ihm, einem armen Kopisten des Mittelalters, liegen Welten.

Isidor von Sevilla (um 560–636), ein spanischer Erzbischof und Enzyklopädist, zählte zum ersten Mal diejenigen (Schreib-)Werkzeuge auf, die von den Männern der Feder benutzt wurden: »Die Instrumente des Kopisten sind die Rohrfeder und die Gänsefeder. Mit ihnen werden die Wörter auf das Blatt niedergelegt, jedoch stammt die Rohrfeder vom Baum und die andere Feder von einem Vogel.« Seitdem haben unzählige Generationen von

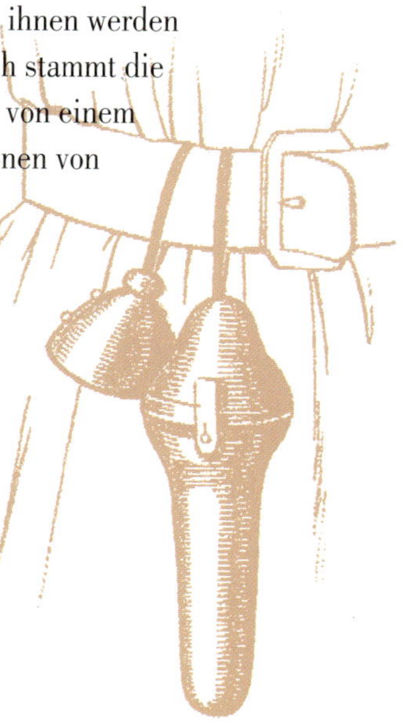

Rechts: Der Calmart war ein Schreibnecessaire, das man am Gürtel oder an einer Schnur um den Hals trug. Er war seit dem Mittelalter bekannt und enthielt Tintenfaß, Federn, Federmesser, Reibe, eine Dose mit Sand zum Trocknen der Tinte, Siegel, Lack und manchmal auch das Papier.

Schreibmönchen wie Trasibule mit der Feder in der Hand in den Skriptorien der Christenheit gesessen.

Jeden Tag, den Gott werden läßt, schreibt Bruder Trasibule unermüdlich Seite um Seite ab – drei bis sechs Foliantenseiten täglich, je nach Text und Konzentrationsfähigkeit. Solange er dieses Pensum schafft, braucht er den Tadel des Priors nicht zu fürchten. Ein Jahr dauert es, eine Bibel zu kopieren, und am Ende eines Lebens im Skriptorium werden vierzig Werke vollendet sein: soweit das Leben von Bruder Trasibule in Zahlen.

Aber das Werk ist die Mühe wert, zumal unser Mönch Talent besitzt: Seine Bibel ist wahrhaftig ein Gebet, seine Kalligraphie ein Kunstwerk. Es ist kein Zufall, daß man in Saint-Florent, ebenso wie in anderen Prioraten, den Bibliothekar »Thesaurarius« nennt: Hüter des Schatzes!

Wenn unser Mönch sich eine seltene Pause gönnt, dann, um seinen alten Freund Bruder Robert zu besuchen, der die Kinder der umliegenden Dörfer unterrichtet. »More scriptoris super aurem ejus haerentem pennam« – in der Art der Schreiber, die eine Feder über dem Ohr tragen – bringt Bruder Trasibule den Kleinen manchmal ein paar Buchstaben alter Schriften bei, der Unzialschrift oder der karolingischen Minuskel oder einer Form der gotischen Schrift, in der er seine Abschriften fertigt. Gerne gibt er den Kindern das alte Rätsel auf, das auf Jarrot, einen Abt des 8. Jahrhunderts, zurückgeht: »Einfach bin ich, und von nirgendwo wird mir Weisheit zuteil; aber mit einem Schritt, den jeder kluge Mensch nachtut, erreiche ich jeden Punkt der Erde und laufe den himmlischen Horizont der Formen entlang. Ganz weiß bin ich, eine schwarze Spur aber lasse ich zurück. Wer bin ich? Die Gänsefeder, das ist doch klar!«

Obwohl er stolz darauf ist, zu den Experten zu gehören, denen man ohne zu zögern das Abschreiben frommer Bücher überläßt, erzählt Bruder Trasibule den Kindern trotzdem, daß ein Buch nicht Werk eines Einzelnen ist, sondern einer ganzen Gruppe von Mönchen, von denen jeder eine eigene Aufgabe hat. Sehr viele Arbeitsschritte sind notwendig, um eine Bibel herzustellen, und ebenso wie in den anderen Prioraten haben sich auch die Mönche von Saint-Florent je nach ihren Fähigkeiten spezialisiert.

Oben: Jean Miélot, im 15. Jahrhundert Domherr zu Lille, war als Kopist und Übersetzer geachtet. Auf dieser berühmten Miniatur ist er von Handschriften und Tintenhörnern umgeben. Die kursive gotische Schrift des Textes gehört zu den spät im Mittelalter entwickelten Schriften.

Manche besitzen ein Talent dafür, die Häute mit einem feinen Messer zurechtzuschneiden, andere sind besonders geschickt darin, die Unebenheiten des Pergaments abzuschleifen und die Seiten mit einem Rasiermesser zu trennen. Die Vorbereitung der Seiten und das Kopieren sind Aufgabe von vier Mönchen, zu denen auch Trasibule gehört.

Was die Illustrationen betrifft, so gibt es da noch zwei Brüder, sorgfältige Künstler, die jede Seite der Handschrift mit Miniaturen, den Illuminationen, verzieren.

Oben: Sankt Markus hat seine Feder mit dem Messer zurechtgeschnitten und sieht sie nun prüfend an. Gleich wird er sie in die Tinte eintauchen ...
Im Hintergrund: Schriftprobe in gotischer Schrift aus dem 12. Jahrhundert.

Rechts: An seinem Pult stehend, kopiert der heilige Mönch mit einem abgeschabten Gänsekiel eine Bibel. Mit dem Stäbchen in der Linken kann er das Pergament flach drücken, ohne es zu berühren. Dieses spanische Gemälde aus dem 15. Jahrhundert erweckt die Atmosphäre der Skriptorien zu neuem Leben; es vermittelt uns einen Eindruck davon, wie eng Gebet und Schrift im Mittelalter miteinander verbunden waren.

Die Gruppe der Kopisten hat auch einen Leiter, den »Armarius«, der die geschriebenen Zeilen durchsieht und korrigiert; hier hat der Prior dieses Amt inne. »Saint-Florent ist keine Universität«, sagt er oft, »wo die Studenten so schnell schreiben müssen, wie der Professor diktiert. Deshalb darf hier auch niemand mit Abkürzungen Zeit sparen; und achtet immer auf die Satzzeichen!«

Trasibule ist zu seinem Pult zurückgekehrt, seinem »Vogelkäfig«, wie er es nennt. Die Federn von Ente, Rabe und Auerhahn sind sehr hart und eignen sich daher für feine und präzise Schriften. Wenn er Buchstaben mittlerer Stärke schreiben will, nimmt er Federn von Adler, Geier oder Gans. Die Schwanenfeder schätzt er, weil sie groß ist und in ihrem Kiel viel Tinte aufnimmt. Was die seltenen Pelikanfedern betrifft, so hatte er bisher noch nie Gelegenheit, sie zu verwenden.

Unser Schreiber hat gewisse Vorlieben; die Gänsefeder ist ihm das liebste unter seinen Instrumenten. Sie ist gleichzeitig fest und biegsam, außerdem »dreht sich ihr runder Kiel nicht in der Hand«.

Bruder Trasibule schneidet sich die Federn selbst; auch dies ist eine schwierige Kunst, und man braucht lange, bis man sie richtig beherrscht. Er hat nie jemand anderem erlaubt, ihm diese Arbeit abzunehmen. Zum Schneiden nimmt er ein einfaches Messer mit hölzernem Griff und gerader Eisenklinge.

Das ist allen Schreibern bewußt: Die Ergebnisse auf dem Pergament hängen sehr stark von der Qualität »des Schnitts« ab. Drei verschiedene Techniken sind üblich; Bruder Trasibule setzt sie je nach Bedarf ein. Die Spitze der Feder kann symmetrisch zugeschnitten werden; dann sind beide Seiten gleich, und der Spalt ist genau in der Mitte. Dies ist die älteste Art, eine Feder zu schneiden; sie soll aus dem 7. Jahrhundert stammen. Das Ergebnis ist eine Schrift mit starken senkrechten, feinen waagerechten Linien und dicken Querbalken.

Unser Mönch verwendet diese Technik nur, wenn er Unziale oder karolingische Minuskeln schreibt. Man kann die Feder auch links geschrägt schneiden; dann ist die linke Seite kürzer als die rechte. Bei der Schrift dieser Feder wechseln Schwünge und Schnörkel einander ab; das paßt gut zu den gotischen Schriften, die jetzt gegen Ende des Mittelalters häufig verwendet werden. Mit der rechts geschrägt zugeschnittenen Feder kann man regelmäßige feine Linien ziehen.

Unermüdlich kopiert Bruder Trasibule stundenlang, und wenn er nicht kopiert, schneidet er seine Feder. Auch spät am Abend, wenn ihm vom schwachen Schein des

Links: Sie stellte schon die Hand Cyranos, der an Roxane schreibt, und die Hand Valmonts, der einen Brief an eine seiner Maitressen verfaßt, dar: Die Hand des Kalligraphen Jacques Le Roux ist eine der am häufigsten gefilmten Hände der Welt! Der Künstler schreibt mit Federn. Er beherrscht den Zuschnitt der Kiele von Gänse-, Schwanen- oder Pfauenfedern und kennt die Zusammensetzungen seltener Tinten. In seinen geschickten Händen erwacht die tintengetränkte Vogelfeder zu neuem Leben (auch der mit »Jean Racine« unterzeichnete Brief auf Seite 1 stammt von seiner Hand). Im Hintergrund: ein Beispiel der gotischen Textura, wie sie im 14. und 15. Jahrhundert verwendet wurde.

Oben: Ohne Pult im Stehen zu schreiben ist nicht ganz einfach. Aber Zurbarán, ein Maler des 17. Jahrhunderts, zeigt uns, daß der weißgekleidete Mönch, Bruder Pedro Machado, ganz gut mit der unbequemen Situation zurechtkommt.

flackernden Kerzenlichts schon längst die Augen brennen, schreibt er immer noch. Wohl mag ihm als Belohnung der Himmel sicher sein, trotzdem hat Bruder Trasibule manchmal genug von seiner Arbeit. Nie jedoch hat er es gewagt, zur Feder zu greifen, um sich über sein Los zu beklagen – auch wenn er sich in dem wiedererkennt, was ein Bruder namens Raoul einmal geschrieben hat: »Gebt acht auf eure Finger! Legt sie nicht auf meine Handschrift, denn ihr wißt nicht, was Schreiben ist! Es ist eine ermüdende Arbeit: Sie krümmt euch den Rücken, verdunkelt euch den Blick, bricht euch den Leib und die Seiten … Betet für den armen Raoul!«

So wollen auch wir für Bruder Trasibule beten!

Auf Gänseschwingen

Kaum drei Jahre nach diesem Herbsttag, im Juli des Jahres 1453, wurde die Ruhe von Saint-Florent empfindlich gestört. Weniger als eine Meile vom Priorat entfernt, vor den Toren des Dorfes Castillon, fand die letzte Schlacht des Hundertjährigen Krieges statt.

Während die Geschosse des Königs von Frankreich die tapferen Ritter Aquitaniens niederstreckten, hielten die Mönche in der Kapelle den Blick gen Himmel gerichtet und beteten zu Gott um das Heil der Seelen, aber auch … um das Heil der Bücher. Am Ende des Tages zählte man Tausende von Toten, aber das Priorat und seine Handschriften waren verschont geblieben.

Der Einsatz der Kanone, gegen die die Ritter mit ihren herkömmlichen Waffen unterliegen mußten, markierte in der Schlacht von Castillon den Beginn der modernen Kriegsführung. Aber auch in anderen Bereichen des Lebens kündeten sich Umwälzungen an. Zwei Jahre später erschien in Mainz Gutenbergs 42zeilige Bibel. Drei Entwicklungen machten die Geburt des Buchdrucks möglich: die Papierherstellung, die beweglichen Drucktypen und die starke Nachfrage nach Büchern. Dies alles hätte zum Niedergang der Gänsefeder führen können, aber nein: Sie behauptete sich bis weit ins 19. Jahrhundert hinein.

Wir sind nun in der Epoche von Michelangelo und Leonardo da Vinci angelangt. Das Mittelalter war vorbei, und mit ihm die Zeit der namenlosen Künstler. Jetzt signierten die Autoren der Handschriften ihre Werke. Ihre kunstvollen Kalligraphien – die Humanistenschrift und die Cancellaresca oder Kanzleischrift – wurden zu Vorlagen für die Entwicklung der Drucktypen.

Eine anmutige Hand, die in das dargebotene Tintenfaß die Feder eintaucht; eine Kinderhand, die sich auf eine Handschrift legt: Ausschnitt aus Sandro Botticellis *Madonna del Magnificat*.

Im Namen des Fortschritts und der Pädagogik wurden in Italien die ersten Abhandlungen über das Schreiben, das Schneiden der Feder und die Zubereitung der Tinte veröffentlicht. Das bekannteste ist das 1540 erschienene *Il libro nouvo d'imparare a scrivere* (Die neue Schreiblehre) von Palatino, nach dem ein Druckschrifttyp benannt wurde.

Die in Flandern verbreitete Methode Van den Veldes betonte die Wichtigkeit der korrekten Haltung der Feder und des ganzen Körpers. Wenn auch seit dem Erscheinen dieser Werke vier Jahrhunderte vergangen sind und wir nicht mehr mit der Feder, sondern mit dem Kugelschreiber schreiben, so kann unsere Schrift diese Einflüsse dennoch nicht verleugnen.

Während die Entwicklung des Buchdrucks rasche Fortschritte machte, warf die Bearbeitung von Vogelfedern immer noch Probleme auf: Wie konnte man die Fette aus dem Kiel entfernen, die verhinderten, daß sich die Tinte dort festsetzte?

Die Holländer entdeckten als erste ein Verfahren, das zu einer Revolution in der Schreibkunst führen sollte. In seiner Herstellung der Schreibfedern lehrt Henri Altaribo uns das sogenannte »Ziehen«, ein Verfahren, das darin besteht, »die Federn mehrmals durch heißen Sand oder Asche zu ziehen, damit das Fett im Kiel schmilzt und man es mit einem Tuch abreiben oder mit dem Rücken eines besonderen Messers abkratzen kann«.

Das Verfahren, das lange geheimgehalten worden war, erforderte »ein großes Maß an Erfahrung und Geschicklichkeit«, aber die so gereinigte Oberfläche des Kiels war leichter zu schneiden, während die Feder davon stabiler und haltbarer wurde. Im Laufe der Zeit wurden weitere Techniken entwickelt. Eine bestand darin, die Federn schnell über glühende, nicht brennende Kohlen zu schwenken. Das Hamburger Verfahren empfahl, die Federn in eine kochende Potassiumlösung zu legen, während der Wiener M. Scholz zum gleichen Zweck Wasserdampf verwendete.

Unten: Im 17. Jahrhundert greift der holländische Maler Vermeer immer wieder die Themen »Schreiben« und »Brief« auf. Dieser Ausschnitt aus dem Gemälde *Briefschreibende Dame mit Magd* vermittelt uns die Faszination eines Gesichts, das ganz Papier und Feder zugewandt ist.

Im Hintergrund: Zu Beginn des 15. Jahrhunderts im Zuge der »Beschleunigung der Feder« entstanden, entwickelt die Humanistenschrift bald eine starke Neigung nach rechts. Sie wurde zu einer der ersten Schriften der Renaissance.

Wenn sie gut vorbereitet und ein Jahr lang gelagert worden waren, wurden die Federn geschnitten. Dies hatte sehr sorgfältig zu geschehen, denn von diesem Arbeitsschritt hing letztlich die Qualität des Schreibutensils ab.

Johann Neudörffer, bedeutendster Kalligraph der deutschen Renaissance, veröffentlichte 1544 ein Traktat über dieses Thema. In seinem Werk, das der »vollkommenen Kenntnis der französischen Schrift« gewidmet war, zögerte Guillaume Legangeur, Sekretär von Heinrich IV., nicht, auch die kleinsten Einzelheiten seiner Methode zu enthüllen: »Die Feder wird zwischen den ersten Fingern der linken Hand gehalten, während beim Federmesser in der Rechten die Klinge nicht mehr als daumenbreit aus dem Griff herausgezogen sein soll, weil sie nahe der Spitze sicherer schneidet als der Mitte zu; alsdann drücke man den Daumen der Rechten auf den vierten Finger, um die Spitze zu stützen. So beginne man, den Kiel aufzuschlitzen, indem man die Schneide zwischen Daumen und zweitem Finger leicht dreht. Was danach an Notwendigem und Schwierigem bleibt, ist das Abtrennen der Spitze ...« Man sieht schon, hier war Vereinfachung dringend nötig!

Das Federmesser mit gerader Klinge, das Bruder Trasibule noch verwendet hatte, war bereits weiterentwickelt worden: Inzwischen hatte es eine schmälere und leicht gekrümmte Klinge. 1715, während der Régence, erfand ein Monsieur de la Chaumette einen »mechanischen Taschen-Federnschneider«.

Das Instrument besaß eine versenkbare Klinge und einen Hebel, und man konnte damit die Feder sowohl schneiden als auch an der Spitze spalten.

Und wieder kamen neue Instrumente auf, mit denen man auf einfache und rasche Weise die Spitze der Feder nachschneiden konnte.

Verschiedene neue Techniken ermöglichten es, die Feder auf neue Weisen zuzuschneiden: *À l'anglaise* zum Beispiel; dabei konnte die Fahne am Kiel belassen und sogar eingefärbt werden. Wenn man sie in ein Safranbad legte, wurde die Feder gelb, in einer Lösung aus Indigo, Schwefelsäure und pulverisiertem Alaun blau. Wollte man sie grün färben, legte man die blauen Federn in ein gelbes Bad, während man mit Hilfe von Zinnober rote Federn erhielt.

Im allgemeinen lieferte ein Vogel nicht mehr als zehn Federn, und jede einzelne davon hatte ihre Besonderheiten. Rechtshänder wählten die Schwungfedern des linken Flügels, deren leichte Krümmung gut zu ihrer Hand paßte. Die Federn von der Flügelspitze eigneten sich für das Zeichnen von Arabesken, denn sie waren sehr stark – besonders, wenn es sich um Gänsefedern handelte.

Im 16. Jahrhundert empfahl der Kalligraph John de Beauchesne, die jeweils dritte oder vierte Schwungfeder eines Gänserichs zu wählen.

Im 17. Jahrhundert ließ der Schriftsteller und Philosoph Diderot große Sorgfalt walten: »Ich wähle eine Feder mittlerer Stärke, nicht ganz frisch verarbeitet, und eine von denen, die man Zweite nennt; sie darf weder zu hart noch zu nachgiebig sein. Sie soll rund sein, hell und rein, wie durchsichtig, darf aber keine weißen Flecken haben, da sie sich sonst nicht gleichmäßig spalten läßt. Viele Leute bevorzugen die Federn von der Flügelspitze, weil sie sich im allgemeinen sauberer spalten lassen. Daher kommen die Meister unter den Schreibern und ihre Schüler mit ihnen am besten zurecht.«

Was das Schneiden der Feder und die Körperhaltung des Schreibenden betrifft, so verweist Diderot auf Paillasson, einen »sehr erfahrenen Schreibmeister«, Verfasser aller Artikel der *Encyclopédie*, in denen es um das Schreiben geht.

Hände, Federmesser und Gänsefeder, wie Monsieur Paillasson sie in der *Encyclopédie* von Diderot und d'Alembert dargestellt hat.

Louis Michel Van Loos berühmtes Porträt von Denis Diderot, entstanden in einer Zeit, in der man die Groß- und Kleinbuchstaben jeweils dem Alphabet der Majuskeln und dem der Minuskeln entnahm.
Im Hintergrund: eine der im 17. Jahrhundert gebräuchlichsten Schriften, die »Ronde« oder »Runde«, wie sie in der *Encyclopédie* im Anschluß des Artikels über die Vorbereitungen zum Schreiben dargestellt wird.

Tonnenweise Federn!

Der Handel mit Federn war ursprünglich Sache der Hausierer; im 17. Jahrhundert stiegen die Läden ins Geschäft ein. Das *Livre commode des adresses à Paris* (Das bequeme Buch der Pariser Adressen) weist 1692 auf »Papetiers« hin, die »Handel mit zugeschnittenen Federn« betreiben.

Die Federn waren nach Größe sortiert und mit bunten Baumwollbändern zusammengehalten, die sich je nach Qualität der Federn in Farbe und Umwicklung unterschieden. Die billigsten waren 22mal mit einem grünen Band umwunden, die besten 65mal mit einem rosafarbenen Band. Allerdings gab dieses System unehrlichen Händlern die Möglichkeit, innen in die Bündel mit guten Federn solche minderer Qualität zu stecken. Jedes Bündel bestand aus 25 Federn; für den Transport in Kisten, Körben oder Tonnen wurden jeweils vier davon zusammengebunden.

Im 18. Jahrhundert wurden die Federn aus Norwegen und Irland importiert; die besten Federn aber kamen von der Hudson Bay: Man sagte, sie seien von hoher Qualität und besonders hart. In Polen, Pommern und Litauen entstand eine regelrechte »Federindustrie«. Die Bauern und Gänsehirten sammelten die Federn ein; diejenigen, die den Tieren zwischen Mai und Juni in der Mauser von allein ausfielen, galten als hochwertiger als jene, die man nach dem Schlachten ausrupfte.

In Deutschland spezialisierte man sich auf die Verarbeitung; Düsseldorf wurde zu einem wichtigen Umschlagplatz. Ebenfalls in Deutschland wurde im 19. Jahrhundert eine Maschine erfunden, die bis zu 24 000 Federn am Tag zusammenbinden konnte. Aber nun war schon die Schwelle zum Industriezeitalter erreicht und damit eine Epoche, die die Gänsefeder nicht überleben würde.

Beeindruckende Zahlen: In den dreißiger Jahren des 19. Jahrhunderts importierte Frankreich jährlich achtzig bis hundert Tonnen Federn. Die Firma Léglize, Belliard & Cie. in Fleurance im Südwesten Frankreichs, die sich auf »Schreibfedern, Bettfedern, Federbetten und Stopfwolle für Matrazen« spezialisiert hatte, hatte große Schwierigkeiten, ihren »Rohstoff« zu beschaffen. Die polnischen, deutschen und böhmischen Händler besaßen

In dieser Miniatur der Malerin Doucet de Surini, *Schreibende Frau* (18. Jahrhundert), kann man ein »Pumptintenfaß« erkennen, bei dem die Tinte je nach Bedarf in einen winzigen Napf nachfließt. Außerdem besaß es eine Halterung für Ersatzfedern.

Nous promettons selon nos espérances et nous tenons selon nos craintes.

beinahe ein Monopol darauf und machten es den französischen Kollegen schwer, an Nachschub zu kommen.

Die Konkurrenz war hart. Die Handelsreisenden des Hauses Léglize, Belliard & Cie. mußten riesige Gebiete abdecken. Von den baltischen Staaten bis nach Italien, von Preußen bis Rußland – manchmal waren sie sechs bis zwölf Monate unterwegs. Im Sattel, auf dem Wagen, in der Postkutsche, mit dem Pferdeschlitten, mit dem Raddampfer auf dem Rhein oder der Donau, mit dem Segelschiff oder dem Dampfboot über das Mittelmeer. »Man muß den Mut der Verzweiflung besitzen und die Beine eines Windhundes«, schrieb 1829 einer dieser Vertreter.

Die Schwierigkeit, sich »gute Federn« zu besorgen, war allerdings ein nur zu bekanntes Problem. So hatte Venedig bereits im 15. Jahrhundert eine längere Phase des Mangels erlebt. Um den Eigenbedarf decken zu können, verzichtete Preußen im 18. Jahrhundert ganz darauf, Federn zu exportieren. Gegen Ende des Jahrhunderts bekamen die Kanzleibeamten den Notstand zu spüren: Ihnen wurde nur noch eine einzige Feder pro Tag zugeteilt!

Oben: Weder die Feder noch das Tintenfaß fesseln die Aufmerksamkeit des Kindes auf diesem Gemälde von Chardin, sondern ein winziger Kreisel, den es soeben mit Daumen und Zeigefinger in Bewegung gesetzt hat – mit den beiden Fingern, die eine unsichtbare Feder zu halten scheinen.

Folgende Doppelseite: Zum Schreibpult aus dem Schlafzimmer der Kaiserin Joséphine in Schloß Malmaison gehören ein Tintenfaß und eine Streudose mit Sand, um die Tinte zu trocknen.

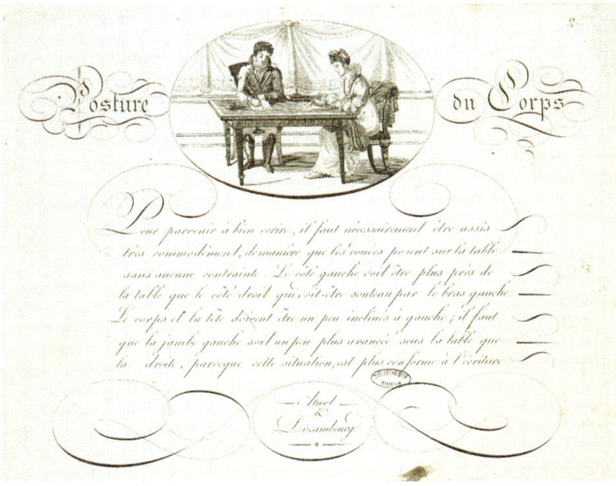

Oben: Goethe schrieb lieber mit dem Bleistift als mit der Gänsefeder. Das manchmal unumgängliche Schreiben mit Tinte war Sache seines Sekretärs – wie wir auf dem Bild von Joseph Schmeller sehen können.

Der Neue Englische Mentor ist eines der zahlreichen Lehrbücher für das Schreiben mit der Gänsefeder, die es bis in das 19. Jahrhundert hinein geben wird – trotz des Siegeszuges der Stahlfeder. Außer einer großen Anzahl von Schriftmustern und kalligraphischen Übungen finden wir darin Anweisungen für die korrekte Körperhaltung und das Führen der Feder.

In Großbritannien fehlte es nicht an Ideen. In seinen *Erinnerungen eines Rechnungsführers* schreibt Lionel Van Cleem von verschiedenen Erfindungen, unter anderem von der eines gewissen Joseph Bramah, der 1809 eine Maschine zur »Vervielfältigung der Federn« entwickelte, mit der er die Kiele in mehrere Teile zerschnitt. So erhielt er »vier oder sechs Stücke, die in Form und Größe mehr oder weniger mit Metallfedern vergleichbar sind«. Diese Federstücke konnten in einen besonderen Federhalter gesteckt werden.

Charles Watt dagegen stellte sich vor, es genüge, »der Gänsefeder eine befriedigende Lebensdauer zu verleihen, indem man sie mit einer feinen Schicht Gold überzieht ...«

Die zahlreichen Versuche, die Gänsefeder an das Industriezeit lter anzupassen, zeigen, daß es nicht leicht war, die neu entstehenden Bedürfnisse zu befriedigen. Mangel, schnelle Abnutzung, die beinahe ständig auftretende Notwendigkeit, die Feder nachzuschneiden – alles Probleme, die sich nicht so einfach lösen ließen. Ein Beispiel: Wenn das belgische Parlament tagte, war ein Bediensteter einzig und allein mit dem Nachschneiden der Federn beschäftigt. 1878 ging das Parlament dazu über, Stahlfedern zu verwenden.

Fast unmerklich, ja geradezu lautlos verschwand jenes Schreibgerät, dem Alexandre Dumas Treue geschworen hatte und dem Victor Hugo nach eigenem Bekunden seine Inspiration verdankte – »sie hat die Leichtigkeit des Windes und die Macht des Blitzes«, hatte er geschrieben.

Die Gänsefeder ist bis heute das Symbol der schönen Handschrift und der klassischen Literatur geblieben. Sagt man nicht »zur Feder greifen«, wenn es darum geht, eine persönliche Mitteilung zu verfassen oder einen Text, bei dem der Stil ebenso wichtig ist wie die Form? Manche Verlage haben die Gänsefeder als Firmenemblem gewählt,

Rechts: Die des Schreibens kundigen Soldaten der *Grande Armée* konnten für wenig Geld Briefpapier erstehen, das mit Darstellungen von Soldaten oder einem Porträt Napoleons verziert war. So teilten sie am Abend nach der Schlacht ihren Angehörigen ihre Eindrücke mit.

Pierre,
canonié au 1me
d'artilirie marine
6me Batalion

Garbail
Raigiment
1me Conpagnie

Deichelsaheim 1 avril 1813

Ma chair et tandre epouse
Je tecrist cette lettre pour la segonde
pour te faire savoir lautat de ma centte
je me port bien dieu merci je desire que la
presante te trouve de meme je te dirai
que je suis bien en grain étonné
de ne pas avoir recu de reponse a ma lettr
ance comme je la vai prie de me rcrire a ma
yanta sert asuré ~~done~~ que same donni

[illegible] fidel [illegible]

Rechts: Bevor die Stahlfedern auf den Markt kamen, konnte man im 19. Jahrhundert die Gänsefedern in Schachteln kaufen. Die Gänsefedern waren gebrauchsfertig geschnitten, die kleinen Kielstücke wurden in besondere Federhalter gesteckt.

Seite 29: Ein Büro, in dem die Schreibarbeiten noch mit jenem Gerät ausgeführt werden, das es tausend Jahre lang ermöglichte, nicht nur die europäische Literatur, sondern auch die Musik, die Wissenschaft, die Technik zu entwickeln. Tausend Jahre Forschung und Wissen wurden mit einer einfachen Gänsefeder zu Papier oder zu Pergament gebracht.
Obwohl das Gemälde von Henri-Pierre Danloux, das Jean François de la Marche darstellt, aus dem 19. Jahrhundert stammt, erscheint es uns erstaunlich modern.
Im Hintergrund: die Visitenkarte einer Teppichfabrik in Tournay. Die Schrift wirkt kindlich, mit unsicheren Bögen und Schwüngen und ungeschickten Arabesken.

und in Frankreich schmücken sich alle Zeitungskioske mit diesem Symbol. Ein Anachronismus – aber trotzdem ein Zeichen, das immer noch von allen verstanden wird. Mit der Kalligraphie kam auch die Gänsefeder wieder in Mode. Ihre angenehme Leichtigkeit und das besondere Gefühl, sie in der Hand zu halten, verleiten immer mehr Menschen dazu, sich mit der Kunst des Schönschreibens zu befassen. So kehrt das Schreibgerät, das vor mehr als hundert Jahren aus den Schreibwarengeschäften verschwunden war, allmählich wieder zurück. Heute kann man echte Gänsefedern kaufen, um damit die »gotische« oder die »karolingische« Schrift zu üben – und um mit diesem erstaunlichen, buchstäblich »vom Himmel gefallenen« Instrument die Vergangenheit des Schreibens zu erkunden.

Tausend Jahre Gänsefedern sind nicht spurlos vorübergegangen.

CASE
OF THE
LIST OF

VIOLET
ROUGE
DRYINK
POWDER
ENCRES
CONCENTRÉES EN POUDRE
JEFFA
Laboratoires JEFFA Colombes.
Poudre
BELLENCRE
EN CUBES
J.M. PAILLARD
ENCRE
COMPRIMÉE
PARIS
ENCRE NOIRE
POUDRE
BELLENCRE
EN CUBES
FABRICANTS
(DORDOGNE)

Von Tinte und Papier

Es gibt tausend verschiedene Arten, die Utensilien auf der Arbeitsfläche des Schreibtisches zu arrangieren, aber bestimmte Dinge werden dort immer einen besonderen Platz einnehmen. Ein Tintenfaß wird auf der Mitte des Tisches stehen, damit die durstige Feder keinen allzu weiten Weg hat. Solange es noch unberührt und weiß ist, macht das Papier uns angst; je mehr Wörter und Zeilen wir darauf geschrieben haben, desto beruhigender wirkt sein Anblick auf uns. Seit über fünf Jahrhunderten teilt es sich mit der Tinte die schwere Aufgabe, die Zivilisation des Abendlandes schriftlich festzuhalten.

Ein Faß voller Gedanken

Der Tintenbehälter stand für den ägyptischen Schreiber griffbereit, dann für den Schüler im antiken Rom, und auch später befand er sich immer im Zentrum der Geschichte des Schreibens. Die Hörner, in die die Verfasser mittelalterlicher Handschriften ihre Feder eintunkten, waren unverziert und fügten sich so hervorragend in die schlichten Skriptorien ein. Die Tintenbehälter der Reichen und Mächtigen dagegen waren Statussymbole. In einer Inventarliste der Besitztümer Karls V. werden »ein großes silbernes Horn, grün emailliert« aufgeführt und mehrere andere aus »vergoldetem Silber mit eingravierten Lilien«. Katharina de Medici besaß ein »geschnitztes Tintengefäß aus Elfenbein«.

Im Laufe der Jahrhunderte und im Zuge der Entwicklung der verschiedenen Stile wurden die Tintenbehälter zu wahren Skulpturen, entsprechend dem Dekor königlicher Wohnkultur. Unter Ludwig XIV. waren sie aus vergoldeter Bronze, aus Silber, intarsienverziert oder aus Rosenholz. In der Zeit Ludwigs XV. waren sie mit vergoldetem Kupfer oder Silber verkleidet. Als Ludwig XVI. regierte, kamen Fayencen auf; die aus Delft waren einfarbig – weiß mit blauer Bemalung –, die aus Nevers, Moustiers, Rouen und Straßburg bunt.

Der Tintenbehälter wurde zum Symbol der Regierungsbeamten und der Männer des Gesetzes, und das Theater machte sich gern über sie lustig, indem es ungeschickte Schreiberlinge darstellte: »Pfui, was für ein Tolpatsch, er hat sein Tintenhorn umgestoßen!« kreischten die Schauspieler auf den Bühnen des 17. Jahrhunderts. Natürlich war nicht nur menschliche Ungeschicklichkeit schuld an solchen Unfällen, sondern auch das Tintenhorn selbst: Es war nicht besonders standfest.

Links: Tinte kam auf sehr unterschiedliche Weise in den Handel, unter anderem in Pulverform oder in Kristallen; so wurde sie bevorzugt von Großverbrauchern wie Schulen oder Ämtern gekauft. Man vermischte den Inhalt der Packung mit einem Liter kaltem oder warmem Wasser – je nach Anweisung des Herstellers. Die großen Tintenflaschen hatten oft einen Ausgießer.

Oben: Die Form dieses Tintenfasses gestattete, es je nach enthaltener Menge so aufzustellen, daß man die Feder bequem eintauchen konnte, ohne etwas zu verschütten.

Man begann damit, die Öffnung des Behälters zu verkleinern. Um Verdunstung zu vermeiden und die Haltbarkeit der Tinte zu verbessern, legte man Baumwolle ein. Baradelle, ein Ingenieur des Königs, ersann 1735 »hermetische« Tintenbehälter. »In den Baradelle-Behältern kann man die Tinte jahrelang aufheben, ohne daß sie eintrocknet oder eindickt. Man braucht keine Baumwolle hinzuzufügen, denn sie schließen hermetisch ab.« Der Tintenbehälter nahm mit der Zeit den Namen seines Erfinders an – ein untrüglicher Beweis seines Erfolgs.

Ein halbes Jahrhundert später stellte ein Monsieur Pochet von der Académie royale des sciences sein Modell eines wirtschaftlichen Tintenbehälters vor, »der zehn Jahre lang Tinte von schönstem Schwarz zu liefern imstande ist, die gleichmäßig und glänzend ist und nicht verblaßt, nicht klumpt und an deren Oberfläche sich weder Stock noch Schimmel bilden.«

Ließen sich derartige Errungenschaften überhaupt noch überbieten? Anscheinend ja, denn mitten in der Französischen Revolution tauchten die ersten Pumptintenfässer auf. Sieur Salmon, seines Zeichens Händler in der Pariser Rue Dauphine, stellte fest, »man verlangt schon seit langem nach ihnen, um jene kupfernen Behälter in den Schubladen der Schreibtische und Sekretäre zu ersetzen, in denen sich die Tinte zersetzt«.

Die neuen Behälter bestanden aus einem Zylinder, an dessen Basis ein winziger Napf war. Indem man einen Kolben aus Porzellan betätigte, konnte man den Napf mit Tinte füllen oder die Tinte zurück in den Zylinder pumpen.

Das 19. Jahrhundert war das Goldene Zeitalter der Tintenbehälter. Ab 1830 kamen die »Vieux Paris« in Mode, Modelle aus Porzellan, die unterschiedlichste Figuren darstellten: Szenen des alltäglichen Lebens – eine Frau, die sich schön macht, oder ein Betrunkener, an ein Faß gelehnt –, oder aber Erinnerungen an die Geschichte, oft in Verbindung mit Napoleon, siegreich in Arcole oder geschlagen und im Exil.

Es gab auch zahlreiche phantasievolle Modelle aus Bronze. »Der Brunnen« wird 1822 im *Journal des dames et des modes* folgendermaßen beschrieben: »Die Tinte ist unten, und die beiden kleinen Eimer, die herausgezogen werden, enthalten jeweils goldenen Sand und durchsichtige Siegellackblöckchen.«

Links: Dieses Fayence-Modell aus Lille (19. Jahrhundert) spendete zwei verschiedenfarbige Tinten.

Oben: Napoleons Ägyptenfeldzug führte zu einer regelrechten »Ägyptomanie«, die alle Lebensbereiche erfaßte. Dieser Behälter aus Gußbronze wurde 1802 von Chanou geschaffen. Die vergoldeten Hieroglyphen, mit denen er verziert ist, bewahrten noch zwanzig Jahre lang ihr Geheimnis. Erst 1822 gelang es Jean-François Champollion, den Stein von Rosette zu entziffern.

Eine ungeheure Zahl mehr oder weniger realistischer Erfinder meldete Patente für den idealen Tintenbehälter an; für die Pariser Schreibwarenhändler war es eine Frage der Ehre, die originellsten Modelle im Sortiment zu führen. In der Zeitschrift *Le Magasin pittoresque* finden wir die folgende beeindruckende Beschreibung eines Behälters, den Gayonnet schnitzte und Maquet verkaufte: »Die Plattform, in die der Behälter eingearbeitet ist, stellt eine Art Sumpf dar, der auf allen Seiten von Baumästen begrenzt wird. Zwei flache Kanäle, die zur Aufnahme von Federn und Bleistiften gedacht sind, schlängeln sich über die Länge des Objekts. Ranken und Halme von Winde, Ranunkeln und Schilfpflanzen verzieren den Boden … An der Vorderseite schleicht ein Krokodil aus der Vegetation am Rande der Plattform hervor, und in einiger Entfernung kann man einen Frosch dabei beobachten, wie er die Felsen erklettert …«

Das Kunstwerk war als Ausstellungsstück für die Weltausstellung von 1855 gedacht; das erklärt vielleicht die Liebe zum Detail und das Bemühen um Originalität. Aber kann man sich angesichts eines derartigen Tintenspenders denn überhaupt noch auf das Schreiben konzentrieren?

Gegen Ende des 19. Jahrhunderts wurden auch zahlreiche Reisebehälter hergestellt, Nachkommen jener Schreibgeräte, die man im Mittelalter am Gürtel oder an einer Schnur um den Hals getragen hatte. Die einfachsten hatten einen Drehverschluß; andere waren dagegen sehr einfallsreich konstruiert und hatten die Form einer Pfeife, eines Regenschirms, eines Koffers, eines Tabakbeutels, einer Pistole. Sie waren nicht immer leicht als das zu erkennen, was sie in Wirklichkeit waren.

In seiner *Histoire d'une tache d'encre* (Geschichte eines Tintenflecks) bereut der französische Schriftsteller Henri Coupin, ihren vergänglichen Reizen erlegen zu sein: »Wenn man sie kauft, dann sind sie hübsch und glänzend und oft mit schönem Leder überzogen. Nach ein paar Tagen aber sind sie abscheulich geworden und fleckig, und aus allen Ritzen tropft die Tinte heraus.«

Obwohl sie manchmal wirklich nicht besonders praktisch waren, gehören die Reisenecessaires sicher zu den verführerischsten Schreibgeräten. Sie blieben bis zur

Adler und Engelchen bewachen ein Tintenfaß aus Porzellan (Ende 18. Jahrhundert). Das Stück stammt aus der Dugaty-Manufaktur und gehört zur Sammlung von Schloß Malmaison.

Unten und rechts: Die Baradelle enthüllt uns ihr Geheimnis: Im Fuß ist ein Vorrat von Alaunpulver enthalten, mit dem man die Tinte auf dem Papier trocknet. Das lange Rohr, das auf den birnenförmigen Tintenbehälter aufgesteckt ist, besteht aus Feder- und Minenhalter. Das schöne Stück aus Elfenbein stammt aus dem Jahre 1781.

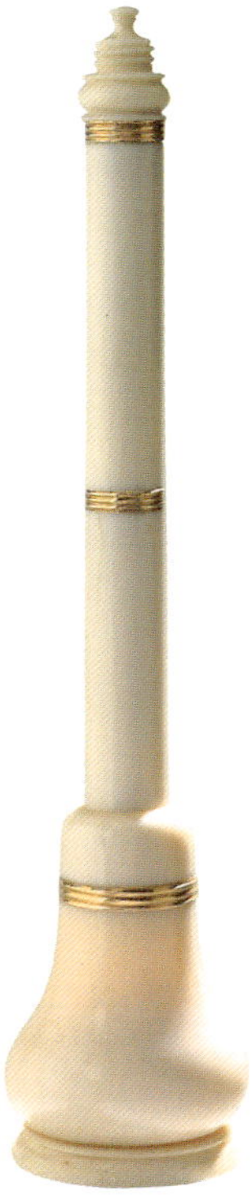

Erfindung des Füllfederhalters in Gebrauch – der endlich Feder, Federhalter und Tintenbehälter in einem einzigen Gerät vereinigte.

Obwohl die Erfindung des Füllfederhalters dem Tintenfaß eigentlich die Daseinsberechtigung hätte entziehen müssen, bieten die meisten Schreibwarenläden auch heute noch eine sogar immer vielfältigere Auswahl von Tintenbehältern an: aus weißem Steingut für die Schule, aus Glas für den Schreibtisch, aus Blech für die Reise und Kopien antiker Gefäße oder moderne Kreationen.

Die großen Namen der Juwelier- oder Schreibwarenbranche stellen weiterhin repräsentative Tintenfässer her, die zusammen mit den Füllfederhaltern in Geschenkkassetten verkauft werden: Cartier fertigt sie aus Kristall und Gold, Montblanc aus Kunstharz und Kristall, aber auch Namiki, Cross, Lalique oder Caran d'Ache stellen eigene Schöpfungen vor.

Das Tintenfaß steht noch immer für das Schreiben mit der Hand. Auf dem Schreibtisch gehört es zu den Gegenständen, die man beim Nachdenken gerne betrachtet. Es ist für die Liebhaber des Pumpfüllers ebenso nützlich wie für die Freunde des alten Federhalters und bleibt so allen, die mit Feder und Tinte zu tun haben, weiterhin ein treuer Gefährte. Man kann es öffnen, anschauen, füllen. Wenn es aus Glas ist, können wir es gegen das Licht halten und die Menge der Tinte abschätzen, die wir bereits verbraucht haben – und die zusammen mit unseren Gedanken auf das Papier geflossen ist.

Rechts: Abbildungen von Tintenbehältern zierten manchmal das Briefpapier; hier der Kopf eines Blattes, das in den Archiven des Juweliers Cartier aufbewahrt wurde. Die beiden federtragenden Affen erinnern an den orientalischen Einfluß, der sich in vielen Produkten der bekannten Pariser Firma spiegelt.

Seite 35: Wenn man an die Schule früherer Zeiten denkt, denkt man immer auch an das Tintenfaß aus Steingut. Aber auch für die Schule gab es zahlreiche Modelle. Zuerst den Becher, der in einem Korkblock steckte; später hatten die Bänke ein eigens ausgesägtes Loch für den Tintenbehälter. Diese Fäßchen mit Deckeln aus Kupfer, Blech oder vernickeltem Metall sind nur eine kleine Auswahl aus einer großen Typenvielfalt. Es gab außerdem Gefäße aus Blei oder gegossenem Aluminium, die fest in die Bank eingelassen waren.

TROÏKA
DÉPOSÉ

Die verschwundene Schöne

Wenn Teilhard de Chardin schreibt, daß »unsere Erinnerung von der Verbindung aus Tannin und Eisensulfat abhängig ist«, erinnert er uns daran, welche Bedeutung eine einfache chemische Formel für die Geschichte der Menschheit hatte.

Als die Menschen der Tontäfelchen müde geworden waren, mußten sie ein neues »Medium« für ihre Schrift suchen, einen »Schreibstoff« für ihre Rohrfedern und Pinsel. Wie durch ein Wunder entstanden beinahe gleichzeitig im Westen und im Osten an Orten, die Tausende von Kilometern voneinander entfernt waren, Tinten aus beinahe identischen Bestandteilen: in Pflanzensäften gelöster Ruß, den man mit Moschus und Kampfer zum Duften brachte.

Den ersten Benutzern war besonders das wichtig, was wir heute »Dokumentenechtheit« nennen; man lagerte die Tinte getrocknet in Blöcken, die man zerrieb und in Wasser anrührte, legte Wert auf beständige Schwärze und nahm dafür in Kauf, daß die Tinte klumpte. Gegen Ende der Antike hatten sich Tannin und Eisen als wichtigste Bestandteile der nun in flüssiger Form gelagerten Tinte durchgesetzt; jetzt konnte auch die Schrift flüssiger werden.

Rechts: Mit dem Fäßchen auf dem Rücken, dem Trichter und dem Meßbecher am Gürtel und den Federn in der Hand zogen sie durch die Straßen, »Tinte! Meine gute Tinte!« rufend. Im 12. Jahrhundert wurden Schreibwaren von Hausierern verkauft.

Oben: Die verschiedenen Arbeitsschritte bei der Herstellung chinesischer Tusche auf einem Stich aus dem 19. Jahrhundert.

Im Laufe des Mittelalters wurden immer neue Zusammensetzungen erprobt. Die schwarzen Tinten wurden für das Abfassen von Texten verwendet, und die roten – *rubica* genannt und auf der Basis von Zinnober hergestellt – waren für die Kapitelüberschriften und für die Initialen bestimmt. Einige wenige Dokumente sakraler Bedeutung wurden mit Tinte auf Gold- oder Silberbasis auf purpurfarbenes Pergament geschrieben.

Auch die Schüler und Studenten brauchten Tinte. Um deren unterschiedliche Zusammensetzungen kennenzulernen, brauchten sie nur im *Ménagier de Paris* zu blättern – einem Werk aus dem Jahre 1393, in dem man Küchenrezepte Seite an Seite mit Tintenrezepturen finden kann.

Wir erfahren daraus, daß man aus Kornblumen blaue Tinte herstellen kann, während eine Zubereitung auf der Grundlage von Efeu karmesinrote Tinte ergibt. Unter den kleinen Händlern der Hauptstadt gab es auch den »Tintenhändler«. Der Stoff, den er in seiner Tonne aufbewahrte, bestand sicherlich aus Gallusäpfeln, Eisenoxyd und Gummi arabicum; die Mischung ergab eine

Seite 37: Die Firma Pelikan schrieb 1898 einen Plakat-Wettbewerb aus, der ein ungeahntes Echo fand. Die eingesandten Plakate wurden in mehreren deutschen Städten ausgestellt, und der Wettbewerb wurde regelmäßig wiederholt. Die kleinen Reproduktionen von Plakaten aus mehreren Jahrzehnten zeigen, wie kreativ und vielfältig Werbung für Tinte und Farben sein kann.

"Pelikan"-Tuschen
GÜNTHER WAGNER
KÜNSTLERFARBEN-FABRIKEN
HANNOVER UND WIEN
Pelikan
Füllhalter
GÜNTHER WAGNER
PELIKAN-TINTE
Günther Wagner
Hannover Wien
Pelikan
Tinte
GÜNTHER WAGNER
PELIKAN-FARBEN
GÜNTHER WAGNER'S
KÜNSTLER-WASSERFARBEN
Pelikan-
TINTE
Pelikan-Tinte
GÜNTHER WAGNER
HANNOVER · WIEN · LONDON · BERLIN
"Pelikan"
Kohlenpapier
GÜNTHER WAGNER
"Pelikan"-Tuschen
GÜNTHER WAGNER
KÜNSTLERFARBEN-FABRIKEN
HANNOVER UND WIEN
"Pelikan"-TUSCHEN
GÜNTER WAGNER
"Pelikan"-Tinte
Günther Wagner
Hannover und Wien
"Pelikan"
Farben
GÜNTHER
WAGNER
Pelikan
Studien-Ölfarben
Dekorations-Ölfarben
PelikanTinte
Günther Wagner
Hannover & Wien
MODELLIERMASSE
NAKIPLAST
GÜNTHER WAGNER

Oben: Sorgfältig, präzise und sauber. Nur die »guten Schüler« wurden mit der Aufgabe betraut, Tinte in die Gefäße des Lehrers und der Kameraden zu gießen. Auf diesem Plakat, das für Gimborn-Tinte wirbt, hebt das weiße Blatt Papier im Hintergrund die Schwärze der Flüssigkeit hervor, die der Junge so vorsichtig eingießt, als wäre sie etwas sehr Kostbares.

sogenannte Volltinte, die seit dem 13. Jahrhundert bekannt war und sehr gut mit der Gänsefeder harmonierte.

Mit dem Aufkommen der Stahlfeder verstärkte sich das Bedürfnis nach gleichmäßig flüssiger Tinte. 1834 schien dem englischen Fabrikanten Stephen der Durchbruch gelungen zu sein: »Endlich haben wir die lang erwartete Lösung für ein scheinbar unlösbares Problem gefunden: eine Tinte, dank der handgeschriebene Buchstaben so dauerhaft sein werden, als wären sie in Stein gemeißelt.« Allerdings schadeten das darin enthaltene Tannin und Eisensulfat dem Stahl der Federn. James Perry entwickelte eine »reine Tinte«. »Diese unvergleichlich flüssige Tinte hat gegenüber allen anderen den Vorteil, die Stahlfeder nicht anzugreifen«, behauptete er.

Nun entstanden zahlreiche Fabriken, die Tinten und Wachse herstellten. Tatsächlich sind die beiden Produktgruppen miteinander verwandt, denn sie enthalten zum Teil ähnliche Bestandteile.

Das Zeitalter der großen Fabrikanten beginnt: Stephen, Perry und Seelhoff's in Großbritannien, Ancora in Italien, Antoine, Chevènement und Gardot in Frankreich; nicht zu vergessen Herbin, ebenfalls eine französische Firma, die bereits seit 1670 und bis auf den heutigen Tag besteht. In Deutschland trat ein Chemiker namens Günther Wagner 1863 als Produktionsleiter in eine kleine Tinten- und Farbenfabrik ein, übernahm sie später und gab ihr den Namen des Vogels, der sein Familienwappen zierte: So begann die Geschichte der Firma Pelikan. 1920 stellte sie neben anderen Produkten bereits über hundertfünfzig verschiedene Tinten her; sie gehört auch heute noch zu den bekanntesten Unternehmen der Branche.

Jede Tinte hatte ihren Namen, ihre Farbe, ihren Verwendungszweck. Es gab »die Scharlachrote«, das »Stiefmütterchen« (lila und duftend), die »indische« und

Links: Blumen spielten in der Werbung für Tinte eine große Rolle, nicht nur wegen ihrer Farben, sondern auch wegen ihres Dufts. Herbin stellte Tinte mit den Produktnamen »Veilchen« und »Vergißmeinnicht« her, während die Firma Antoine eine Tinte für Damen auf den Markt brachte: »Die Tinte der Marquise«.

Tintenflaschen aus Glas und Steingut vor dem Hintergrund eines Etiketts aus der Zeit vor der Jahrhundertwende. Mit Hilfe von Dampfmaschinen stellten die Chevènement-Werke in Bordeaux »hochwertige Tinten« und ein in Frankreich sehr bekanntes Bohnerwachs her.

ENCRES
MODERNE
NOIR FIXE INALTÉRABLE
ENCRE MODERNE
NOIR FIXE INALTÉRABLE
6 MÉDAILLES D'OR - 1 DIPLOME D'HONNEUR
6 GRANDS PRIX
Trois fois HORS CONCOURS (Membre du Jury)
MÉDAILLES D'OR - 1 DIPLOME D'HONNEUR
6 GRANDS PRIX
ENCRE
VERTE
PARIS
N. ANTOINE
6 GRANDS PRIX
FIXE INALTÉR
BLEUE FIXE
ENCRE VERTE
PARIS
Encres Antoine

die »ägyptische« – beide schwarz, klar und farbecht – die schwarz-blaue (im flüssigen Zustand blau und nach dem Trocknen schwarz); es gab auch eine Kopiertinte, mit der man mehrere Kopien eines Textes machen konnte. Tinte für Reisende widerstand allen »klimatischen Einflüssen«, und die »Perle der Tinten« hatte eine schöne schwarz-violette Farbe und war in erster Linie für die Buchführung gedacht. Die Tinte für Regierungsbeamte war dokumentenecht.

Die Erfindung des Füllfederhalters um die Jahrhundertwende machte die Entwicklung noch flüssigerer Tinten notwendig. Jeder Hersteller empfahl eine besondere Tinte für sein Schreibgerät: die eigene! In den dreißiger Jahren unseres Jahrhunderts brachte Parker »Quink« auf den Markt – *quick ink*, »schnelle Tinte« – die besonders schnell trocknete. Sie enthielt »Solv-X«, ein geheimnisvolles Lösungsmittel. Dadurch war sie flüssig genug und verklebte den Füllhalter nicht. Die Firma Waterman konterte mit einer Tinte, die als »unvergleichlich in ihrer Eignung für Füllfederhalter und hochwertig im allgemeinen Gebrauch« angepriesen wurde. Die Gestaltung des Etiketts, aber auch die Form des Flakons, dessen Seiten so abgeschrägt waren, daß man ihn nach Bedarf in verschiedenen Neigungswinkeln aufstellen konnte, trugen wesentlich zum Erfolg der »Waterman Idealtinte« bei.

Heute befindet sich das Behältnis für die Tinte im Schreibgerät selbst, so daß wir kaum noch direkten Kontakt zu dieser besonderen Flüssigkeit haben. Trotzdem sollten wir die verschwundene Schöne nicht ganz vergessen, denn sie ist immer noch da, wenn auch hinter den Plastikwänden seelenloser Patronen gefangen. Wir wissen kaum noch etwas über sie. Wären wir in der Lage, die Vorzüge einer guten Tinte zu erkennen?

Rechts und unten: Kaum ist die Schule aus, haben die Lausbuben nur Streiche im Sinn. Ohne sich um den Schutzmann zu kümmern, der sie wohl gleich entdecken wird, schmieren sie Buchstaben und Kleckse an die Wand. Ist Gardots Tinte aus Dijon das wert? Aber sicher: Sie ist doch die Beste!

Links: Je nach Bedarf konnte man die Tinte in Flaschen verschiedener Größe kaufen. Die kleinen Flakons waren viereckig und hatten eine Halterung für den Federhalter, so daß sie auf dem Schreibtisch eine nützliche Rolle spielten. Die Firma Antoine verpackte ihre Waren in Blechdosen, deren Bilder uns einen Eindruck von den Schreibwarengeschäften der Jahrhundertwende vermitteln.

Die Zeit und ihre Spuren

Zahlreiche Kalligraphen bereiten auch heute noch ihre Tinte selbst zu. Sie wissen, daß ein minderwertiges Produkt die Arbeit vieler Tage zunichte machen kann. Diese Erfahrung mußte auch ein Ägypter machen, der einem Freund in Kairo schrieb: »Ich schicke Dir ein Tintenfaß mit der Bitte, mir für einen Dirham Tinte von guter Qualität zu kaufen und sie hinein zu gießen. Versiegle das Tintenfaß dann mit Wachs, und schicke es mir durch einen Eseltreiber: Du erweist mir dadurch einen großen Dienst, denn die Tinte, die Faraj an dem Tag gekauft hat, an dem ich Kairo verlassen habe, ist nicht zu gebrauchen.«

Obwohl der Brief aus dem Mittelalter stammt, ist der Ärger des Schreibers immer noch nachvollziehbar. Eine gute Tinte ist vor allem von intensiver Farbe und muß nach dem Trocknen richtig decken, ohne verwaschen zu wirken. Sie muß am Papier haften, ohne zu tief einzudringen. Im 16. Jahrhundert sind in Spanien und Italien Handschriften entstanden, deren Farben so intensiv und lebhaft wirken, daß man meinen könnte, sie seien soeben erst geschrieben worden. Verglichen mit den Schriften von Bossuet, von Boileau oder von Madame de Sévigné, die wesentlich jüngeren Datums sind, wirken die Manuskripte von Machiavelli oder Papst Leo X. erstaunlich frisch.

Viskosität ist die zweitwichtigste Eigenschaft der Tinte. Sie muß an der Feder gleichmäßig hinunterlaufen, nicht zu schnell und nicht zu langsam. Außerdem muß Tinte relativ schnell trocknen und zugleich der Zeit, der natürlichen Alterung, der Feuchtigkeit, dem Schimmel und den chemischen Veränderungsprozessen widerstehen können: Sie muß so lichtecht wie nur möglich sein.

Oben: Im 19. Jahrhundert kommen immer mehr exotische Markennamen für eigentlich ganz bodenständige Tinten auf. Die Firma Maurin stellt »syrische« Tinte her, die Firma Chevènement »indische«, die Tinte von Maquet ist »ägyptisch«, die von Antoine »japanisch«.

Im 19. Jahrhundert wurden auf diesem Gebiet systematisch Experimente durchgeführt. Nachdem er Hunderte verschiedener Tinten geprüft hatte, stellte ein Mr. Stareck in einem Artikel, der in der Schriftenreihe des Franklin Institutes erschien, fest: »Keine ist ganz lichtecht.«

Die Pariser Akademie der Wissenschaften ihrerseits vermerkte 1856, daß einige Tinten durchaus beständig gegen Chemikalien waren. 1888 aber beunruhigte A. Fallières, zu dem Zeitpunkt Siegelbewahrer, die Lebenserwartung archivierter Schriftstücke. Er war der Ansicht, daß die Tinte auf Anilin-Basis, die immer beliebter wurde, »eine geringe Lebensdauer« habe. Das ministerielle Rundschreiben stellte fest, daß chinesische Tusche oder eine Tinte mit Tannin- und Eisensulfatanteil für das Abfassen offizieller Dokumente wesentlich besser geeignet wäre. Die Firma Antoine hatte eine Lösung parat: »die Amts-Tinte«. Der Fabrikant wollte nicht nur die Minister und Beamten beruhigen, sondern auch die Notare von der Qualität seiner Tinte überzeugen – schließlich behalten auch deren Schriften oft über mehrere Jahrhunderte hinweg Gültigkeit.

Mit dieser Tinte wurde 1919 der Vertrag von Versailles unterzeichnet. Welche Ehre für eine Tinte! Sie erwies sich dann ja auch als dauerhafter als so manches andere – der Friede zum Beispiel!

Rechts: Die schöne Schrift dieses Briefes des Malers Carle Vernet, zu Anfang des 19. Jahrhunderts zu Papier gebracht, verrät die Gänsefeder; die blaue Tinte hat nichts von ihrer Frische verloren und straft all das Lügen, was wir über Tinte zu wissen glaubten.

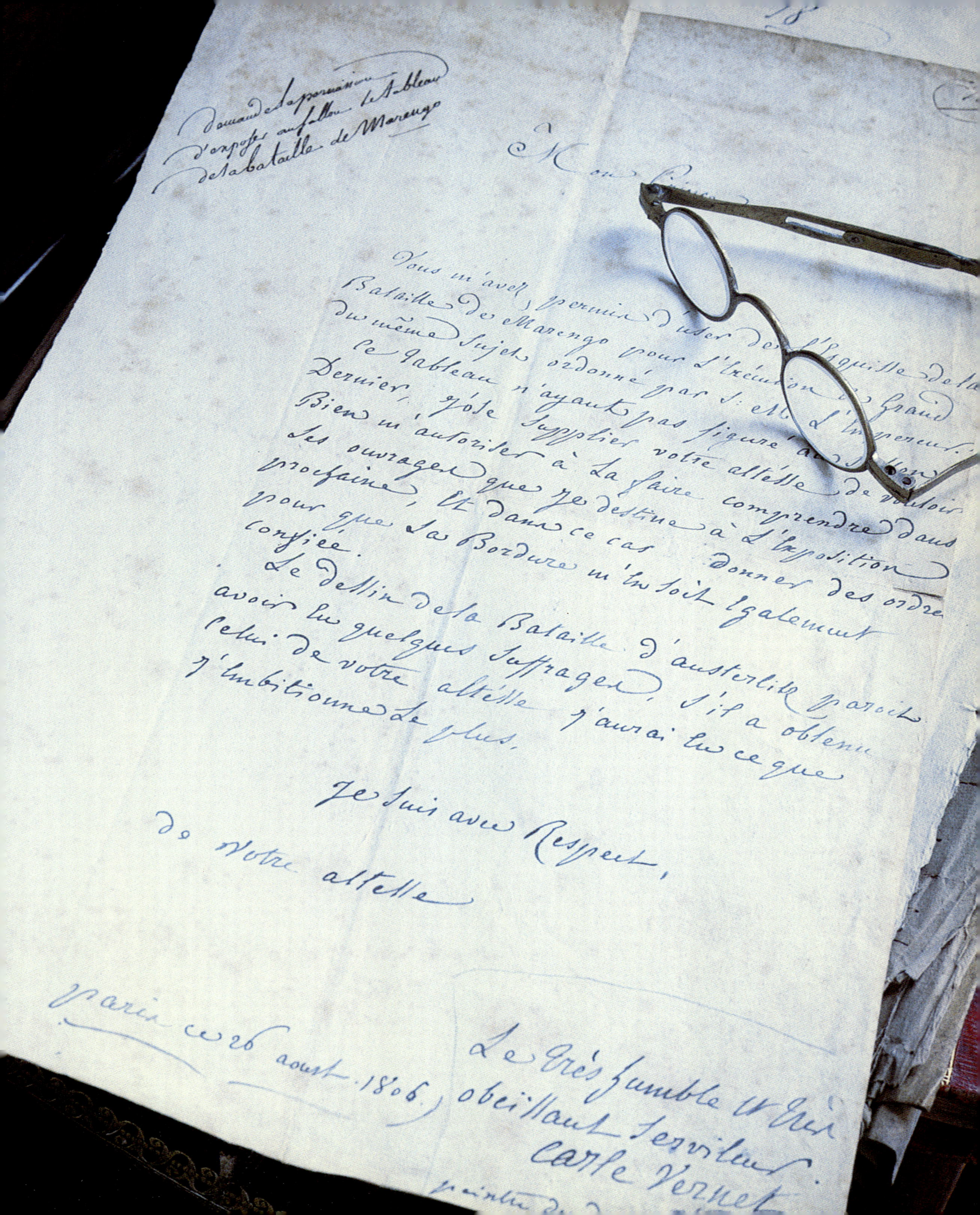

demande la permission d'exposer au sallon le tableau de la bataille de Marengo

18

À Mon Prince

Vous m'avez permis d'user de l'esquisse de la Bataille de Marengo pour l'exécution du grand du même sujet ordonné par S. M. l'Empereur.

Ce tableau n'ayant pas figuré au salon dernier, j'ose supplier votre altesse de vouloir bien m'autoriser à la faire comprendre dans les ouvrages que je destine à l'exposition prochaine, et dans ce cas donner des ordres pour que la bordure m'en soit également confiée.

Le dessin de la Bataille d'austerlitz paraît avoir eu quelques suffrages, s'il a obtenu celui de votre altesse j'aurai eu ce que j'ambitionne le plus.

Je suis avec Respect,
de votre altesse

Paris ce 26 aout 1806

Le très humble et très obéissant serviteur
Carle Vernet
peintre ...

In einem Brief, den er mit der Stahlfeder auf harten Karton geschrieben hat, erkundigt sich der französische Schriftsteller Pierre Loti nach der Gesundheit eines Mitglieds der Mannschaft der Lutetia; er selbst war auf dem Schiff Offizier. Er bittet die Ehefrau des Kranken, an die das Schreiben gerichtet ist, ihm mitzuteilen, »ob der 22. Tag der Krankheit vorüber ist, denn dieser ist immer der schwerste«. Auch der zweite Brief ist gut lesbar, aber die Schrift ist ausgeblichen: Er war auf Papier geschrieben.
Der Brief hat Seltenheitswert, denn der Schriftsteller hat ihn sowohl mit seinem richtigen Namen (Viaud) als auch mit seinem Pseudonym unterschrieben.

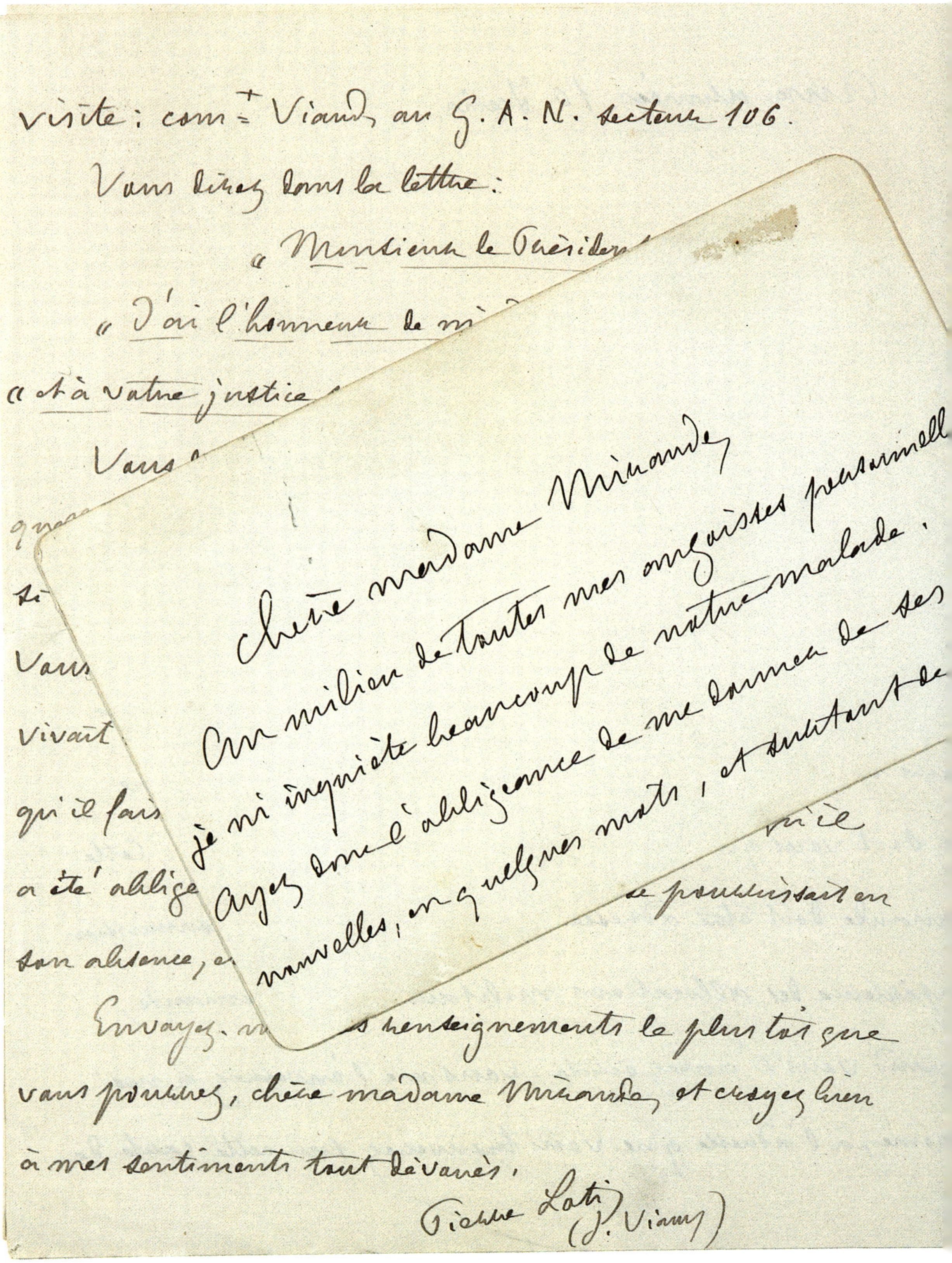
Chère madame Miranda
Au milieu de toutes mes angoisses personnelles
je m'inquiète beaucoup de notre malade.
Ayez donc l'obligeance de me donner de ses
nouvelles, en quelques mots, et surtout de

visite: com.t Viaud au G. A. N. secteur 106.
Vous direz dans la lettre:
« Monsieur le Président
« J'ai l'honneur de m…
« et à votre justice…
Envoyez … renseignements le plus tôt que
vous pourrez, chère madame Miranda, et croyez bien
à mes sentiments tout dévoués.
Pierre Loti
(J. Viaud)

Ganz anders die sogenannten »sympathetischen« Tinten, die nicht farbecht bleiben, sondern ganz im Gegenteil verschwinden sollen. Bereits der Dichter Ovid empfahl in seiner *Ars amandi* deren Gebrauch, damit Liebesbriefe nicht in falsche Hände gerieten. Plinius dem Älteren verdanken wir sogar ein Rezept: Als »Tinte« sollte man Milch nehmen; wollte man den Brief nach dem Trocknen lesen, so bräuchte man die unsichtbare Schrift nur mit Kohlenstaub oder Ruß zu überstäuben, um sie sichtbar werden zu lassen. Viele Jahrhunderte später entwickelte der Chemiker Pierre Borel 1653 die Formel einer chemisch reagierenden Geheimtinte. Zum Schreiben sollte man Bleiazetat nehmen; damit der Brief lesbar wurde, mußte man ihn mit Schwefelwasserstoffsäure behandeln.

Es gibt noch viele andere Rezepte für sympathetische Tinten: Eine Tinte zum Beispiel kann viermal hintereinander erscheinen und wieder verschwinden, eine andere wechselt je nach chemischer Behandlung bis zu dreimal die Farbe. Wenn man die Blätter der Ringelblume acht Stunden lang in Essigsäure einlegt, entsteht eine farblose Flüssigkeit, die beim Sichtbarwerden grün, gelb, rot oder lila sein kann: die reinste Magie! Aber auch mit alltäglicheren Zutaten läßt sich die gewünschte Wirkung erzielen: Zwiebeln, Zitronen oder Milch eignen sich zum Verfassen geheimer Briefe, und um sie zu lesen, braucht man nur Wasser, Wärme oder die Strahlen der Sonne – und jungen romantischen Mädchen oder angehenden Geheimagenten eröffnen sich ungeahnte Möglichkeiten!

Ob geheim oder nicht – alle haben ihre Lieblingstinte: Die einen schwelgen in Erinnerungen, wenn sie lila Tinte sehen, die anderen schreiben mit brauner Tinte, weil der Brief dann alt und geheimnisvoll wirkt; das Blau südlicher Meere kann freundlich oder auch exotisch wirken, schwarz wirkt seriös und bildet einen reizvollen Kontrast zum weißen Papier – auch durch die Farbe der Tinte geben wir unseren Briefen eine persönliche Note.

Seit jeher ist die Tinte die besondere Freundin der Schriftsteller. Gérard de Nerval liebte sie rot, Alfred de Vigny zog die blaue vor, Honoré de Balzac schwärmte von seinem »schwarzen Sturzbach«, und Victor Hugo zeichnete mit Tinte die graphischen Alpträume, die manche seiner Gedichte bevölkern. Jean Giono hatte einen Geheimtip: »Ich lasse das Tintenfaß offen, damit die Tinte oxydiert und ganz schwarz wird.«

Auch unabhängig von ihrer Farbe kann Tinte sehr verräterisch sein. Der Verfasser einer Jubiläumsschrift der Firma Antoine, die 1940 ihr hundertjähriges Bestehen feierte, denkt darüber nach, was – außer Tinte – in die nachgelassenen Handschriften historischer Persönlichkeiten eingeflossen sein mag: »... die Dokumente wirken wie erst vor kurzem geschrieben, und es ist, als pulsiere in ihnen noch der gleiche Herzschlag wie in der Hand, die sie schrieb: die Hand von François Rabelais, der sich in Montpellier in die Fakultät für Medizin einschrieb; die Hand Ludwigs XIII., der eine Seite unterzeichnete, die Spuren seiner Tränen zeigt; der herzzerreißende Abschiedsbrief, den Marie-Antoinette an ihre Kinder schrieb, oder der letzte, nutzlose Befehl, den Robespierre gegen seinen Willen mit seinem eigenen Blut unterzeichnete ...« Denn Geschichte wird nicht nur mit Tinte geschrieben, sondern auch mit Blut und Tränen.

Der *Tip-Fill*-Flakon von Waterman ist heute noch so beliebt wie in den 1930er Jahren. Das Etikett wurde mehrmals verändert, die Form nie. Man kann ihn auf jede seiner verschieden großen Seitenflächen stellen, so daß man mit der Feder immer gut an die Tinte kommt. Früher trugen die Schüler ihn an einer Schnur um den Hals und gravierten ihre Initialen in den Aluminiumverschluß ein.

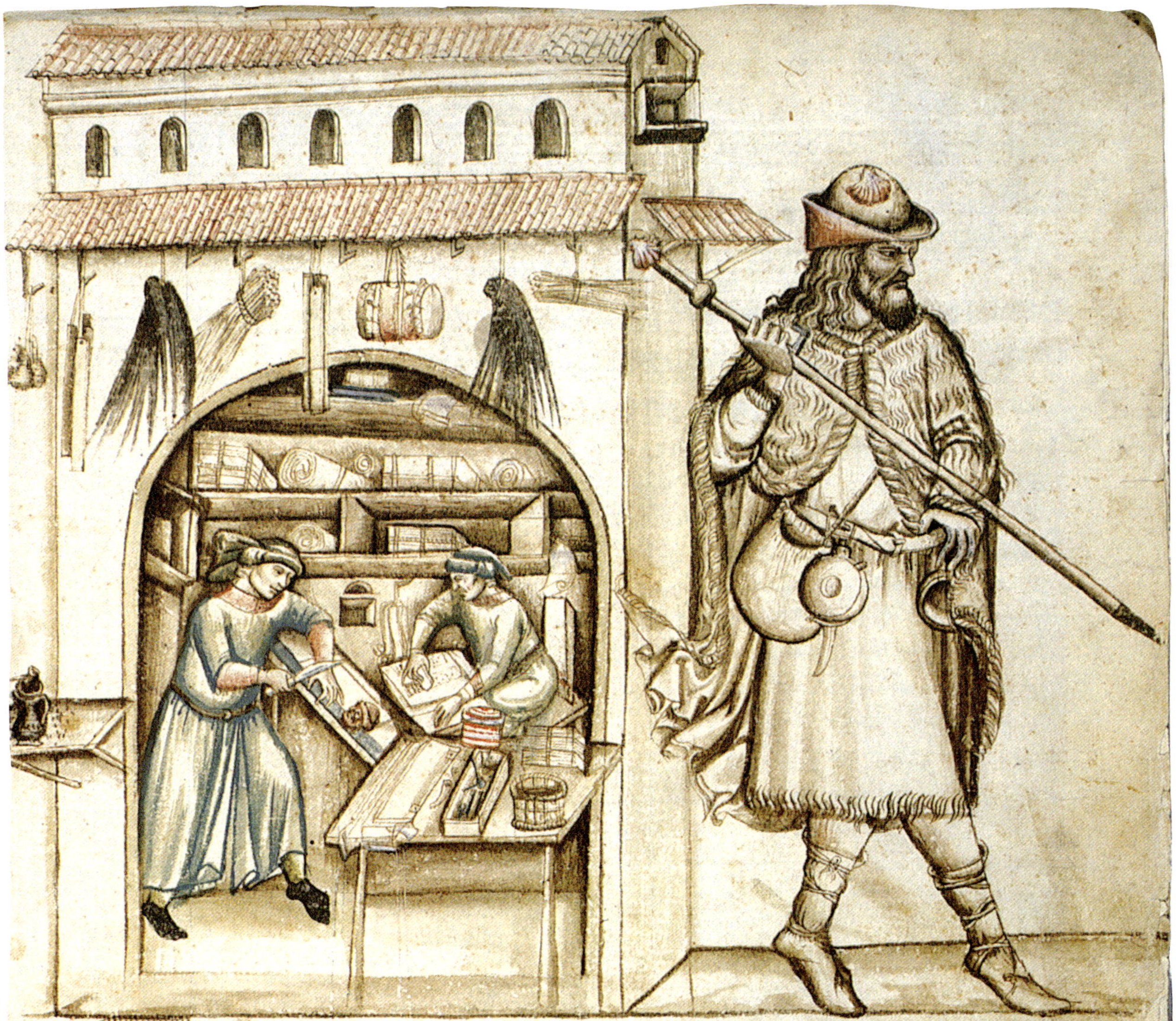

E sonto un peregrin de molte parte / che l'anno el mexe el dì el come el quando
de le chose chen stade / el ver qui ... pando / et olle adun racolte cheran sparte.
Onde chi vol deletto de ste carte / si l'toglia e no le mova de qui stando
che se'l lo fesse si chadirave in bando / de quel che tutto per raxon comparte.

Perchè le Piedro sta sempre mie hosto / e dado ha deregistrar chaxone
quel che me stado da fortuna imposto.
Però chi questo livro de sta zone / volesse tor farim molto tosto
sentir la punta al petto del bordone.

Se'l te novella che te fosse kara
on la scrivi amente on l'impara.

Links: Die Herstellung von Pergament gehört noch nicht zu den ausgestorbenen Handwerken, und es gibt nach wie vor Spezialisten, die ihr Metier beherrschen. Die abgebildete Werkstatt befindet sich in Levroux (Frankreich); jeden Monat werden hier zweihundert Häute bearbeitet.

Das Papier des Ministers Tsaï

Die ältesten Überreste von Papier wurden in kaiserlichen chinesischen Grabstätten gefunden, die zweihundert Jahre älter sind als die erste urkundliche Erwähnung. Diese wiederum stammt aus dem Jahre 105 n. Chr. von der Hand von Tsaï Lun (auch Cai oder Ts'ai Lun), einem hohen Funktionär am kaiserlichen Hofe. Damit war das »Papier des Ministers Tsaï« geboren.

Welch beachtlichen Fortschritt stellte dieser neue Untergrund für die Schrift doch dar! Papier ist leicht, faltbar, platzsparend, fein und doch stabil. Wespen stellen aus der Rinde bestimmter Bäume einen Papierbrei her, und die Menschen taten es ihnen nach; sie nahmen dazu die Rinde des Maulbeerbaums, Hanf und Lumpen. Das Papier ermöglichte es praktisch jedermann im Reich der Mitte, sich die Kunst des Schreibens anzueignen – tausend Jahre früher als im Abendland. Aber Asien blieb für sich, und es mußten erst Kriege geführt werden, bevor das Papier seinen Siegeszug rund um die Welt antreten konnte.

Im 8. Jahrhundert wurde die Schlacht am Talas (Thales), in der Nähe von Samarkand, von den Truppen des Kalifen von Bagdad gewonnen. Zu den chinesischen Kriegsgefangenen gehörten mehrere Papierhersteller. Das blieb nicht ohne Folgen. Unter Harun al Raschid – dem Kalifen aus *Tausendundeiner Nacht* – entstand in Bagdad die erste Papierfabrik der arabischen Welt. Die Araber waren Nomaden; auf ihren Reisen verbreiteten sie auch den Gebrauch des Papiers. Damaskus sollte bald für seine Federn, seine Tinten und auch für sein Papier große Berühmtheit erlangen.

Im 9. Jahrhundert kam das Papier nach Ägypten in das Reich des Papyrus; bald wurde es von den Nordafrikanern übernommen. Gegen Ende des 12. Jahrhunderts gab es in Fes mehr als vierhundert Papiermühlen.

Zur gleichen Zeit widerstand Europa dem Islam – und dem Papier. Zwar war Papier bekannt, aber man mißtraute ihm. Außerdem wirkte es, verglichen mit dem Pergament, ärmlich und wenig haltbar: König Roger von Sizilien ordnete sogar an, von allen auf Papier geschriebenen Dokumenten Abschriften auf Pergament zu fertigen. Trotzdem fand das Papier Eingang in Europa. Im 11. Jahrhundert wurde es in Sizilien bekannt. Venedig und Genua zeigten sich offen für die Neuheit aus dem Orient, und um 1250 entstand in Fabriano in der Provinz von Ancona ein wichtiges Produktionszentrum. Eine zweite Bresche wurde für das Papier in Spanien geschlagen, wo König Pedro III. von Aragon den Papierherstellern, meist Juden oder Mauren, auch in den von der Reconquista zurückeroberten Gebieten gestattete, ihr Handwerk weiterhin auszuüben.

Im Gepäck der katalanischen Händler gelangte das Papier auf die andere Seite der Pyrenäen. Von hier aus verbreitete es sich in ganz Europa. Im 15. Jahrhundert löste dieses Medium für die geschriebene wie für die gedruckte Schrift eine Revolution des Wissens aus.

Seite 46: Eine italienische Pergamentwerkstatt des 15. Jahrhunderts. Einer der Gesellen schneidet die Häute zurecht, der andere schleift die Unebenheiten eines Blattes ab. Auf den Regalen warten fertige Rollen und Seiten auf die weltlichen und kirchlichen Kunden.

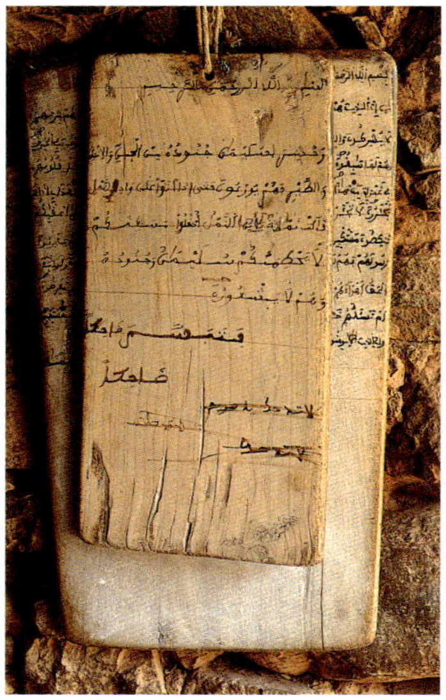

Links: Mit Nußbaumholztafeln wie dieser lernen die kleinen Berber schreiben. Die Tafel wird mit einer Schicht Ton überzogen. Dann kann sie mit einer Rohrfeder und einer Tinte beschrieben werden, die man aus der Wolle von Widdern herstellt.

Von den Lumpen zum Holz

Heute wird Papier fast ausschließlich aus gewaschenem, kleingeschnittenem und chemisch oder mechanisch entfasertem Holz hergestellt. Im Laufe der vergangenen Jahrhunderte aber mußten die verschiedensten Grundstoffe für die Papierproduktion herhalten. Im Abendland nahm man Lumpen, auch Hadern genannt. Im 14. Jahrhundert wurden alte Wäschestücke zu einem begehrten Objekt der Lumpensammler, denn für die Herstellung von hochwertigem Papier waren Leinen und Hanf unerläßlich: Wenn es nicht genug Lumpen gab, ließ die Qualität des Papiers nach. In der zweiten Hälfte des 18. Jahrhunderts versuchte man es mit Stroh, Schilf, Nesseln, Hopfen und sogar Eibisch.

Der deutsche Pastor J. C. Schäffer gab ab 1765 ein mehrbändiges Werk mit Proben von sechzig verschiedenen Papiersorten heraus, von den herkömmlichsten Herstellungstypen – aus Hanf und Leinen – bis hin zu den ungewöhnlichsten: aus Wurzeln, Zapfen von Nadelbäumen, aus Ginster oder Kartoffeln.

Man zog es aber weiterhin vor, Papier aus Lumpen herzustellen. Die von dem Franzosen Nicolas Louis Robert 1798 erfundene Langsiebpapiermaschine, die von dem englischen Brüderpaar Fourdrinier weiterentwickelt und in Serie hergestellt wurde, war dabei eine große Hilfe, denn sie führte alle Fabrikationsschritte durch, vom Eintauchen des Siebs in den Brei bis zum Trocknen des Papiers. Allmählich setzten sich die Fabriken gegen die Papiermühlen durch.

Das Holz, das anfangs nur als Ersatzstoff gegolten hatte, erlebte seinen Aufstieg ab 1860. Fündundzwanzig Jahre später war das nach einem deutschen Verfahren aus Holzbrei hergestellte Papier an die Stelle des Papiers aus Lumpen getreten. Gegen Ende des 19. Jahrhunderts war auch das Zeitalter der Dampfmaschinen vorüber, und neue Energiequellen – Elektrizität und Gas – begleiteten die weitere Entwicklung der industriellen Produktion.

Heute übernehmen hochentwickelte Maschinen das Pressen, Trocknen und die Behandlung der Oberflächen. Die Siebe der neuesten Modelle sind neun Meter breit, hundert Meter lang und bewegen sich mit einer Geschwindigkeit von hundert Stundenkilometern! Wenn uns diese Zahlen schon schwindelerregend vorkommen, was würden da erst die Papierhersteller früherer Zeiten sagen?

An der Schwelle zum 3. Jahrtausend sind die großen Namen der Papierproduktion neue Verbindungen auf internationaler Ebene eingegangen. Die – oft weitgehend von Hand durchgeführte – Herstellung besonderer Papiersorten aber haben sie beibehalten. Bei der Firma Arjo-Wiggins bürgen die Namen Canson, Montgolfier, d'Arches und Johannot für traditionell hergestelltes Papier aus Frankreich. Bei International Paper sind Aussedat-Rey und Lana immer noch ein Begriff für schönes Briefpapier.

Links oben: Die französische Region Auvergne ist einer fünfhundert Jahre alten Tradition treu geblieben. Hier finden sich noch Betriebe, die Papier aus Leinen und Hanf herstellen. Unter dem Gewicht der schweren Holzhämmer verwandeln sich die sorgfältig ausgesuchten Lumpen allmählich in einen Brei, aus dem das edelste Papier von allen gemacht wird: das Papier aus reinen Lumpen.
Seite 49: Durch schönes Papier kann ein Brief zu einem Kunstwerk werden. Papier mit Wasserzeichen und gefütterte Umschläge verführen uns, zur Feder zu greifen.
Im Hintergrund: ein Blatt aus dem Rechnungsblock der Papierwerke Blanc in Paris (1934).

HIVERT, Succ.
Papier Velin Perfectionné
GRANDE RÉDUCTION DE PRIX
le Cahier
RELIURES
IMPRESSIONS
GRAVURES
RIVOLI
PAPIER

Ecris-moi encore ! J'aime tant
que tu m'écrives. Tes lettres sont pleines
d'un passé tout frais. Donne-moi
encore des nouvelles d'Hélène Berthelot.
Ce portrait de Renée Vivien, est-ce
celui de Lévy-Dhurmer ?

Depuis mon retour, j'ai
été rejointe par une crise si dure
d'arthrite que je ne suis qu'horizontale.
Viens me voir avec Lily, si ce n'est
avec Germaine Beaumont. Fais mes
amitiés à Bizardel. Enfin répartis,
sur nous toutes et tous, ta grâce
impérissable et sa santé bien
équilibrée. Je t'aime et t'embrasse
tendrement

Ta Colette

Maurice est respectueusement
à toi

Unendliche Räume

Man kann auf Papier so unendlich viel sagen. Aber sogar das weiße Blatt ist, wenn es vor uns liegt, schon eine Botschaft. Manche Menschen brauchen, um schreiben zu können, einen bestimmten Rahmen. Sie setzen die Wörter auf Linien, die dem Papier aufgedruckt sind, oder legen unter das dünne Papier eines mit dicken, schwarzen Balken. Andere wieder wollen die Wörter dorthin setzen, wo es ihnen beliebt, und lehnen Linien oder Kästchen ab.

Es gibt Menschen, die einfaches Papier lieben, und solche, die das kostbare vorziehen. Bei Papier guter Qualität kann man, wenn man es gegen das Licht hält, das Siegel des Herstellers entdecken: das Wasserzeichen, das sich, je nach Verfahren, in »echte« und »unechte« Wasserzeichen unterscheidet.

Jeder hat ein Format, das ihm besonders zusagt; manche Briefschreiber lieben kleine Blätter in Heftgröße, während heute wohl die meisten das inzwischen klassische Din-A4-Format vorziehen.

Papier kann nie ganz neutral sein. Es hat sein eigenes Aussehen und sein Gewicht, das in g/m angegeben wird, seine Ausstattung, seine Oberfläche, seine Farbe und manchmal sogar seinen eigenen Duft. Es kann glänzend »satiniert« sein oder besonders gut Tinte aufnehmen, mit feinen Wasserzeichen-Linien »gerippt« sein oder als »Pergament-Papier« dem Namensgeber nahezu gleichkommen. »Sein« Papier wählt jeder so sorgfältig aus wie »seine« Tinte.

Die Schriftstellerin Colette soll ausschließlich auf blauem Papier geschrieben haben. Weit weniger gepflegt sahen die Manuskripte von Proust aus, der in die Schulhefte, mit denen er arbeitete, unzählige Seiten einklebte, überklebte, dafür andere Seiten wieder herausriß.

Papier ist weitaus mehr als eine Unterlage für geschriebene Wörter. »An manchen Tagen ist mir«, schreibt André Gide, »als könnte ich, wenn ich eine gute Feder zur Verfügung hätte, gute Tinte und gutes Papier, mühelos ein Meisterwerk schreiben.« So wollen auch wir ein wenig von dem Papier träumen, das wie durch Zauberei Talent verleiht.

Seite 50: Colette schrieb diesen Brief auf blauem Papier an Nathalie Barney, die über fünfzig Jahre lang »ihre beschützende Freundin« war. Das blaue Papier bevorzugte die Schriftstellerin deshalb, weil sie um ihr Augenlicht fürchtete und man ihr gesagt hatte, daß Blau die Augen schone.

Links: Wasserzeichen der Sorte Médaille, eines der renommiertesten Erzeugnisse der Papierwerke du Marais.

Oben: In den geheimen Schubladen von Smythson in London lagern Hunderte von handgravierten Kupferplatten. Seit über einem Jahrhundert stellt die Firma, die auch die Krone beliefert, feinstes Briefpapier her.

La Neige.

Die Stahlfeder

In Boulogne-sur-Mer ist es Winter geworden. Im Morgengrauen gehen die Arbeiter zur Fabrik. Sie haben einen Zehn-Stunden-Tag vor sich. Es ist das Jahr 1895; vor genau zwanzig Jahren hat François Lebeau seinen beiden Schwiegersöhnen die Federnfabrik überschrieben: Hier werden winzige Stahlfedern für Federhalter hergestellt.

Man erwartet eigentlich eine eher bescheidene Anlage, in der Größe zu den winzigen Gegenständen passend, die es produziert. Statt dessen steht man plötzlich vor einem riesigen Gebäudekomplex. Man wäre nicht verwundert, wenn hier Eisenbahnschienen, Eisenträger oder Dampfmaschinen hergestellt würden. Aber Federn?

Das Firmenschild an der Vorderfront der Fabrik aber läßt keine Zweifel aufkommen: »Etablissement Baignol & Farjon, Stahlfedernfabrik«.

Maschinen und Federn

Bei Baignol & Farjon arbeiten um die Jahrhundertwende mehr als tausend Arbeiter und – vor allem – Arbeiterinnen. Im Hof lagern mehrere Dutzend Tonnen gewalzter Stahl aus Sheffield in riesigen Rollen. Es ist Stahl von hervorragender Qualität, aus den besten schwedischen Erzen, ein Erzeugnis der bekannten englischen Firma Jessop and Sons. In den Fabrikhallen sind die Frauen an ihre Arbeitsplätze gegangen. Typisch für diese Zeit, in der die Industrie noch im Werden begriffen war, stehen manche Arbeiterinnen in der althergebrachten Tracht der Gegend an den Maschinen. Die Sirene verstummt, die Arbeit kann losgehen. Die Herstellung der Stahlfedern ist wesentlich komplizierter, als es zunächst den Anschein haben mag; sie erfordert eine Abfolge genau aufeinander abgestimmter Arbeitsschritte.

Zuerst stanzen die Arbeiterinnen die Federn mit Locheisen aus Blech aus. Dabei gilt es, möglichst sparsam zu arbeiten. Schon in dieser ersten Phase erhält das Objekt seine äußere Form. Dann kommt das Lochen, durch das kleine Öffnungen entstehen; sie bewirken die Elastizität der Feder.

Als nächstes wird der Name des Herstellers eingeprägt, manchmal auch noch schmückende Details. Mit ohrenbetäubendem Lärm gehen die Rammbären auf die Federn nieder, wie ein Hammer auf den Amboß. Wegen des schweren Aufpralls und der Gefährdung der Hände sind diese Arbeitsplätze unbeliebt.

Die Männer sind dafür zuständig, die Öfen zu überwachen und zu befeuern. Der Stahl muß weich und formbar gemacht werden; das geschieht durch das Glühen, bei dem die Federn auf 650° erhitzt werden. Nach dem Biegen kommen die Federn wieder in den Ofen; dieses

Seite 52: Die silbernen Federhalter auf der Halterung aus Kristall verdecken die Schönschrift-Übung eines Kindes (19. Jahrhundert). Das von Hand gravierte Modell ganz oben verfügt nicht nur über eine versenkbare Klinge, sondern auch über einen unter der Feder verborgenen Teleskop-Minenhalter.

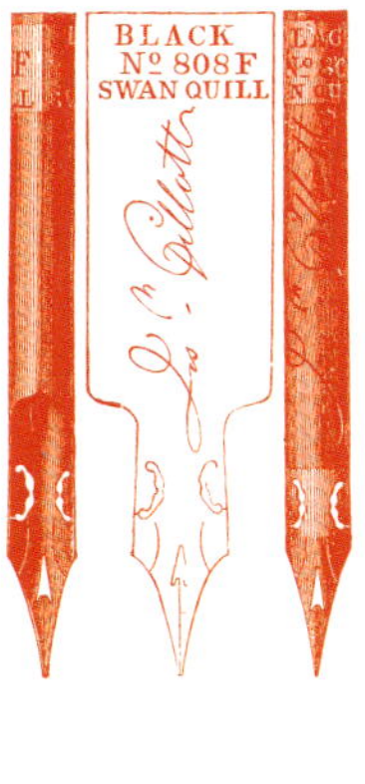

Links: Die Feder Nr. 808 von Joseph Gillott war eine der ersten Stahlfedern. In der Mitte die Darstellung des flachen Rohlings, an den Seiten die der fertigen Feder (Ansicht der Ober- und Unterseite).

Oben links: Haube und Stahl mit Spitzenmuster: Mit einem Locheisen stanzt diese Arbeiterin in traditioneller Tracht Stahlfedern aus.
Oben rechts: Königlicher Besuch bei Gillott. Der Prinz von Wales und sein Gefolge interessieren sich für die Herstellung der Stahlfedern.

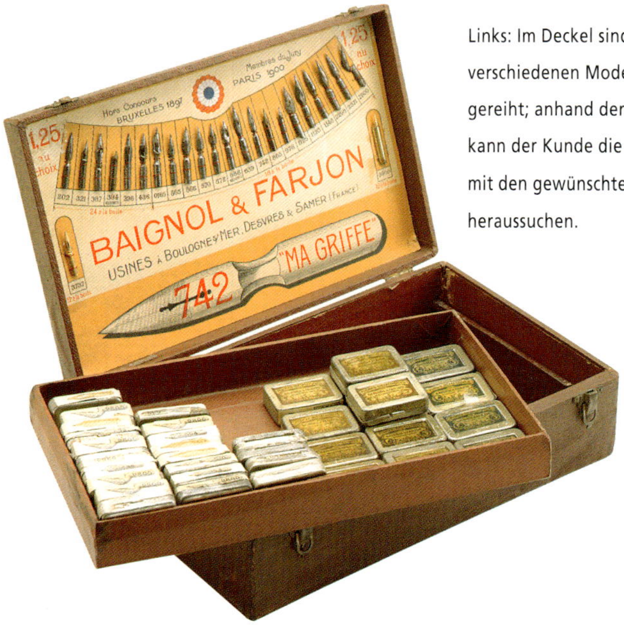

Links: Im Deckel sind die verschiedenen Modelle aufgereiht; anhand der Nummern kann der Kunde die Schachtel mit den gewünschten Federn heraussuchen.

Mal erreicht die Temperatur 900°. Danach werden sie zum Abkühlen in Öl gelegt und sind nun »gehärtet«. Nach der Entfettung wird die Feder ein letztes Mal erhitzt, dieses Mal aber nur auf 400°, um das Metall biegsam und widerstandsfähig zu machen.

Wenn sie das alles hinter sich hat, sieht die Stahlfeder nicht besonders schön aus; deshalb muß sie gereinigt und poliert werden. Diese mühsame Arbeit wird sorgfältig von Hand ausgeführt. Danach kommt das Schleifen an die Reihe; hierbei ist Geschwindigkeit gefragt, und eine gut trainierte Arbeiterin kann es am Tag auf mehrere hundert geschliffene Federn bringen.

Die Feder ist aber immer noch nicht fertig: Sie ist wie stumm, wie geknebelt; damit sie sich mitteilen, damit man mit ihr Wörter zu Papier bringen kann, muß erst ihre Spitze in der Mitte gespalten werden.

Zur Herstellung einer einfachen Stahlfeder sind insgesamt zwölf einzelne Arbeitsschritte erforderlich.

Schließlich werden die Federn in Schachteln verpackt. Nun sind sie bereit, in den Federhaltern der Schüler und Schreibkräfte die Bewegungen und den Druck der Hand leicht und präzise auf das Papier zu übertragen.

Den hier geschilderten Produktionsabläufen, die so routiniert und alltäglich wirken, ging ein langer Weg voraus: Es hatte unzählige Versuche gegeben, eine optimierte Version der Gänsefeder zu entwickeln. Man probierte es mit Federn aus Horn und Schildpatt, setzte Diamanten und Rubine als Spitze ein, bis zu Beginn des 19. Jahrhunderts die Erfindung der Stahlfeder gelang. Kommerziell erfolgreich wurde sie allerdings erst Jahre später.

Gegen Ende des 19. Jahrhunderts ist Boulogne-sur-Mer dank Baignol & Farjon sowie der Firma Blanzy-Poure und der Compagnie française das französische Zentrum der Stahlfedern-Herstellung. Eine seltsame Karriere für eine alte Fischerstadt!

Noch 1835 war Boulogne der wichtigste Einfuhrhafen für englische Stahlfedern. Dadurch hatte man aber auf dieser Seite des Kanals vom Wohlstand der englischen Industrie in Birmingham erfahren. Dies brachte einige Bewohner der Stadt zum Nachdenken; zu ihnen gehörte auch Pierre Blanzy, der Direktor des städtischen Transportunternehmens. Blanzy reiste mehrmals nach Birmingham; er kaufte Patente auf und warb Vorarbeiter und erfahrene Arbeiter ab. Eines Tages gründete er in Boulogne seine eigene Firma.

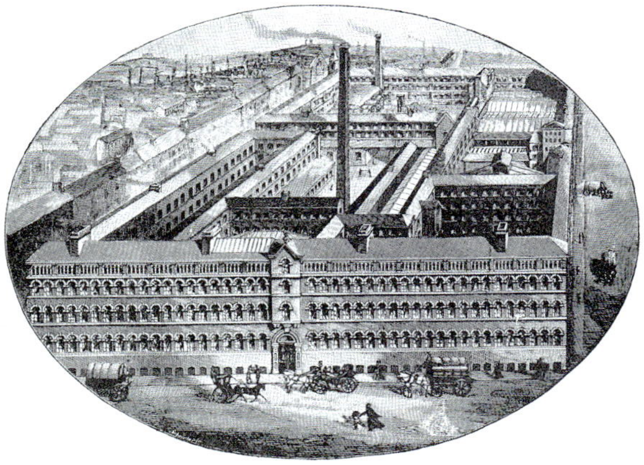

Oben: Blick über die Mason-Werke in Birmingham, Hersteller von Stahlfedern (1828).
Unten: Die Feder *Jules Verne* wirbt mit Szenen aus den Romanen des Autors – und wird so bekannt, daß auch sie eine Reise um die Welt antreten wird.

Revolution in Birmingham

Was Pierre Blanzy in Birmingham zu sehen bekommen hatte, war wirklich erstaunlich: Im Laufe von knapp zwanzig Jahren, zwischen 1830 und 1850, entwickelte sich die Stadt in den Midlands zu einem Vorreiter der industriellen Entwicklung.

Weitläufige, mit Dampfmaschinen ausgestattete Betriebe verarbeiteten täglich Tonnen von Stahl. Die gemauerten Schornsteine schienen bis in den Himmel zu ragen, und man konnte kaum noch sagen, wo der Rauch aufhörte und wo die Wolken begannen. Die schier unendlich großen Fabrikhallen beherbergten riesige Maschinen und Heerscharen von Arbeitern, die den größten Teil des Tages an ihnen zu tun hatten; es gab keine nennenswerten Pausen. Diese Firmen, deren Gebäude und Gelände mehrere Dutzend Hektar einnahmen, produzierten unglaubliche Mengen von Stahlfedern. Trotzdem wurde am Abend alles sorgsam abgewogen: Der Lohn wurde nach Leistung gezahlt.

In den Straßen der Stadt herrschte ein lebhafter Verkehr von Pferdewagen. Die englischen Federn waren in Persien ebenso bekannt wie in Kambodscha, in Brasilien ebenso wie in Indien und in den meisten Ländern Europas: Birmingham lieferte in die ganze Welt.

Im Laufe von zwanzig Jahren war die Stahlfeder von einem seltenen Gegenstand zu einem Massenprodukt geworden, eine der ersten Wegwerfwaren der Industriegesellschaft. Aber was war in den Midlands passiert? Wie hatte Birmingham in so kurzer Zeit zum größten Produktionszentrum für Stahlfedern werden können?

Tatsächlich hatte die Stadt eine günstige Ausgangsposition. Zum einen war sie schon seit langem ein Zentrum der Schmuckherstellung und der Goldschmiedekunst; hier gab es Handwerker, die Erfahrung mit der Herstellung von goldenen und silbernen Federn hatten. Überhaupt existierte in den engen Gassen und Hinterhäfen eine gut entwickelte Handwerkerkultur. In den Werkstätten wurden mit einfachen Maschinen die verschiedensten kleinen Metallgegenstände hergestellt: Knöpfe, Messer, Schnallen, Spielsachen, Schlüsselringe und vereinzelt auch Metallfedern.

Die Spaltung der Federspitze, die als sehr schwierig galt, zählte zu den eifersüchtig gehüteten Geheimnissen so manchen Handwerksmeisters; ein Geheimnis, das er nur seinen engsten Mitarbeitern verriet.

Gillott, Mason, Perry, Mitchell und die anderen

Joseph Gillott hatte seine Laufbahn zu Anfang des Jahrhunderts in Sheffield begonnen, in der Werkstatt des Besteckherstellers Skinner, der nebenbei gelegentlich Schreibfedern fertigte. Gillott, der für das Spalten der Spitzen zuständig war, begriff sehr schnell, daß man durch handwerkliche Fertigung keine befriedigenden Ergebnisse erzielen konnte. So fing er an, sich für die neuen Maschinen zu interessieren, die soeben entwickelt wurden. Unter Verwendung einer Wippe erfand er eine völlig neue Stanztechnik: Die Preise für Federn begannen zu sinken.

Durch diesen ersten Erfolg ermutigt, ging Gillott nach Birmingham. Dort traf er die Brüder John und William Mitchell, die ebenfalls Federn herstellten. Durch seine Heirat mit deren Schwester Maria besiegelte er die Verbindung ihrer beider Familien. Es wurde gemunkelt, daß die Braut ein paar Firmengeheimnisse mit in die Ehe gebracht hatte.

1830 stellte Gillott in seinem Werk seine erste Dampfmaschine auf. Sein Unternehmen war erfolgreich, und die Preise für Federn stürzten in den Keller.

Das, was Joseph Gillott von Skinner gelernt hatte, brachte ein anderer Handwerker, Samuel Harrison, einem Mann namens Josiah Mason bei. Bei einem Besuch in London kaufte dieser junge Arbeiter in einer Schreibwarenhandlung eine Feder der Marke Perry. Er arbeitete sie nach, verbesserte sie dabei aber auch in einigen Punkten. James Perry, der Hersteller der Feder, erfuhr davon. Eine Begegnung zwischen den beiden Männern wurde zum Auftakt einer langjährigen Zusammenarbeit.

Oben: Diese kleine Auswahl zeigt, wie unterschiedlich Federn gestaltet sein konnten.

Rechts: Im Schaufenster wirbt die Firma Yankee mit ihrem Produkt: Nur einmal müsse man sie eintauchen, um sechshundert Wörter zu schreiben! Die *Lancaster*-Feder begnügt sich mit dem Hinweis auf ihre Heimatstadt Birmingham. Am sympathischsten war die Werbestrategie von Mallat: Die Schüler bekamen die kleinen Proben geschenkt!

MALLAT
PLUME "YANKEE"
À BEC RÉSERVOIR
Écrit 600 Mots
D'UNE PRISE D'ENCRE
GAFFRÉ
FIRST CLASS
LANCASTER PEN
BIRMINGHAM ET LONDRES
FABRICATION ANGLAISE
Durabrite
RUSTLESS & WILL NOT CORRO
JOSEPH GILLOTT'S
STAINLESS STEEL PENS
"PEDIGREE"
POSTER PEN
WILLIAM MITCHELL
BIRMINGHAM & LONDON
BLANZY POURE & Cie
PLUMES RECOMMANDÉES
BOULOGNE-S-MER
MALLAT
PARIS
ESSAYEZ
CES
ÉCHANTILLONS
EN VENTE PARTOUT
DE FABRICATION FRANÇAISE
WILLIAM MITCHELL'S
SELECTED PENS
LONDON
PLUME
"BEAUX-TITRES"
Nº 589
BOULOGNE s/mer

Wer weiß, welche Schätze in geheimen Winkeln alter Schreibwarenhandlungen noch darauf warten, geborgen zu werden? Gillott, Mitchell, Mason, Perry waren die Pioniere. Dann kamen Hinks-Wells, Myers, Léonardt, Brandauer, Hughes ... Namen, die man auf den winzigen Schachteln lesen kann, gleichzeitig aber auch die Namen der ersten Großindustriellen.

Gillott, Mitchell, Mason, Perry: vier große Namen in der Geschichte der Stahlfeder.

Pierre Blanzy seinerseits verband sich, nicht zuletzt aufgrund seiner Beobachtungen in Birmingham, mit Eugène Poure, Théobald Clarté, Albert Pamart und Frédéric Lalouette, um 1846 das Unternehmen Blanzy-Poure & Compagnie zu gründen. Schon in den fünfziger Jahren war die Qualität der französischen Federn mit der der englischen vergleichbar, und sie holten sich bei Industrieausstellungen etliche Goldmedaillen – sogar in London.

Federn aus Boulogne-sur-Mer überfluteten den französischen Markt und erzielten ausgezeichnete Exportquoten. 1875 wurde die Firma Lebeau in Baignol & Farjon umbenannt, und Delpierre & Cie. nannten sich »Compagnie française«. Man hätte meinen können, daß es in dieser Zeit weltweit zu einem *pen rush* hätte kommen sollen, zu einer explosionsartigen Vermehrung der Federhersteller – aber dem war nicht so.

Deutschland, seit dem Mittelalter einer der größten Exporteure von Gänsefedern, zögerte lange, sich auf die Stahlfedern umzustellen. Nur der Kalligraph Soennecken sowie die Industriellen Heintze, Blanckertz und Brause wagten es, sich auf das Abenteuer einzulassen. Sie entschieden sich, gleich auf einem hohen Qualitätsniveau einzusteigen – und hatten Erfolg.

Spukte der Traum von Waterman und Remington in Amerika schon in einigen Hinterköpfen? Trotz der Bemühungen der Firma Esterbrook wurde in dieser Zeit in Nordamerika nichts besonders Aufregendes produziert.

Italien machte sich in den 1920er Jahren an die Arbeit. In Mailand wurden drei Federfabriken gegründet: Legnani, Ruspi und Locati. Spanien, Belgien, die ehemalige Tschechoslowakei, Portugal, die ehemalige UdSSR, Polen, Ungarn, Japan und China begannen erst in der ersten Hälfte unseres Jahrhunderts damit, ihre eigenen Schreibfedern herzustellen.

Natürlich war das schon zu spät; die anderen Unternehmen hatten sich etabliert. Aber sogar die großen Firmen bekamen inzwischen Absatzprobleme; der Füllfederhalter hatte bereits seinen Siegeszug angetreten.

Dabei war die Stahlfeder seit der Mitte des 18. Jahrhunderts ein heißumkämpftes Objekt; wie viele Erfinder hatten behauptet, daß die Welt ihnen allein dieses Schreibgerät zu verdanken hätte! Im Jahre 1750 erklärte ein hoher Beamter in Aachen: »Ohne mich dessen rühmen zu wollen, glaube ich doch, daß mir die Ehre gebührt, eine neue Art von Feder erfunden zu haben. Zweifellos werden andere Imitationen davon anfertigen, doch werde ich ihr Erfinder bleiben, der, der sie zuallererst herstellte …«

Fünfundzwanzig Jahre später wurde Joseph Arnoux, ein Feinmechaniker und Uhrmacher aus Rouen, von der

Links: Die englischen Fabriken stellten »Röhren-Federn« her; ein einfacher Griff aus Holz wurde mitgeliefert. Für die Feder »mit Schaft« brauchte man weniger Metall; sie waren billiger und setzten sich sehr bald durch.

Académie royale des sciences für die Erfindung einer »wirtschaftlichen Feder«, die erfreulich biegsam und elastisch war, mit einem Preis geehrt.

Zu Beginn des 19. Jahrhunderts ging in Deutschland die Geschichte eines genialen Lehrers aus Königsberg um, der sich bei dem Versuch, eine selbsterfundene Metallfeder zu entwickeln, ruiniert hatte.

In Amerika galt Peregrine Williamson, ein ehrbarer Bürger Baltimores, als Erfinder der Stahlfeder. Ein diesbezüglicher Artikel im *Boston Mecanic* nahm die Würdigung Williamsons zum Anlaß, ein paar Seitenhiebe gegen die englischen Industriellen auszuteilen: Nicht genug damit, daß diese sich der amerikanischen Entdeckung bemächtigt hätten, sie wären dadurch auch zu »ungeheuren Vermögen« gekommen.

Rechts: Zwischen 1910 und 1920 entwarf der Berliner Graphiker Laudahn elegante Werbeplakate für die Federn der Mitte des 19. Jahrhunderts gegründeten deutschen Firma Heintze & Blanckertz.

Folgende Doppelseite: Kalligraphie ohne Grenzen – Federn aus England, eine portugiesische Schreiblehre, die Schreibübungen sind wie die Tinte französischer Herkunft.

WILLIAM MITCHELL'S
TRADE MARK.
SELECTED PENS. LONDON.

PHIA
ros, 214-2º (Vulgo
1866
ANTOINE
BLUE BLACK
WRITING FLUID
N. ANTOINE & FILS PARIS

Links: Löscher sind eigenartige Gegenstände. Die Läppchen sind auf den Rücken bronzener Tiere angebracht oder in winzigen Vasen aus Fayence oder Kristall versteckt und dienen dazu, die Feder zu reinigen.

Über zehntausend Modelle!

Man könnte annehmen, daß die industrielle Fertigung von Stahlfedern sehr bald zu einer Vereinheitlichung führte, und nur einige wenige Modelle produziert wurden, die sich den Weltmarkt teilten. In Wirklichkeit aber war es ganz anders. Vermarktungsstrategien und der Erfindungsreichtum begabter Arbeiter führten dazu, daß weltweit mindestens zehntausend verschiedene Modelle von Federn hergestellt wurden!

Es gab sie in jeder Länge: von vier Millimetern bis zu vierzehn Zentimetern. Die größten – Röhren-Federn genannt – konnten ohne Halterung benutzt werden, für die meisten aber – die mit Schaft – brauchte man einen Federhalter. Jede Firma hatte ihr eigenes Sortiment, das aus ein paar Modellen oder aber Hunderten bestehen konnte.

Es gab eigene Federn für die »Rotunda«, die »Bastarda«, die englische und die gotische Schrift, für bestimmte Linienstärken und Rahmen, Federn für Skizzen und Karten und sogar Federn »für Korrespondenz auf dünnem Papier«. *Liliput*-Federn waren für Kinder gedacht. Im Gegensatz dazu wurde die *Magnum* – Modell *Impérial* – eigens für Bankiers, höhere Beamte und all jene hergestellt, die gerne große, wichtig aussehende Schreibgeräte in Händen hielten.

Es gab Federn, die für orientalisch wirkende Schriften entwickelt worden waren: *Kalam* schrieb wie eine Rohrfeder. Dagegen behauptete der Hersteller J. Alexandre, sein Modell *Humboldt* ahme Eigenschaften und Schrift der Gänsefeder nach. Erstaunlich auch die *Zebra*-Feder der Compagnie française, mit deren fünf Spitzen man in einem einzigen Zug fünf Notenlinien ziehen konnte. Der Komponist brauchte anschließend nur zum Modell *Do mi sol do* zu greifen, um die Noten zu schreiben; so kam auch der anspruchsvollste Künstler mit nur zwei Federn aus!

Die Vielfalt der Formen war nicht nur die Folge der vielen verschiedenen Größen und Bestimmungen, sondern hatte auch mit Ästhetik zu tun. Manche Federn, die nur in kleinen Mengen hergestellt oder für die besseren Kunden reserviert wurden, waren regelrechte Kunstwerke. Diese

Seite 63: Die *Encyclopédie* schlug vor, durch das Vordrucken der Notenlinien den Komponisten die Arbeit zu erleichtern. Aber auch die Feder *Zebra* stellte eine praktische Lebenshilfe für diese Berufsgruppe dar.

Rechts: Die *Bajonett*-Feder von Baignol & Farjon gehört zusammen mit der *Zick-Zack*-Feder von Blanzy-Poure (siehe Abb. S. 58) zu den merkwürdigsten Modellen. Der Arm zwischen Schaft und Spitze macht sie biegsamer als herkömmliche Federn (in Deutschland nannte man sie *Normalfeder*). Man verwendete sie vor allem für die »englische« Schrift: Sie kratzt nicht am Papier, und man kann mit ihr weite Schwünge und Bögen ziehen.

LONDON
Fig. 6.
Fig. 4.
Fig. D.
Dieux! quelle ardeur Brule mon â.
me! D'Amour est-ce un trait vainqueur Qu'il'en
Gravure en Topographie, Semie-Topographie, Géographi
Musique.

»geprägten« Federn trugen im Relief das Porträt einer bekannten Persönlichkeit, das der Königin Victoria zum Beispiel oder das Bismarcks, Dantes, Napoleons III., Vasco da Gamas. Auch Tierdarstellungen waren beliebt: Fuchs und Schwan, Hahn und Elefant, Adler und Delphin, Löwe und Stier und viele, viele andere. Ein Blick auf die Feder genügte schon, um die Phantasie des Schreibenden anzuregen.

Auf den Federn konnte man beinahe alles finden: den Eiffelturm ebenso wie den Pariser Obelisk, einen Totenkopf, eine Kanone, einen Fesselballon, eine Lokomotive … Religiöse Kunden konnten mit Federn schreiben, die ein Kreuz zierte! Manche dieser Prägedrucke dienten als Tintenreservoir, und bestimmte Formen sollten dafür sorgen, daß der Schreibende die Feder nicht so oft eintauchen mußte. In ihrer Werbung gaben einige Fabrikanten sogar die Anzahl von Wörtern an, die man mit einmaligem Eintauchen schreiben konnte. *Time is money* hieß eine Feder mit ausgeklügeltem Prägereservoir aus dem Hause Hughes.

Die Feder als Kunstobjekt: Die raffinierten Lochmuster mancher Federn erinnern an die Spitzenhauben jener Arbeiterinnen in Boulogne. Aussparungen hatten die Form einer Lyra, eines lächelnden Gesichts, von Tränen, einer Axt oder eines Schwerts. Blanzy-Poure brachte eine großformatige Feder in den Handel, die mit allen Lochmustern der Firma verziert war, insgesamt mehr als fünfzig. Die reinste Klöppelspitze – aus Stahl!

Die Stahlfeder, die der Gänsefeder den Todesstoß versetzt hatte, hatte allerdings nicht nur Freunde. Victor Hugo hatte sich geschworen, niemals diese »Nadeln« zu benutzen, und Jules Janin, der »Prinz« der französischen Kritiker, verurteilte noch 1857 die Stahlfeder erbarmungslos: »Die Stahlfeder ist der eigentliche Grund aller Übel, an denen in unseren Tagen die Gesellschaft in ihrer Gesamtheit leidet. Man braucht die Stahlfeder, deren man sich heutzutage bedient, nur mit der freundlichen Gänsefeder zu vergleichen, die unseren guten, erhabenen Ahnen zu Diensten war. Die Stahlfeder, diese moderne Erfindung, macht einen unangenehmen Eindruck auf uns. Es ist, als verliebe man sich entgegen dem eigenen Willen in einen kleinen, kaum sichtbaren, in Gift getauchten Dolch. Ihre Spitze ist scharf wie ein Schwert, und sie ist zweischneidig wie die Zunge eines Verleumders …«

Im gleichen Jahr tat der belgische Kalligraph J. Dierckx unmißverständlich kund: »Ich habe alle Arten von Federn gründlich geprüft; heute steht meine Meinung zu diesem Thema fest. Man wird die Biegsamkeit und Festigkeit der Gänsefeder niemals durch Metall ersetzen können.«

Unten: Zwar ist sie nicht so biegsam wie die Gänsefeder, trotzdem aber können erfahrene Hände mit einer Stahlfeder sehr schöne Ergebnisse erzielen.
Im Hintergrund: Gillotts rostfreie Stahlfedern.

Links: Bei den großen, prägedruckverzierten Federn dienen manche Muster nur zum Schmuck, während die eingeprägten Querrillen größere Mengen Tinte aufnehmen sollten. Die Feder mit fünf Spitzen zum Ziehen von Notenlinien sieht wie ein Musikinstrument aus.

Porte-Plumes
métal argenté, bronze, bois
os, ivoire, nacre
verre, résine
plume tubulaire
lumes
umes de verre (1)
bambou (2)
une métallique (3)
lume bleuie (4)
lume dorée (5)
lume bronze (6)
Cachets
résine
bois
ivoire
nacre
plume d'oie
Taille Plu
XVIII

OBJETS D'ECRITURE
Plumes
Porte-Mines
Coupe-Papier

Magische Schachteln!

Die Stahlfedern des Industriezeitalters waren von unterschiedlicher Qualität, und das Angebot war so reichhaltig, daß jeder die richtige Feder finden konnte.

Man brauchte nicht mehr zu befürchten, seine Gänsefeder allzu rasch abzunutzen oder zu zerbrechen, und es waren keine Vorbereitungen und kein Nachschneiden mehr nötig; war eine Feder abgenutzt, mußte man nur die nächste aus der kleinen Schachtel nehmen und auf seinen Federhalter aufstecken. Das ging so schnell, daß die Inspiration keine Zeit hatte zu fliehen! Die Schachteln enthielten in der Regel 144 Federn: ein Gros, also zwölf Dutzend. Die Hersteller hatten sich relativ früh auf diese Zahl einigen können. Um 1890 gingen täglich zwischen hundert und hundertfünfzig Gros Federn durch die Hände einer Arbeiterin!

Eine der ersten bemerkenswerten Eigenschaften der neuentwickelten Stahlfeder war ihre Langlebigkeit. Zwar mußte man sie am Ende auch wegwerfen, ihre Lebensdauer aber war wesentlich länger als die der Gänsefeder. Zu ihren Kinderkrankheiten gehörte die Rostanfälligkeit, aber dieses Problem konnte bald schon von den Tintenfabrikanten gelöst werden.

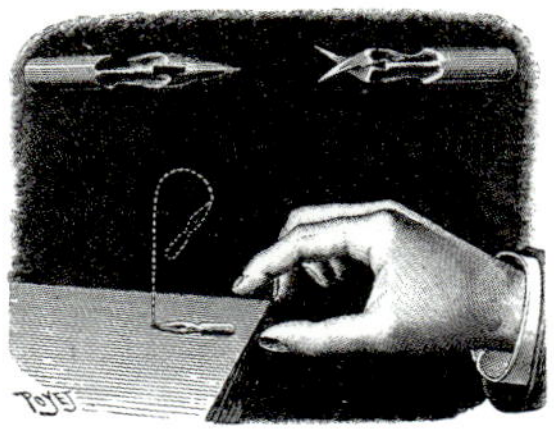

Links: Für diesen Trick muß man zuerst die Spitze der Feder verbiegen und die beiden Hälften dann wieder zurückbiegen. Wenn man sie fallen läßt, schnellt sie wie eine Sprungfeder von der Tischplatte in die Höhe.

Hinsichtlich der Elastizität machte man zudem Fortschritte. In erfahrenen Händen waren auch die Stahlfedern biegsam genug für das Schreiben komplizierter Schriften.

Die Etiketten der kleinen Schachteln beschränkten sich anfänglich auf technische Produktinformationen; ab 1860 wurden sie bunter. Die Deckel wurden mit den Preisen geschmückt, die das Produkt auf internationalen Ausstellungen erhalten hatte; wegen ihrer Beliebtheit gab es diese Ausstellungen immer häufiger. Blanzy-Poure rühmte sich auf seinen Schachteln des Preises »Paris 1867«, Lebeau seines in London erlebten Triumphs, und Léonardt ließ auf alle seine Schachteln seine Unterschrift drucken, um für die Güte seines Erzeugnisses zu bürgen. Natürlich ließen Imitationen der Markenprodukte nicht lange auf sich warten.

Es galt also, sich vor billigen Kopien in acht zu nehmen.

Als Motive dienten die großen technischen Errungenschaften der Zeit, wie Flugzeug und Bahn, oder Szenen aus dem Leben der Soldaten; vor allem die *Sergent-Major*-Federn der Compagnie française waren bekannt für Bilder großer Schlachten aus der französischen Geschichte. Die Gleve von Vercingetorix, die Lanze des Ritters Bayard und der Säbel des jungen Bonaparte als Schmuck auf dem Etikett verliehen der Stahlfeder einen sehr martialischen Anstrich.

Vorhergehende Doppelseite: Die schön arrangierte Ausstellung eines Privatsammlers, inspiriert von der Präsentation der Exponate des Wissenschafts- und Industriemuseums von Birmingham.

Links: Um die Jahrhundertwende wurden Federschachteln aus Blech hergestellt, manche hatten die Form von Büchern. Wenn man die Federn verbraucht hatte, konnte man die Schachteln für Streichhölzer verwenden; die Reliefs dienten als Reibefläche.

Seite 69: Vor dem Hintergrund der Musterkartons eine Auswahl von Schachteln aus den Jahren 1890 bis 1940.

Plumas Cervantinas
DINAMICA
CALIDAD EXTRA
1952
BLANZY POURE & Cie
PERRY & Co's IVANHOE PEN
MEDIUM
BLANZY-POURE & Cie
BOULOGNE-S/MER (France)
PENNA UMBERTO N°843
BLANZY, POURE & C. BOULOGNE S MER
PERRY & Co
JOSIAH MASON
BIRMINGHAM
Manufacturers
La Sans Rivale
XXe Siècle
LA VRAIE PLUME DU NOUVEAU SIECLE
25 plumes
Perroquet
Emile Sève
Paris
PLUME GRAND PRIX
BLANZY, POURE & C.
BOULOGNE S/MER
"LA VRAIE PLUME DU SOLDAT"
FABRIQUÉE SPÉCIALEMENT POUR L'ARMÉE FRANÇAISE PAR
BINKS, WELLS & Co
BIRMINGHAM.
THE AVIATOR
No 1909
JOHN HEATH'S
RAPID WRITING FOR PERFECTION
1 GROSS
PLUME DU Troubade
JOSEPH GILLOTT & SONS
5006/30
BIRMINGHAM ENGLAND
Plumes COLBERT
La Sans Rivale
1900
DÉPOT A PARIS
Plume Brennus
PLUME BRENNUS
PERRY AND Co
LONDON.
JOSIAH MASON.
BIRMINGHAM.
BAIGNOL & FARJON
LA GLOIRE DE BOULOGNE
DÉPOT A PARIS
BANK
PERRY & Co
INDENT PEN
FOR RAPID WRITERS
GLIDES OVER THE PAPER AS SMOOTHLY AS A LEAD PENCIL
ITALIA MILITARE
Artiglieria
PENNA
BAIGNOL & FARJON
Alphonse Daudet
PLUMES DE BAIGNOL & FARJON
GÉNÉRAL LEMAN
BAIGNOL & FARJON
A LA CANTINIÈRE
PLUMES DE LA RÉPUBLIQUE
SERMAJOR GILBERT
PARIS. BOULOGNE S/MER
BLANZY POURE & Cie
Plume Réclame
PLUME DU DRAPEAU
HINKS WELLS & Co
LA FRANCE MILITAIRE
Marine de l'Etat
Bayard
Geo W. Hughes
STAINLESS STEEL PENS

Wesentlich friedfertiger waren die Beamten-, die Journalisten- und die Schriftstellerfeder. Es gab die *Emile-Zola*-Feder, die *François-Coppée*-Feder, die *Alphonse-Daudet*-Feder – sogar nach Victor Hugo war eine Feder benannt, obwohl dessen Abneigung gegen die Stahlfeder hinreichend bekannt war!

Als die Stahlfeder aus der Mode kam, verloren auch die Schachteln ihren besonderen Reiz. Das kleine Kunstwerk, an dem alle Schreibenden der Welt so viel Freude gehabt hatten, war nur noch ein veralteter Gebrauchsgegenstand. Viele Unternehmen waren neue Fusionen eingegangen, und es erschien nicht mehr so wichtig, den individuellen Charakter der einzelnen Firmen hervorzuheben. Die Federschachteln für Schüler enthielten nur noch ein Sortiment von Produkten mittlerer Qualität.

Heute lernen die Kinder das Schreiben nicht mehr mit der Stahlfeder, aber trotzdem ist sie aus unserer Welt noch nicht ganz verschwunden. Wer sich für Kalligraphie begeistert, kommt nicht ohne sie aus. Wer diese Kunst erlernen möchte, kann sich zu jeder Schrift die passende Feder kaufen.

Erstaunliche Federhalter

Als Meiamun, Schreiber am Hofe Ramses' III., sich in der kursiven hieratischen Schrift übte, bestand seine bronzene Schreibfeder aus einem einzigen Stück gebogenen Metalls.

Die »silberne Rohrfeder«, mit der Ovid um den Beginn unserer Zeitrechnung seine Gedichte schrieb, war ebenfalls aus einem einzigen Stück; weder gab es einen abnehmbaren Griff noch irgendwelche zusätzlichen Teile. Alle Federn der Antike, einschließlich jener, die man im Grab des Aristoteles oder in den Ruinen von Pompeji gefunden hatte, waren aus einem Stück: Feder und Federhalter in einem.

Gegen Ende des 18. Jahrhunderts hatten sich einige Goldschmiede mit dem Problem befaßt und Halter entwickelt, auf die man Spitzen aus Gänsefederkielen aufstecken konnte. Nach dem gleichen Prinzip wurde die Stahlfeder konstruiert, und um 1810 fertigte der Londoner Schlosser Joseph Bramah seine ersten *penholders*.

Der Pariser Industrielle Guillaume Bac eröffnete 1836 ein Werk, in dem er Metallösen und Federhalter herstellen ließ. Die »Zange«, das Laschensystem, in das die Feder eingesteckt wurde, war aus Messing.

Im gleichen Jahr stieg Josiah Mason in Birmingham in das Geschäft ein. Die Erfahrung im Umgang mit Federn allein reicht aber für die Produktion von Federhaltern nicht aus; die ersten Versuche scheiterten kläglich. Um seinen Kunden neben Federn auch die Halter anbieten zu können, mußte Mason warten, bis der Erfinder Wiley neue Maschinen entwickelt hatte.

Links: Der kleine geschnitzte Bär bewacht sehr originelle Federhalter. Von unten nach oben: Stachelschweinstachel, Holzschnitzerei mit Blumenmotiven, Drechselarbeit mit Durchbruchschnitzerei, Fuß eines Rehkitzes mit Huf und Fell.
Im Hintergrund: Schreiblehre, Anfang 20. Jahrhundert.

Rechts: Eine alltägliche Szene aus einer Zeit, in der Briefe das wichtigste Kommunikationsmittel waren. Werden eines Tages keine Briefe mehr geschrieben werden? *Der Brief* von Clovis Didier, 1911.

Bald hatten auch die anderen Fabrikanten verstanden, wie wichtig es war, nicht nur die Feder selbst herzustellen, sondern auch den unentbehrlichen Federhalter. Bei den Federn und den Halterungen gab es einige ähnliche Produktionsschritte; und so gab es zu der »Feder für alle« auch den »Federhalter für alle«.

In Boulogne erweiterten Blanzy-Poure 1855 ihren Betrieb. Bald darauf prägten Conté, Mallat, Baignol & Farjon Hunderten von verschiedenen Modellen ihre Namen ein. Eagle American Pencil und Faber in den Vereinigten Staaten, Hardtmuth in Böhmen, Heintze & Blanckertz in Berlin, Hinks-Wells in England – sie alle boten nun eigene Federhalter an.

Es gab Modelle für Schüler und für Beamte – die unterschiedlichsten Bedürfnisse wurden berücksichtigt, und um die verschiedensten Geschmäcker zufriedenzustellen, entstanden vielfältige Sortimente. Es gab ganz einfache Holzhalter – wie William Mitchell sie zusammen mit seinen Röhrenfedern verkauft hatte –, aber auch Schreibgeräte aus Silber, Gold oder Elfenbein.

Jeder Touristen- oder Badeort hatte bald sein »Souvenir-Modell«, das mit einer charakteristischen Landschaftsminiatur bemalt oder mit einem winzigen Drachen verziert war; die Geräte aus Biarritz waren mit dem Marienfelsen geschmückt, die aus Lourdes mit einem Madonnenbild.

Ursprünglich waren diese für Touristen bestimmten Federhalter aus Knochen. Als Plastik als Werkstoff aufkam, verwendete man es, behielt aber die alte Form der Modelle bei.

In den Schreibwarengeschäften wurde für zahlreiche Serien geworben. Neben Haltern mit »Tauchlackierung« gab es »ergonomische« Modelle. Baignol & Farjon warb mit dem Bild eines heiteren, pfeiferauchenden Matrosen für einen »nervenfreundlichen« Federhalter. Conté bot ein Modell für Linkshänder an – endlich!

Aber der Federhalter eroberte nicht nur die Klassenzimmer und Schreibstuben, sondern fand seinen Weg auch in die eleganten Juwelierläden, die ihrer Kundschaft ausgesucht schöne Schreibgeräte in geschmackvoll gestalteten Kästen präsentierten. Die Verpackung betonte, wie zerbrechlich und kostbar ihr Inhalt war, den es zu schützen und vor gierigen Blicken zu verbergen galt – waren die Schreibsachen doch aus wertvollen Metallen, seltenen Hölzern, Lack und Elfenbein.

Manchmal lag in dem Samt des Kästchens nur ein einzelner Federhalter, manchmal war er von anderen Geräten umgeben, die ebenfalls dem Schreiben – und besonders dem Schreiben von Briefen – dienten: Minenhalter, Siegel, Papiermesser, Brieföffner und Radiermesser. Seltener gehörten auch eine Löschwiege oder ein Tintenfaß zu einem luxuriösen Geschenkset.

Man stellte Federhalter aus den unterschiedlichsten Materialien her: aus Marmor ebenso wie aus Kristall, Muranoglas und buntem Onyx. Sogar Stacheln von Stachelschweinen aus dem Mittelmeergebiet mußten dafür herhalten. Sie stecken sehr lose in der Haut des Tieres

Links: Dieses kostbare englische Schreibset aus dem 19. Jahrhundert aus Messing und Achat wurde auf Bestellung gefertigt. Jeder einzelne Gegenstand trägt ein Monogramm. Das mit rotem Leder bezogene Reisetintenfaß und die Dose für Briefmarken vervollständigen das elegante Ensemble.
Rechts: In dem Kästchen aus dem frühen 20. Jahrhundert sind rund um das Tintenfaß aus Kristall silberne Geräte mit »Maiglöckchen«-Dekor angeordnet.

Links: Judy Garland kurz nach ihrer Ankunft in London. Freundlicherweise ist ihr der Manager des Dorchester Hotels beim Ausfüllen der Anmeldeformulare behilflich. Auch 1951 sind Federhalter noch im Gebrauch – und en vogue!

Seite 75: Die Schreibmappen erlaubten dem Reisenden, seine Schreibgeräte immer zur Hand zu haben. Luftdicht verschließbares Tintenfaß, Federhalter, Siegel, Brieföffner und Drehbleistift haben alle ihren festen Platz. Die kostbaren Utensilien halten die Tradition des Briefeschreibens lebendig – und regen Phantasie und Reiselust an.

Rechts: Zu Anfang des Jahrhunderts boten die Spielzeugabteilungen der großen Warenhäuser Schreibköfferchen für Kinder an. Manchmal war auch eine einfache Schreibmaschine dabei: Eine drehbare Scheibe, mit der die Kinder ihre Nachricht Buchstabe um Buchstabe drucken konnten. Weil diese Köfferchen nicht sehr stabil waren, sind nur noch wenige Exemplare erhalten.

BEA
Cabin baggage
ETABLISSEMENT THERMAL DE
CHÂTEL GUYON
PUY DE DÔME
POSTES ET TÉLÉGRAPHES
CHEMINS DE FER DE L'ÉTAT
SOUTHERN RAILWAY
LE RÉSEAU DE L'ÉTAT
POUR ALLER
DE NUIT
A
LONDRES

und fallen leicht aus; in der Fabel kann das Stachelschwein mit seinen spitzen »Waffen« schießen, so »wie ein Wilder sich mit Pfeilen gegen einen Feind verteidigt«.

Zu den ungewöhnlichsten Federhaltern gehörten diejenigen, die sich Kinder aus einem kleinen, etwa 25 cm langen Küstenfisch anfertigten, der Seenadel, die ein wenig an den Aal und ein wenig an das Seepferdchen erinnert. Wenn man den gepanzerten Körper des Tieres im Sand trocknen ließ, wurde er so gerade und fest, daß er sich als Schreibgerät eignete: Man mußte ihm nur noch eine Feder in das schnabelartige Maul stecken!

Nach dem Ziehharmonikaprinzip funktionierte der »Pfeif-Posaunen-Federhalter« von M. Fonqueragne, auf dem man – mit etwas Übung – kleine Melodien spielen konnte. »Sie können damit die Stimmen bestimmter Vögel nachahmen, insbesondere die des Rotkehlchens, des Finks und des Kanarienvogels«, schrieb 1888 die Zeitschrift *La Nature*. In seiner *L'Aventure multiple des outils de l'écriture* (Die vielfältigen Abenteuer der Schreibgeräte) stellt sich Marcel Colombain vor, welche Auswirkungen diese Erfindung auf den Schulalltag haben könnte: »Wenn auch nur ein halbes Dutzend Kinder in der Klasse diesen Federhalter besitzt, dürfte im Unterricht keine Langeweile mehr aufkommen.«

Wie eine Uhrkette geformt, mit einer Lupe oder mit Beleuchtung versehen oder aber in der Lage, Länge oder Gewicht zu messen – die ausgefallensten Modelle wurden auf den Markt gebracht. Einige Federhalter, die zu Werbezwecken hergestellt wurden, sahen sogar wie Gänsefedern aus! Neben all diesen Kuriositäten gibt es auch Geräte, die uns erschüttern, wie jene Federhalter, die sich Soldaten in den Schützengräben der Weltkriege aus leeren Patronenhülsen gebastelt haben. Oder die Federhalter aus gefärbtem Holz, die Sträflinge in dem berüchtigten Lager von Cayenne in Französisch-Guyana schnitzten – stumme Zeugen einer unerfüllbaren Sehnsucht nach Freiheit, die sich manchmal nur schreibend überwinden läßt.

Als die Stahlfedern in den fünfziger Jahren immer seltener benutzt wurden, verschwanden allmählich auch die Federhalter aus den Auslagen der Schreibwarengeschäfte. Während die Flugzeuge am Himmel inzwischen schneller als der Schall fliegen und die Ozeane überqueren konnten, kamen neue Schreibgeräte auf den Markt, die angeblich nicht mehr auf dem Papier kratzen und auch Hände und Arbeitsfläche frei von Tintenflecken halten sollten. Sie wurden mit »patentierten« Tinten gefüllt, und die Hersteller wurden nicht müde, hervorzuheben, wie schnell und wie lange man damit schreiben konnte. Die Welt drehte sich immer schneller, und die Schreibgeräte hielten Schritt.

Links: Die Erfindung des *Safety*, des Federhalters mit versenkbarer Spitze, hatte eine kurze Rückkehr der Glasfeder zur Folge, die aber bald darauf vom Füllfederhalter verdrängt wurde.

Rechts: Glasfedern waren besonders im England der zweiten Hälfte des 19. Jahrhunderts groß in Mode und galten als kostbar und raffiniert. Dabei war das Gerät an sich schöner als die Schrift der vollkommen starren Spitze.

Die Schule des Schreibens

Schreibenlernen ist ein Teil der Kindheit. Am Anfang ist es leicht wie ein Spiel; Eltern und Lehrer sind voller Lob, das kleinste Gekritzel wird wie ein Kunstwerk gefeiert. Mit der Zeit aber wird das Üben langweilig, die Seiten sind voller Tintenflecke, und die Freiheit hat immer weniger Raum. Und doch: Jeder neue Buchstabe, jeder gemeisterte Schnörkel ist ein Schritt auf einer Entdeckungsreise, und das Kind stellt fest, daß auch Sorgfalt und Aufmerksamkeit Spaß machen können. Und wenn manche Schreibgeräte auch scheinbar ausschließlich für Diktate da sind, so eignen sich andere doch ausgezeichnet dazu, damit auf der Klassentafel oder gar auf Wänden zu schreiben.

Und so beginnt das Kind langsam, neben den Mühen auch die Freuden des Schreibens kennenzulernen.

Senkrecht oder geneigt?

Das Schreiben ist eine Kunst, die eine lange Lehrzeit erfordert. Um sie zu erlernen, wurden viele verschiedene Methoden entwickelt. Sie alle sparen weder mit guten Ratschlägen noch mit Erfolgsrezepten, und vor allem in einem Punkt sind die Meinungen sehr kontrovers: senkrechte oder geneigte Schrift.

Zu Beginn des 20. Jahrhunderts vertraten in Frankreich die Verfechter der Methode Robquin selbstsicher ihren Standpunkt: »Nach umfangreichen Untersuchungen hat die Liga zur Verteidigung der senkrechten Schrift beschlossen zu verlangen, daß die geneigte Schrift endgültig aus den französischen Schulen verbannt wird. Die senkrechte Schrift ist unsere alte französische Schrift, und auch die Engländer, die Amerikaner und die Schweizer bekennen sich schon seit längerem aus hygienischen Gründen zu ihr.«

Kann man das noch überbieten? Kann man unter diesen Umständen überhaupt eine andere Theorie verteidigen? Ja, war die Ansicht von *Le Praticien* (Der Praktiker), einer Schreiblehre in sechs Heften, die die »gänzlich geneigte« Schrift mit den Worten empfahl: »Jeder Schüler, der unsere Methode befolgt, wird zwingend eine perfekte Handschrift entwickeln.«

Leider trat diese Wirkung nicht unbedingt in allen Fällen ein. Die »Instructions officielles«, die offiziellen Richtlinien der französischen Schulbehörde, stellten 1938 mit Bestürzung fest: »Von allen Seiten erheben sich Klagen darüber, wie nachlässig und wie wenig sorgfältig die Handschrift der Kinder ist, die unsere Schulen verlassen. Es ist unbedingt notwendig, die erforderlichen Maßnahmen zu ergreifen, um bei allen eine lesbare, klare und gepflegte Handschrift zu erzielen.« Aber: Sollte sie senkrecht oder geneigt sein?

Der Krieg der Schriften dauerte in Frankreich bis 1949 an – bis die Frage anläßlich einer Sitzung der Nationalversammlung dem Erziehungsminister vorgelegt wurde. Um Frieden bemüht, antwortete er: »In diesem Punkt gibt es keine verbindliche Anweisung. Es bleibt dem Lehrer überlassen, ob er die senkrechte oder die geneigte Schrift lehren will; die englische Schrift ist Vorschrift, die Blockschrift ist frei wählbar.«

Und das Fensterglas wird wieder zu Sand
die Tinte wird wieder zu Wasser
die Bänke werden wieder zu Bäumen
die Kreide wird wieder zu Küstenfelsen
der Federhalter wird wieder zum Vogel.
(Jacques Prévert, *Page d'écriture*)

AVG. TRVPHÈME

Vorhergehende Doppelseite: Beim *Diktat* (des Malers Auguste Truphême) flitzen die Federn über das Papier; die Augen aller sind auf das Blatt gerichtet – oder fast aller, denn während eine Schülerin die Lösung eines Rechtschreibproblems am Himmel sucht, hat eine andere sie auf dem Blatt der Nachbarin gefunden!

Oben: Die Forderung nach Schulbildung für alle Schichten wurde im 19. Jahrhundert in allen europäischen Ländern mit Nachdruck gestellt. Auf diesem Bild von Jean Geoffroy, *Die kleinen Schüler im Unterricht* (1890), hat jedes Kind einen Platz an den langen Bänken der öffentlichen Schule gefunden.

Da das Schreibenlernen in den Bereich der öffentlichen Gesundheitsfürsorge fiel, hatte die medizinische Fachwelt ebenfalls eine Meinung zu dem Thema. Ärzte und Wissenschaftler waren sich einig, daß das Schreiben nicht nur die Feinmotorik beansprucht – Hand, Handgelenk und Finger –, sondern mit der gesamten Körperhaltung in einer Wechselbeziehung steht. Wie bei der Musik ist der Körper als Ganzes tätig. Wie bei der Musik übt das Kind seine Tonleitern, um seinen Federhalter beherrschen zu lernen; wenn es die Technik beherrscht, kann es Freude am Schreiben haben. Vorausgesetzt, es verfügt über geeignete Instrumente, die ein Mindestmaß an Bequemlichkeit bieten.

Obwohl der Schulbesuch im 19. Jahrhundert – zumindest in der Theorie – für Kinder aller sozia-

Rechts: Zum Schreiben bereit – Federhalter mit einfarbigen oder marmorierten Lackierungen, die an den Einband alter Bücher erinnern.

len Schichten zunehmend selbstverständlich wurde, waren die Bedingungen, unter denen die meisten von ihnen schreiben lernten, nicht die besten. In einem Bericht über französische Schulen, der 1859 veröffentlicht wurde, steht zu lesen: »Es gibt Schulen, in denen die Hälfte der Schüler auf dem Fußboden sitzen muß, während die anderen nur stehend am Tisch schreiben können; den meisten fehlt es an Federn, Tinte und Papier.«

Erst um die Jahrhundertwende verbesserten sich die Bedingungen an den Schulen; es war auch höchste Zeit! Endlich konnten die Kinder gegenüber von Lehrer und Tafel in Bänken sitzen, endlich hatten sie Schreibutensilien. Die ersten Hefte kamen auf: Hefte für den täglichen Unterricht, Hefte für die monatlich zu verfassende schriftliche Arbeit, und, nicht zu vergessen, das Klassenheft, in dem die Schüler turnusmäßig für die Klasse Tagebuch führten.

Der Bedarf an Schreibgeräten wuchs, und es hätte für die vielen Schüler gar nicht genug Gänsefedern gegeben. Die Einführung der Stahlfeder kam zur richtigen Zeit. In *Die Zeit der Geheimnisse* beschreibt Marcel Pagnol die Faszination, die dieses neue Utensil auf ihn ausübte: »Wir waren zum Abendessen bei Tante Rose eingeladen. Sie überreichte mir gleich als erstes einen Federkasten aus lackiertem Karton. Wenn man auf einen Knopf drückte, öffnete er sich wie von selbst. Ich entdeckte drei neue Federhalter, Federn in allen Formen (sogar eine Entenschnabelfeder), mehrere Buntstifte und, vor allem, einen so zarten und öligen Radiergummi, daß ich ihn am liebsten gleich aufgegessen hätte.« Auch wenn sie uns heute bescheiden vorkommen: Es waren äußerst kostbare Schreibgeräte! Und man mußte mit seinen Federn, Federhaltern, Heften und Löschpapieren sparsam umgehen. Den Radiergummi zu essen kam gar nicht in Frage!

Das Geheimnis des Federkastens

Um eine Arbeit gut zu machen, benötigt man gutes Werkzeug. Die Schüler brauchten geeignete Arbeitsmaterialien und für deren Transport eine Mappe oder einen Federkasten; hierbei hatte jeder, entsprechend seinem Geschmack und seinen Mitteln, freie Wahl. »Federn und Stifte« konnte man gegen Ende des 19. Jahrhunderts auf den Deckeln der geheimnisvollen kleinen Kästen lesen. Manche dieser Behälter hatten Schiebedeckel und kleine Fächer, um Geräte gleicher Art gemeinsam unterzubringen. Bei anderen gab es mehrere Etagen, die sich um eine gemeinsame Achse drehen ließen. Mit Bildern verzierte Kästen kamen auf, und auf den Deckeln konnte man das Meer oder aber exotische Landschaften bewundern,

Lange Zeit waren die Schüler von sehr viel Holz umgeben: Nicht nur die Bänke waren aus Holz, sondern auch der Federhalter, das Lineal, die Stifte und der Federkasten. Aber auch heute noch gibt es auf unserer Welt Schüler, die sich die Federhalter selbst schnitzen müssen und die Schulsachen in selbstgebauten Holzkästen aufbewahren.

Schiffe oder Schlittschuhläufer, »japanische« Aquarelle oder große Momente der Geschichte.

Aber konnte der Unterricht mit den Bildern konkurrieren, die Träume von neuen Flugmaschinen heraufbeschworen, vom Zirkus oder von den Helden der Tour de France? Natürlich gab es auch Federkästen aus unbehandeltem Holz. Die bemerkenswertesten Exemplare waren diejenigen, die begabte Handwerker für ihre eigenen Kinder herstellten. Der Lack, mit dem manche Kästen bemalt waren, bestand aus in Leim gekochten, mit Harz vermischten Lederabfällen. Der glänzende Überzug der Kästen aus Karton setzte sich aus einer Mischung aus Palisanderspänen und frischem Blut zusammen, die bei 200° gepreßt wurde – ein Rezept, bei dem so manche Hexe erblaßt wäre, entweder vor Neid oder vor Ekel!

Inmitten von Kreidestücken, Buntstiften und Federhaltern konnte man auch Merkwürdiges finden, wie Henri Coupin in seiner bereits erwähnten *Histoire d'une tache d'encre* (Geschichte eines Tintenflecks) erzählt: »Eines Tages hatte ich drei lebhafte Grillen in meinen Federkasten gesperrt, und mitten in der Schulstunde hörte man plötzlich ein lautes Kri-kri-kri-kri – das waren meine Gäste, die ihr lustiges Liedchen sangen.

Oben: Bildnis eines Schülers; Ausschnitt eines Gemäldes von Jules Mignon, 1914. Tintenfaß, Buch, Mäppchen – so sieht es auf der Bank aus, wenn ein Schüler ernsthaft arbeiten will.
Rechts: Vierzig Jahre später: Die Schreibhaltung ist dieselbe, doch die Atmosphäre hat sich geändert.

Ich machte ein unschuldiges Gesicht und schüttelte den Kasten, um sie zum Schweigen zu bringen. Vergeblich! Die verdammten Insekten sangen nur noch lauter … Ich brauche euch nicht zu erzählen, wie es war, den Rest des Schuljahres ohne Federkasten zubringen zu müssen.«

Der Tornister für die Schüler war nach dem Vorbild der Tornister für Handwerksburschen konstruiert. Jeder Gegenstand sollte darin seinen Platz haben. Er war aus Leder, Leinwand oder auch nur aus dicker Pappe. Manche sind bis auf den heutigen Tag erhalten – Zeugen einer Zeit, in der man nichts wegwarf, weder die winzigen Bleistiftstummel mit eingeritzten Initialen noch die Federhalter, deren Farbe abgeblättert und deren Federn rostig waren.

Das, was wir heute Mäppchen nennen, ist ein einfacher Beutel, in den alles hineingestopft wird, was hineinpaßt. Die Zeiten haben sich geändert und mit ihnen unser Verhalten: Früher wurde alles sorgfältig geordnet, heute ist Unordnung keine Schande mehr! Aber erstaunlich, wie wir im Mäppchen, ohne hinzusehen, dank des Tastsinns das Gesuchte finden.

Die Mäppchen gehören noch immer zum Schulalltag, aber wie hat sich ihr Aussehen verändert! Wir können Snoopy und Garfield, Micky Maus oder Batman bewundern – obwohl zeitlos in ihren Funktionen, sind auch die Schreibgeräte und Schulsachen, was ihr Äußeres betrifft, der Mode unterworfen.

Seite 85: Ein Aufsatz und eine Landkarte – und beides sauber ausgeführt. Die Zeichen- und Schreibgeräte aber sind etwas durcheinander geraten: Globus, Tusche und Buntstifte für Geographie; Halter, Federn und Schreibheft für den Aufsatz.

Devoirs du 19 janvier
Instruction Civique
La chambre des députés
Composition Française
D. LEONARDT & Co
BIRMINGHAM
OBLIQUE PEN
Courante-Rapide
ATLANTIQUE
MANCHE
MEDITERRANEE

CRAIES
SURFINES
craie de Savoie
CRAIE

Bunte Kreide

Wir lernen das Schreiben in Etappen. Früher, als die Schüler die ersten Buchstaben in die Luft oder in Sand schrieben, waren für die ersten Schritte keine Hilfsmittel nötig; die Bewegungen waren großzügig, die Zeichen unsichtbar oder schnell wieder verwischt. Der Kasten mit dem Sand stand auf dem Tisch, und man konnte sein erstes Alphabet mit dem Finger hineinzeichnen; dann glättete man den Sand mit der flachen Hand und begann von neuem. In vielen Klassenzimmern der Jahrhundertwende wurde diese uralte Methode des Schreibenlernens noch geübt.

Mit der Zeit wurden die Bewegungen der Hand sicherer, und es konnte zur ersten Begegnung mit Tafel und Kreide kommen. Die Schiefertafel war ein erstaunliches Ding, auf dem man nach Spuren suchen und selbst wieder Spuren hinterlassen konnte. Viele von uns haben sie noch gekannt: die kleine Tafel, Verbündete unserer frühen Mühen, und der treue Griffel. Die Tafel war immer dabei und half Fragen zu klären, die rasche Antworten verlangten. Man schrieb auf ihr eher schnell als sorgfältig, dann schwenkte man sie herum. Die Zeiten des Sandkastens sind lange vorbei: Die Schrift ist genauer und klarer geworden, die Linierung der Tafel legt die Größe der Wörter fest und etabliert die erste Norm.

In den Schieferbrüchen Europas trennten die Arbeiter in wenigen Sekunden die feinen Platten, die durch den Druck mehrerer Millionen Jahre zusammengewachsen waren. Heute kommt der Schiefer meist aus Portugal. Es ist noch nicht lange her, daß die portugiesischen Bauern oder Fischer die kleinen Tafeln von Hand herstellten, um sich ein Zubrot zu verdienen.

Schreibkreide besteht aus feinkörnigem, hellem Kalkstein und Ton und ist vor sehr langer Zeit aus winzigen Fossilien entstanden; man findet sie in Nordeuropa, in Gegenden, die in früherer Zeit Meeresboden waren, unter anderem in der Champagne, in der sie in großen Mengen abgebaut wird. »Natürliche Kreide aus der Champagne, weiß und rein« – so wird sie heute noch im Katalog der französischen Firma Omyacolor angeboten. Früher wurde sie in viereckige Stangen geschnitten und für Transport und Lagerung in mit Spänen gepolsterte Holzkisten gepackt.

Die Kreide, die wir heute benutzen, wird zuerst zu Pulver zerrieben, mit Farbe und Wasser vermischt und in Form zylindrischer Stäbchen gegossen. Die Erzeugnisse mancher Firmen lassen nicht einmal mehr Farbspuren an

Oben: Zwei Etappen im Lernprozeß – die ersten Zeichen, mit Kreide auf die Tafel gemalt, sind groß und ungelenk, aber das macht nichts, weil man sie schnell wieder wegwischen kann. Das Mädchen am Pult schreibt die Buchstaben und Zahlen sicher mit Tinte auf das weiße Papier.

Links: Die Hüpfkästchen, die ins Paradies führen, kann man nur mit Kreide auf Gehsteig und Straße zeichnen. Neben den Schachteln mit Kreide in verschiedenen Farben eine Maschine zum Anspitzen.

den Fingern zurück. Aber Kreide bricht immer noch leicht und geht eher dadurch als durch die eigentliche Abnutzung kaputt. Dann wird sie wieder zu buntem Feenstaub, der im Klassenzimmer im Lichtkegel der Sonnenstrahlen herumwirbelt oder draußen, wenn das Kind, das Tafeldienst hat, den trockenen Lappen oder Schwamm ausschüttelt, davonschwebt – unendlich feiner Staub, wie von Schmetterlingsflügeln …

Die Kinder schauen gebannt zu, wenn die erfahrene Hand des Lehrers an der großen Tafel mit der Kreide die vorbildlichsten Buchstaben malt.

Wer war nur dieser Mensch, der so perfekt und scheinbar mühelos Buchstaben vorzeichnen konnte, die wir niemals zustande brachten? Wer war dieser begnadete Künstler, der in der Lage war, einen Bleistift mit einem einfachen Federmesser besser anzuspitzen als die perfekteste aller Maschinen? Es war natürlich unser Lehrer. Der italienische Schriftsteller Carlo Dossi muß an ihn gedacht haben, als er schrieb: »Ein einziges Menschenleben reicht nicht aus, um zu lernen, wie man einen Bleistift perfekt anspitzt …«

Oben: Nicolas Conté war erstaunlich vielseitig begabt. Im Alter von neun Jahren fertigte er mit Hilfe eines einfachen Messers eine Geige, mit fünfzehn malte er alleine die Kapelle des Hôtel-Dieu in Séez in der Normandie aus. Auf den Rat von Gueuze hin arbeitete er eine Weile als Porträtmaler. Er interessierte sich sehr für die Entdeckungen der Gebrüder Montgolfier und wurde bald von der Armee zum Direktor der Abteilung für Aerostatik ernannt. Durch eine Explosion verlor er ein Auge, was ihn aber nicht daran hindern konnte, einer der führenden Techniker des Ägyptenfeldzuges zu werden. Der französische Mathematiker Monge beschrieb ihn treffend mit den Worten: »Conté hat alle Wissenschaften im Kopf und alle Künste im Blut.«

Eine Goldmine aus Graphit

Eines Tages, während er wieder einen Bleistift spitzte, erzählte unser Lehrer uns die Geschichte unseres kleinen Gefährten, dieses scheinbar so einfachen Schreibgeräts, unserem wichtigsten Helfer auf der Suche nach dem Wissen. In einem Klassenzimmer, das vom kalten Licht eines Aprilnachmittags erhellt war, zogen uns seine Worte in ihren Bann: »Der Bleistift, den ihr benutzt, ist ein Kind der Französischen Revolution. Eine Warenblockade verhinderte den Import von englischem und deutschem Graphit. In dieser Notlage wandte sich der Bergbaurat der Republik an den Wissenschaftler, Künstler und Offizier Nicolas Conté. Dieser einfallsreiche Mann kam auf die Idee, feuchten Ton mit Graphitstaub zu vermengen. Er ließ die Masse sehr heiß brennen und erhielt so 1795 den ersten »künstlichen Bleistift«.

Nicolas Conté eröffnete in Paris, in der Nachbarschaft des Palais Royal, ein Geschäft und arbeitete weiter an seiner Erfindung. Er stellte fest, daß sich die Härte der Mine und die Schwärze des Strichs veränderten, wenn er Ton und Graphit in unterschiedlichen Anteilen mischte. Die verschiedenen Härtegrade, die wir heute kennen – von »H« für »hard« bis »B« für »black« über »F« für »firm« und »HB« für »hard-black« –, gehen auf diese Entdeckung zurück. Die Härteabstufung der Bleistifte war erfunden, und Nicolas Conté und andere, die auf diesem Gebiet experimentierten, machten sich vom englischen Graphit-Monopol unabhängig.

In Borrowdale in der Grafschaft Cumberland im Südwesten Englands wurde seit dem 16. Jahrhundert ein Vorkommen von außerordentlich reinem Graphit ausgebeutet. Die Zeit des Abbaus war auf wenige Wochen im Jahr beschränkt, und man versuchte mit allen Mitteln, Plünderer von den Minen fern zu halten; man ging so weit, die Stollen in der abbaufreien Zeit mit Wasser zu überfluten. Das Mineral stellte einen wahren Schatz dar; es wurde in fahrbaren Tresoren nach London gebracht. Man stellte daraus nicht

Der Bleistift mit Radiergummiaufsatz verleiht seinem Besitzer zusätzliche Macht. Er ist ein Zauberstab, der nicht nur Zeichen und Linien auf dem Papier erscheinen läßt, sondern auch wieder zum Verschwinden bringen kann.

nur die besten Bleistifte der Welt her, sondern – und vor allem – Gußformen für Kanonenkugeln.

Schon lange vor Conté hatte Staedler in Deutschland die englische Vorherrschaft über den Bleistiftmarkt bedroht. In Holland, Bayern und Böhmen waren neue Graphitvorkommen entdeckt worden.

1761 ließ Kaspar Faber sich in der Nähe von Nürnberg nieder, das bald zur deutschen Hauptstadt des Bleistifts wurde und das gesamte 19. Jahrhundert hindurch den Markt beherrschte.

Im Laufe der Zeit wurde der Bleistift in die Produktpalette zahlreicher Schreibgerätehersteller aufgenommen: Caran d'Ache in der Schweiz, Eagle Pencil und Dixon in den USA, Baignol & Farjon und Blanzy-Poure in Frankreich.

Frantz Hardtmuth, seit 1804 Fabrikant in Wien, der zuvor fast zeitgleich mit Conté das sogenannte Ton-Graphit-Verfahren entwickelt hatte, kam eines Tages auf die Idee, einen gelb lackierten Stift fertigen zu lassen. Auf der Suche nach einem geeigneten Namen für das geniale Produkt stieß er auf einen der schönsten Diamanten der englischen Krone: den Koh-i-Noor, dessen indischer Name »der Berg aus Licht« bedeutet.

»Mit Faber-Castell«, erzählt unser Lehrer weiter, »brachte die Zivilisation des Bleistifts ein großes Haus hervor. Beinahe gleichzeitig mit Nicolas Conté und Frantz Hardtmuth entdeckte auch Lothar von Faber die verschiedenen Härtegrade des Graphits und entwickelte sie weiter. Als erster schnitt er das Holz für die Stifte in sechskantige Stäbe. Die Firma in Stein bei Nürnberg ist bis auf den heutigen Tag im Besitz der Familie des Gründers und stellt jedes Jahr Hunderte von Millionen von Bleistiften her.«

Es ist nahezu unmöglich, mit einem Bleistiftstummel zu arbeiten – es sei denn, man besitzt einen Bleistiftverlängerer, in den man den Stummel stecken kann. Mit Hilfe eines verschiebbaren Metallrings wird er in der Halterung fixiert, eine Metallkappe beschützt seine »wertvolle« Spitze – und für den Bleistift beginnt ein zweites, eleganteres Leben.

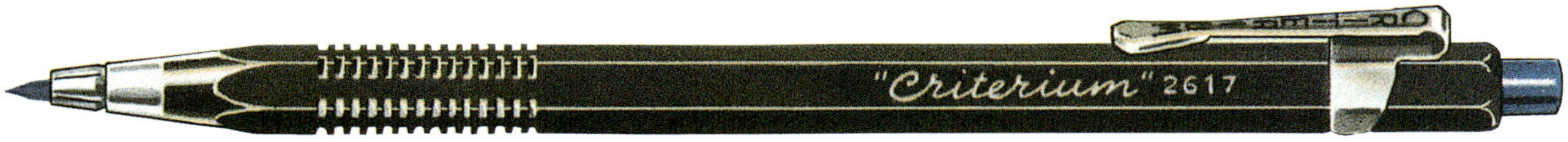

Links: Wenn man den *Criterium* zum ersten Mal sieht, kann man kaum glauben, daß dieser Druckbleistift aus Aluminium schon vor sechzig Jahren geschaffen wurde.

»Die Geschichte des Minenhalters«, fuhr unser Lehrer fort, »ist wesentlich jünger. Stellt euch eine Mine vor, die man von ihrer hölzernen Hülle befreit und in eine Metallröhre gesteckt hat. Es genügt, einen einfachen Mechanismus zu bedienen, und schon steht sie einem zur Verfügung. Weil sie so dünn ist, muß man sie nicht einmal mehr spitzen. *Ever Pointed Pencil* – der immer spitze Bleistift – nannte der Engländer Sampson Mordan 1822 seine Erfindung. Fünfzig Jahre später nahm der Amerikaner Alonzo Townsend Cross die Herausforderung an und entwickelte den Minenhalter weiter. Die vergoldeten oder versilberten *Cross* waren reich verziert – kein Vergleich mit dem *Criterium* aus Aluminium, den der franko-belgische Rechnungsoffizier Gilbert 1939 erfand.«

Unser Lehrer konnte damals noch nicht wissen, daß der *Criterium* sechzig Jahre später immer noch hergestellt werden würde, allerdings von der Firma Conté, die es verstanden hat, sich den Geist und die Kreativität des Gründers zu bewahren: eine beispielhafte Konsequenz!

Während er erzählte, warf der Lehrer einen raschen Blick auf den Bleistift in seiner Hand, der mittlerweile so spitz wie eine Nadel war. Er ließ die kleinen Holzspäne, die er in der Handfläche gesammelt hatte, in den Papierkorb gleiten und legte den Stift auf das Pult seines jungen Besitzers. »Denke immer daran, daß es ohne guten Radiergummi keinen guten Bleistift gibt!«

»Wißt ihr, daß man die Erfindung des Radiergummis im 18. Jahrhundert einem Portugiesen namens Magalhaens zuschreibt?« fuhr er fort. »Ursprünglich bestand der Radierer aus ungereinigtem Kautschuk und hatte die schlechte Angewohnheit, das Papier zu beschmutzen; außerdem war er viel zu weich. In den 1850ern wurde ein neues Rezept entwickelt. Man nahm mehrere Zutaten: künstliches Gummi, gemahlener Bimsstein, Farbstoffe und Schwefel. Nach dem Vulkanisieren bei 150° und dem Schneiden war der Gummi zum Radieren bereit.«

Dann erzählte der Lehrer uns von einem Gerät, das er nicht besonders mochte. Wir fanden das schade, denn das betreffende Gerät trat oft in Verkleidung auf und konnte die Form von tausend Gegenständen annehmen, die uns begeisterten: Automobile, Flugzeuge, Dampfer, Wecker, Lokomotiven, Telefone, Globen, Musikinstrumente … Aber wir durften sie in der Schule nicht benutzen und mußten sie in den Ranzen lassen. Trotzdem erzählte er uns ihre Geschichte.

»Im Jahre 1828 meldete ein gewisser Lassimone, ein Landvermesser aus Limoges, das Patent für eine Maschine

Links: Wenn man sich mit der Geschichte der alten Firmen beschäftigt, kann man interessante Entdeckungen machen. Dicke Kataloge mit Tausenden von Bleistiften, alle verschieden; bedrucktes Löschpapier, das die Fabriken des 19. Jahrhunderts verherrlicht. Der Faber-Katalog gibt einen ausführlichen Überblick über eine vielfältige Produktion.

Links: Bleistifte, Radiergummis und Bleistiftspitzer, die lange Zeit rein funktional gestaltet waren, sind mittlerweile zu »Design«-Objekten geworden – wie diese Artikel von Faber-Castell.

zum Anspitzen von Bleistiften an. Zwanzig Jahre später erfand Thierry des Estivaux ein Gerät, das dem modernen Bleistiftspitzer schon sehr nahe kam: eine konische, mit einer Klinge versehene Röhre. Zu Beginn des 20. Jahrhunderts verbesserte Theodor Paul Möbius, Besitzer einer Besenfabrik in Erlangen, das Gerät. Weil es ihm zu umständlich war, seine Bleistifte mit dem Federmesser nachzuspitzen, erdachte er ein einfaches, aber, wie ich zugeben muß, sehr wirkungsvolles Gerät. Nürnberg, das schon das Monopol für Bleistifte besessen hatte, eignete sich jetzt auch das für Spitzer an.«

Kurz vor dem Ersten Weltkrieg versuchte Frankreich, sich in die Produktion von Bleistiftspitzern zu stürzen; unter dem Markennamen Unis-France wurden »vielgestaltige Gegenstände« aus Metall hergestellt. Aber auch im Bereich der Spielzeuge und Blechprodukte hatte Deutschland so viel Vorsprung, daß es kaum noch einzuholen war.

Rechts: Nach dem Federmesser und dem einfachen Bleistiftspitzer kamen mechanische Geräte auf, die zwar mehr Platz beanspruchten, aber schneller arbeiteten. Hier ein mechanischer Bleistiftspitzer von Caran d'Ache.

Als die Schulglocke ertönte, hatte unser Lehrer seine Geschichte gerade beendet.

Seit dieser improvisierten Lektion in einer Dorfschule sind über dreißig Jahre vergangen, und in der Welt hat sich einiges verändert. Deutschland ist auf dem Gebiet immer noch führend und stellt im Jahr über Hundert Millionen Bleistiftspitzer her, aber in manchen Klassenzimmern stehen inzwischen Anspitzer, die eine Kurbel oder sogar einen elektrischen Antrieb haben. Die Maschine ist fest auf dem Schreibtisch des Lehrers angeschraubt und kann im Handumdrehen – und mit erstaunlicher Gefräßigkeit – einen ganzen Bleistift verschlingen, wenn man nicht aufpaßt. Weder Holzspäne noch Graphitstaub bleiben übrig: Durch die perfekte Sauberkeit des Tatorts erscheint uns das Unerklärliche nur noch rätselhafter!

Was die modernen Radiergummis betrifft, so bestehen sie aus Elastomer und sind den Kinderkrankheiten ihrer Spezies entwachsen: Sie werden nicht rissig und schmieren auch nicht.

Zweihundert Jahre nach der Entdeckung von Nicolas Conté kann die Firma, die heute noch seinen Namen trägt, wieder eine revolutionäre Erfindung vorweisen. Man könnte von Evolution sprechen, denn das ist der Name des ersten Bleistifts ohne Holzmantel, dessen Körper aus vier Schichten eines ABS-Kunststoffes besteht.

Elektrische Bleistiftspitzer, Radierer aus Elastomer, ABS-Bleistifte – damit sind unsere Schüler für das Dritte Jahrtausend gut gerüstet! Was auch kommen mag – noch immer haben Entdeckungslust und Erfindungsgabe nicht aufgehört, die Menschen zu beflügeln, und noch immer verstehen Lehrer es, ihre Zuhörer mit Geschichten darüber zu fesseln.

Seite 93: Kaum verläßt man das bekannte Gebiet der traditionellen Härtegrade (B, HB, F), die für den alltäglichen Gebrauch bestimmt sind, wird man mit geheimnisvollen Bezeichnungen konfrontiert; es gibt mehr als 15 davon! Die zarten Minen für Zeichnungen und Skizzen schreiben sehr schwarz (6B, 5B, 4B, 3B, BB). H bezeichnet die harten Minen für technische Zeichnungen (HH, 3H, 4H, 5H). Die extraharten Minen sind für die Lithographie gedacht (6H, 7H).

MAKE
CRAYONS GRAPHITE SUPÉRIEUR 17 GRADUATIONS
PAQUETAGES & EMBALLAGES
GILBERT, Gdes ECOLES NATIONALES -
No2=3B * 20
ALASKA
Conté à Paris * 3H
CORONATION
MANUF
Queen Elizabeth Coronation 1953
HENRIOT.

Die Sergent-Major-Feder

Der Übergang zum Schreiben mit Tinte wurde lange Zeit mit Hilfe des Federhalters und der Stahlfeder vollzogen. Wenn man die Kreide, den Griffel und die Graphitmine hinter sich gelassen hatte und mit der Feder schreiben durfte, lag ein gefährlicher Abschnitt vor einem. Wer diese Phase kennengelernt hat, erinnert sich gut daran: Es war die Zeit der Arbeit »ohne Netz«! In den *Contes du lundi* (Montagsgeschichten) beschreibt Alphonse Daudet diese intensiven Momente: »Es war soweit, es ging ans Schreiben … Man muß gesehen haben, wie vertieft alle waren, und wie still. Nur das Knirschen der Federn auf dem Papier war noch zu hören.«

Das Gerät – der Federhalter – war an sich einfach, verlangte aber perfekte Beherrschung. Er war aus Holz, aus Neusilber – einer Legierung aus Kupfer, Zink und Nickel –, später aus Plastik, denn er hielt lange mit der Entwicklung neuer Werkstoffe und Techniken Schritt.

Um es den Schülern etwas leichter zu machen, brachten einige Hersteller Federhalter auf den Markt, deren Form den Fingern besser entsprechen sollte. Wenn man die *Arts et métiers illustrés* (Illustrierte Geschichte der Kunst und des Handwerks) liest, sieht man sich allerdings mit ganz erstaunlichen Vorstellungen von Ergonomie konfrontiert: »Bei der Weltausstellung von 1878 fiel uns in einer Vitrine des Hauses Perry & Co. ein ausgeklügeltes kleines Folterinstrument auf, das den hochtrabenden Namen ›orthodaktyler Federhalter‹ trug und für die ganz jungen Schüler gedacht war; es sollte sie daran gewöhnen, die Finger von Anfang an in der richtigen Stellung zu halten …« Es gab zahlreiche »vorbildliche« Federhalter, die zum Glück meist mehr Bewegungsfreiheit ließen als der *orthodactyle penholder* und die ebenso wie die Schreiblehren angeblich alle Probleme lösen konnten. Da war der deutsche Federhalter von Soennecken in Form einer Wurfscheibe, der *P. Z. H.* – »Praktisch zu halten«, den es auch in einer Ausführung für Linkshänder gab.

Die Stahlfeder steckte fest in der Halterung. Diejenigen, die seinerzeit in Frankreich zur Schule gegangen sind, erinnern sich wehmütig an die berühmte *Sergent-Major*-Feder der Compagnie française. Sie war bei weitem nicht die elastischste Feder und neigte dazu, Löcher ins Heft zu reißen. Trotzdem konnte es in Frankreich keine mit ihr aufnehmen. Die Schlachtenszenen auf den Etiketten der kleinen Schachteln spielten dabei sicher eine wichtige Rolle.

Außerhalb Frankreichs war sie kaum bekannt. In Belgien schätzte man die schöne *Ballon*-Feder, die die Form eines Fesselballons hatte. In England war die Feder *J* von Mitchell die beliebteste in den Klassenzimmern, und in den USA war die *Falcon Pen* der Star. Aber wo auch immer sie herkommen mochte: Man mußte die Feder zuerst in Betrieb nehmen und dann pflegen.

Oben: »Verlangen Sie die Schachtel mit dem dreifarbigen Band!« hieß es in der Werbung. Die *Sergent-Major*-Feder wurde oft kopiert. Manche Nachahmungen hießen *État-Major* oder *Gros Major*, die meisten unredlichen Hersteller aber konzentrierten sich auf ihre Form.
Im Hintergrund: Ehrenurkunde einer französischen Realschule, zweite Hälfte des 19. Jahrhunderts.

Rechts: Die Stahlfedern waren nicht ganz ungefährlich. »Im Alter zwischen vier und zehn Jahren sind unruhige Kinder großen Gefahren ausgesetzt«, warnte ein Arzt um die Jahrhundertwende. Gefährdet waren auch die Kinder, die an ihren Federhaltern kauten. Deshalb stellte Blanzy-Poure Modelle her, deren Lackierung »garantiert so unschädlich wie nur möglich« war.

MÉTHODE D'ÉCRITURE
en rapport avec
l'Enseignement de la Lecture
par
F. Dubus
BATAILLE DE FLEURUS
CROWN OBLIQUE
LISEZ tous

In einer Lyoner Zeitschrift warnte 1913 ein Doktor Mattifat die Kinder vor der schlechten Angewohnheit, die neue Feder vor dem ersten Schreiben mit Speichel anzufeuchten. Auf diese Weise, schrieb er, »bringt man in den Mund, zwischen die Lippen und an die Zunge einen schmutzigen Gegenstand, der mit schädlichen Keimen behaftet sein kann …«

Statt dessen schlug der besorgte Arzt »einen zuverlässigen Kniff vor, der es ermöglicht, eine Feder trotz täglicher Nutzung monatelang zu verwenden! Anstatt sie mit einem Tuch, dem Löschpapier oder dem Löscher trocken zu wischen, genügt es, sie in ein Stück rohe Kartoffel zu stecken. Der Saft der Kartoffel löst die in der Tinte enthaltenen Säuren und Salze auf und macht sie unschädlich.« Es wäre allerdings schwierig gewesen, auf den vollgestellten Pulten noch genug Platz für Doktor Mattifats Kartoffel zu finden. Neben der Rille für die Federn, Federhalter, Stifte und Radiergummis gab es eine runde Aushöhlung, die jedoch nur dem Tintenfaß vorbehalten war.

Bis zur Mitte des 19. Jahrhunderts waren die Tintenfässer der Schulen aus Blei oder aus Glas mit Kupferverschluß, meist aber aus weißem Steingut. In Frankreich eroberte dann der »einfache, heitere, saubere und vom Ministerium empfohlene A.B.« die Bänke. Das Tintenfaß mit den Initialen des Fabrikanten A. Buysse war aus durchsichtigem Glas und hatte einen Deckel aus buntem Plastik; in den letzten Tagen des Federhalters wurde es schließlich von einem Tintenfaß, das ganz aus Plastik war, verdrängt.

Die Schultinte war meistens violett und wurde an Ort und Stelle vom Lehrer angesetzt. Grundstoff waren billige Kristalle oder Tabletten, auf die man jeweils einen Liter heißes Wasser goß. Man schüttelte das Ganze; dann mußte man warten, bis die Mixtur abgekühlt war. Für die Verteilung der Tinte in die kleinen Fässer wurden Freiwillige aufgerufen.

Wenn alle Tintenfässer aufgefüllt waren, konnten die Federn eingetaucht werden. Die Entfernung zwischen Heft und Fäßchen war kurz, trotzdem blieb oft genug ein Tropfen Tinte auf der Strecke. Zum Glück gab es das Löschpapier!

In den 1960er Jahren schlug Canson folgenden Qualitätstest vor: »Lassen Sie aus zehn Zentimetern Höhe einen Tintentropfen auf ein Löschpapier aus reinen Lumpen fallen. Sie werden von seinem Saugvermögen überrascht sein.«

So warb Canson für das echte Löschpapier aus reinen Lumpen, das dem Papier aus Holzbrei haushoch überlegen sein sollte. Das Löschpapier wurde zwischen Hand und Heftseite gelegt und grenzte die Schreibfläche ein.

Mit einer Ecke des Löschpapiers konnte man schnell einen vorwitzigen Tropfen auffangen, dabei hatte man ebenfalls Gelegenheit zu beobachten, wie sich die Tinte entlang der Papierfasern ausbreitete.

Vom Lehrer konnte man ein einfaches rosafarbenes Löschpapier bekommen. Die Geschäfte verschenkten Löschpapier mit aufwendigem Werbeaufdruck. Lebens-

Oben: Zu Beginn des 20. Jahrhunderts erfand ein gewisser Cassou ein Hilfsgerät namens »Federhalter-Führer Max«. Es sollte die Finger kräftigen, eine falsche Handhaltung korrigieren, die Fortschritte des Schülers fördern und ihn vor Ermüdung schützen: ein Traum! Die Firma Lion Noir schenkte zur selben Zeit »den braven und fleißigen Schülern« Hefte, Löschpapier und Schreibsets. »Eine kleine Ausgabe weniger für die Familie!« stellte der Bohnerwachsfabrikant fest.

mittel, Putzmittel, sportliche Wettkämpfe oder Kinovorstellungen – die Löschpapiere sind interessante Zeugen ihrer Zeit.

Sogar zur Verbreitung und Beeinflussung von Meinungen mußten sie herhalten. Sie trugen Warnungen vor dem Alkoholismus und beispielhafte Lebensläufe. Berühmte Persönlichkeiten und ihre Leistungen wurden vorgestellt, und zum Schluß stand immer der gleiche Satz: »Auch du wirst nüchtern bleiben!«

Oben: Manche Löschpapiere haben ein bewegtes Leben hinter sich. Man kann sie in alten Heften finden; sie waren dabei, als Hunderte von Sätzen entstanden, und haben wieder und wieder die überschüssige Tinte aufgesogen. So finden sich auf ihnen die spiegelverkehrten Abdrücke Hunderter von Wörtern – ein faszinierender Anblick.

Ganz oben: Ende des 19. Jahrhunderts hatte in den Klassenzimmern endlich jeder Schüler einen Sitzplatz. Acht bis zehn Kinder saßen jeweils in einer langen, schwarz gestrichenen Bank. Trotz der wiederholten Drohungen des Lehrers blieben die Tintenfässer aus Steingut nicht lange weiß, und das Holz wurde mit Schnitzereien und Gravuren verziert.

Ein Füllfederhalter für alle!

Die Firma Bic ahnte, welche Möglichkeiten das bedruckte Löschpapier bot, und beauftragte die Graphiker Raymond Savignac und Jean Effel, Zeichnungen zu entwerfen, mit denen die Firma ihre neuen Schreibstifte in den Schulen bekannt machen konnte. Traurig, aber wahr: Diese Reklame auf Löschpapier sollte das Ende des Löschpapiers bedeuten.

Der Angriff war heftig und perfekt geplant: Neuheit, Schlichtheit, die Möglichkeit, schnell und sehr lange mit einem Stift zu schreiben – wer hätte diesen Argumenten etwas entgegensetzen können? Die Lehrer versuchten, sich gegen die Neuerung zu verbünden, sie zu verbieten, aber vergeblich: Die Schule unterlag im Kampf gegen den Kugelschreiber.

Im Herbst 1965, zu Schuljahrsbeginn, wurde das neue Utensil in Frankreich sogar durch eine ministeriale Verlautbarung »legalisiert«: »Es gibt keinen Anlaß, die Kugelschreiber zu verbieten, da sie einfach in der Handhabung sind, vorausgesetzt, sie werden vernünftig ausgewählt.«

In den Schulen wurden die sechziger Jahre zu den Jahren der Kugelschreiber. Bedeutete dies das Ende des Federhalters und seiner Stahlfeder? Würde die Schönschrift, die viele allzu mühselig, ja pedantisch fanden, endgültig aus den Schulheften verschwinden?

Tatsächlich verdrängte der Kugelschreiber die Federn und Federhalter sehr schnell. Dank der Weiterentwicklung der Herstellungstechniken erschienen aber bald neue, preisgünstige Füllfedern auf dem Markt. Überdies ermöglichte die Plastikpatrone ein sicheres, sauberes Arbeiten. Der Feder gelang es, zu überleben – auch wenn sie jetzt am Füllhalter befestigt war. Schüler, Gymnasiasten und Studenten erhielten endlich Zugang zu einem Schreibgerät, das lange Zeit Erwachsenen vorbehalten war. Mit dem *Waterman Flash* und dem *X Pen*, dem *Sheaffer 101*, dem *Bayard Excelsior* und dem *Parker Student* entdeckten Kinder und Jugendliche die Freude am eigenen Füllfederhalter.

Die Erfindung der Tintenkiller in den 1970ern machte den Umgang mit den Füllern noch einfacher, denn nun konnte man Fehler sofort korrigieren.

Neben den Kugelschreibern und den Filzstiften, die technisch ebenfalls ausgereift sind, haben sich die Füllfederhalter einen festen Platz in den Schülermäppchen erobert. Manche Modelle sind sogar eigens für die Schule erfunden worden: Der *Lamy ABC* »macht das Schreibenlernen zu einem Vergnügen«. Er ist nicht nur durchdacht ergonomisch geformt, die Kinder können auch ihren Namen auf ein Feld in der Kappe schreiben und ihn sich

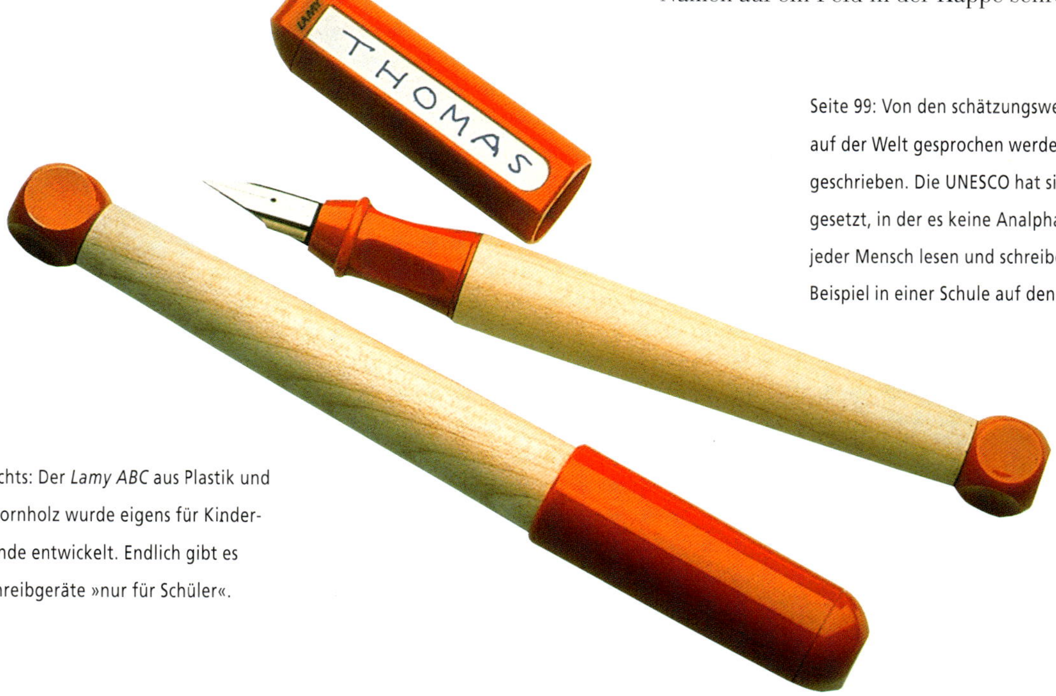

Seite 99: Von den schätzungsweise 3000 Sprachen, die auf der Welt gesprochen werden, werden nur hundert geschrieben. Die UNESCO hat sich eine Welt zum Ziel gesetzt, in der es keine Analphabeten mehr gibt und jeder Mensch lesen und schreiben lernen kann – zum Beispiel in einer Schule auf den Kapverdischen Inseln.

Rechts: Der *Lamy ABC* aus Plastik und Ahornholz wurde eigens für Kinderhände entwickelt. Endlich gibt es Schreibgeräte »nur für Schüler«.

Oben: Sehr beliebt bei Schülern ist der avantgardistische *Stypen UP*, der nicht nur bunt und witzig ist, sondern auch gut in der Hand liegt. Ein geglückter Versuch, Feder, Tinte und schöne Schrift mit aktuellem Design zu kombinieren.

Rechts: Kleine Kinderhände kommen mit dicken Stiften besser zurecht. Mehrere Hersteller bieten für sie überdimensionale Kreiden, Filzstifte und Buntstifte an. Die schwedische Firma Ording und Reda hat bei der Konzeption ihrer Stifte einen Lehrer zu Rate gezogen.

so ganz zu eigen machen. Man darf außerdem gefahrlos auf ihm herumkauen!

Der *Stypen Up* hat eine versenkbare Feder und greift damit die alte *Safety*-Technik wieder auf: Durch Drehen der Abschlußkappe kann man die Feder hoch- oder runterschrauben. Der *V Pen* von Pilot wirkt auf den ersten Blick wie ein traditioneller Füllhalter; tatsächlich aber ist er ein Einwegartikel, da man ihn nicht wieder auftanken kann. Die Wegwerfgesellschaft hat auch vor den Füllfederhaltern nicht halt gemacht.

Zwischen der Schule unserer Großeltern und der unserer Kinder gibt es natürlich zahlreiche Unterschiede. Edouard Bled, Verfasser einer französischen Grammatik, beschreibt die besondere Bedeutung, die das Schreiben noch vor fünfzig Jahren hatte: »Damals stand die Schrift hoch im Kurs … Wer die Schönschrift und die Rechtschreibung beherrschte, hatte wichtige Trümpfe in der Hand und konnte sicher sein, eine angemessene Anstellung zu finden.«

Wenn die Welt der Arbeit auch entscheidende Veränderungen durchgemacht hat, so hat das Schreiben seine Bedeutung doch noch nicht ganz verloren. In einer offiziellen Anweisung für die französischen Schulen von 1995 steht zu lesen: »Der Lehrer soll bei den Schülern besonders auf sorgfältige und saubere Heftführung achten sowie auf Form und Orthographie der Einträge.«

Zwar zählt das »Schönschreiben« in der Schule nicht mehr zu den wichtigsten Fächern, in den graphischen Künsten aber wird es immer noch – oder wieder – buchstäblich »großgeschrieben«. Da auch Schüler gegen die Leidenschaft der Kalligraphie nicht immun sind, kann man getrost davon ausgehen, daß die Kinder auch heute noch für den Zauber der Wörter empfänglich sind.

Die moderne Schule steckt andere Ziele: Die Schrift wird nicht mehr um ihrer selbst willen gelehrt, sondern als Mittel zum Zweck, als Medium der Kommunikation, des Ausdrucks und des Lernens; das sind jedoch im Grunde keine neuen Definitionen, und so steht zu erwarten, daß diese über sechstausend Jahre alte Erfindung der Menschheit noch einige schöne Tage vor sich hat.

Der Füller – ein amerikanischer Traum

L. E. Waterman

Der Füllfederhalter ist eines der ersten »idealen Schreibgeräte« der Kultur des Schreibens, da wir ihn bei uns tragen und so jederzeit zur Hand haben können. Eine Feder an einem Halter mit eingebautem Tintenbehälter: einfach und genial!

Wir können ihn nur für kurze Zeit behalten oder aber ein Leben lang; im Prinzip ist der Füllhalter ein sehr persönliches Stück, das man nicht verleiht, aus Angst, seine Feder könnte unter einer fremden Hand leiden. Damit die Feder zu etwas Lebendigem wird, zu einer Verlängerung der Hand des Schreibenden, muß man erst einmal etliche Seiten mit ihr beschriften; sie ist ein Werkzeug, das sich nur langsam an uns gewöhnt. Wenn wir allein sind, kann ein Füllfederhalter unser einziger Vertrauter sein; es ist angenehm, ihn in die Hand zu nehmen, auch wenn wir mit seiner Hilfe nur einen Termin notieren oder eine kurze Notiz auf ein Post-it kritzeln. Ob einfaches Gerät oder luxuriöses Schreibutensil, ob klassisch und elegant oder bunt und frech, ein Füllfederhalter ist immer etwas Besonderes, Geheimnisvolles, so als ob in seinem Bauch nicht nur Tinte wäre, sondern auch unsere Gedanken. Füllfedern verschenkt man auch gern, so wie man sie selbst gern geschenkt bekommt: Sie sind das traditionelle Präsent zu Kommunion und Konfirmation.

Seite 102: Unter dem wachsamen Blick der Katze korrigiert die französische Schriftstellerin Colette mit ihrem *Parker Duofold Mandarin* ein Manuskript. »Viele Schriftsteller sagen, daß ihnen ihre Katze beim Schreiben hilft«, erzählt der Literaturkritiker Bernard Pivot. »Meine spielen wie die Verrückten mit meinen Füllhaltern, die sie übrigens sehr elegant halten ...«

Und wie oft haben wir schon einen sehnsüchtigen oder faszinierten Blick in die Auslagen der Schreibwarengeschäfte geworfen?

Die heute im Handel erhältlichen Füllfederhalter sind die direkten Nachfahren jener, die Waterman oder Parker von Hand in ihren improvisierten Werkstätten herstellten. Sicher haben die Formen und Werkstoffe große Entwicklungen durchgemacht, sicher sind die kleinen Erfinder der Jahrhundertwende inzwischen Geschichte. Der Markt wird von internationalen Konzernen beherrscht und durch ausgefeilte Marketing-Strategien gelenkt, dennoch ist das Schreibgerät sich selbst treu geblieben, und wir können auch heute noch »alte« Füllfederhalter benutzen und Freude an ihnen haben.

Die hundert Jahre, die seit der Erfindung in Amerika vergangen sind, hatten Höhepunkte, aber auch Durststrecken. Viele einst renommierte Firmen sind von der Bildfläche verschwunden – und auch der Füllfederhalter selbst war oft genug vom »Aussterben« bedroht. Der Kugelschreiber und seine Nachkommenschaft hätten ihm beinahe den Garaus gemacht. Nach jeder Niederlage aber

Links: Die Füllhalter *Lady* sind kleiner als die Modelle für Herren und passen daher besser in Frauenhände. Bei diesem Set von Waterman sind an den Kappen Ösen, Berlocken genannt, durch die ein Band gezogen werden kann. Verziert sind die beiden Schmuckstücke mit Filigranen.

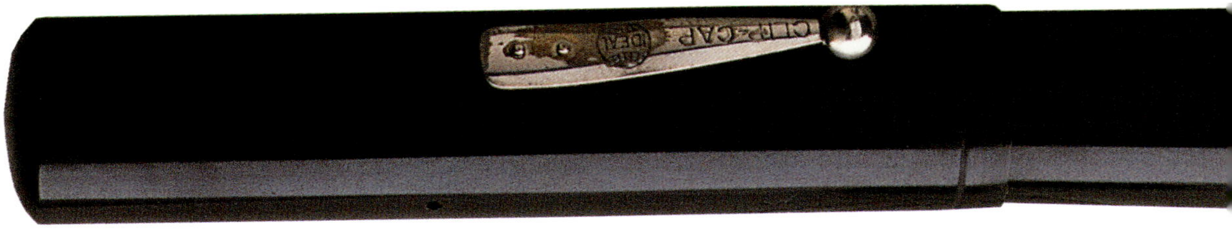

Rechts: Der *Regular Cone Cap* aus einer der ersten Serien von Waterman (1898): die einfachste Form des Füllhalters.

hat er sich nur um so strahlender erhoben: Der »Großvater« der Schreibgeräte des 20. Jahrhunderts ist immer noch sehr lebendig – auch wenn er sein Leben im bescheidenen Hinterzimmer eines New Yorker Geschäfts begonnen hat.

Die Zeit der Erfinder

New York 1884: Der Mann war überglücklich, in einer Zeitung mit hoher Auflage inseriert zu haben, denn das Ergebnis übertraf seine kühnste Erwartung. Er setzte die Brille mit den kleinen, runden Gläsern auf und widmete sich den zahlreichen Zuschriften. Bestellungen von überall her, nicht nur aus New York, sondern aus dem ganzen Land, von Privatleuten, Einzel- und Großhändlern: Sie alle wollten einen *Ideal Fountain Pen*.

Wie sollte er die vielen Aufträge nur erledigen, wo seine Füllhalter doch nahezu reine Handarbeit waren; sein Kundenkreis war bisher so klein gewesen, daß er mit allen befreundet war; sie nannten ihn bei seinem Vornamen, Lewis Edson!

Er dachte an seinen ersten Reservoir-Federhalter zurück, mit dem alles angefangen hatte. Damals war er noch Versicherungsvertreter und mußte hinter potentiellen Kunden herjagen. An einen Ort erinnerte er sich besonders gut: eine Baustelle mit viel Lärm und himmelhohen Kränen; sein Kunde war ein streng aussehender Mann, der es eilig hatte. Und dann weigerte sich der verdammte Füllhalter zu schreiben! Als endlich Tinte floß, kam alles auf einmal, und der Tank entleerte sich auf den Vertrag.

Nach dieser Katastrophe hatte Lewis Edson Waterman den dringenden Wunsch, der Sache auf den Grund zu gehen. Zu Hause nahm er den Füllhalter auseinander. Dann schnitt und schnitzte er mit einem Taschenmesser, einer Säge, einer Feile und viel Geduld einen Tintenleiter.

Waterman verwirklichte so eine Idee, auf die vor ihm noch kein Mensch gekommen war: ein Tintenleiter, der so viel Tinte in die Feder einfließen ließ, wie Luft in den Tank eindrang. Dieses neue System ermöglichte es endlich, ohne Unterbrechungen und gleichmäßig zu schreiben – mit dem *Fountain Pen*, dem Federhalter mit Tintenreservoir, an dessen Prinzip in Amerika schon seit einem halben Jahrhundert herumgetüftelt worden war. Nicht,

Rechts: Die Mißgeschicke des Herrn Waterman – oder: Wie aus einem vom Pech verfolgten Versicherungsvertreter einer der größten Füllfeder-Fabrikanten wurde.

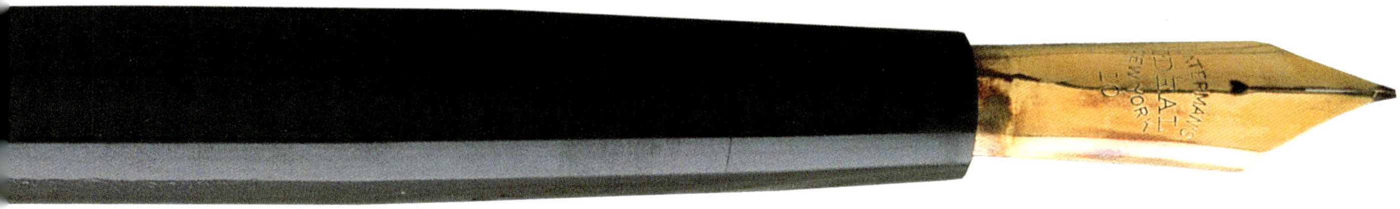

daß man nicht schon auf viele Fragen eine Antwort gefunden hätte: Das kostbare Iridium, das dreimal härter als Rubin war, diente inzwischen als Spitze – die Goldfedern hatten sich immer zu schnell abgenutzt. Seit 1840 stellte George W. Sheppard in Detroit Federn »mit Iridiumspitze« her.

Als nächstes dachte man über den Federhalter nach; beliebt als Werkstoff wurde Ebonit, weil es einfach und formstabil war. Ebonit erhielt man, indem man Kautschuk mit Schwefel mischte und erhitzte; das Verfahren geht auf Charles Goodyear zurück, den Erfinder der Vulkanisation.

Zwischen Boston und Cincinnati, zwischen Chicago und New York entstanden die verschiedensten Füllhaltermodelle, von denen sich einige gut verkauften.

Trotz ihrer vielversprechenden Namen – »die Feder des Jahrhunderts«, »der Perfekte« usw. – wiesen sie ernsthafte Mängel auf, die meist mit der Tinte zusammenhingen: Entweder sie floß nicht zur Feder, oder aber sie kam, wenn man es am wenigsten erwartete.

Waterman, ein energischer Autodidakt, der über einen bemerkenswerten Geschäftssinn verfügte, war ursprünglich nur einer von vielen Benutzern dieser *Fountain Pens* gewesen. 1837 im Staat New York geboren, hatte er in Illinois Arbeit gefunden: Im Sommer war er Zimmermann, im Winter Lehrer. Später war er dann nach New York gegangen, wo er versuchte, Versicherungen zu verkaufen. Nach dem Erlebnis mit dem Tintenklecks auf dem Vertrag fand er keine Ruhe mehr, bis es ihm endlich gelang, den Fehler zu korrigieren, der ihn teuer zu stehen gekommen war. Nach vielen Versuchen schnitt er in den Tintenleiter seines Füllhalters drei kleine Kerben – und

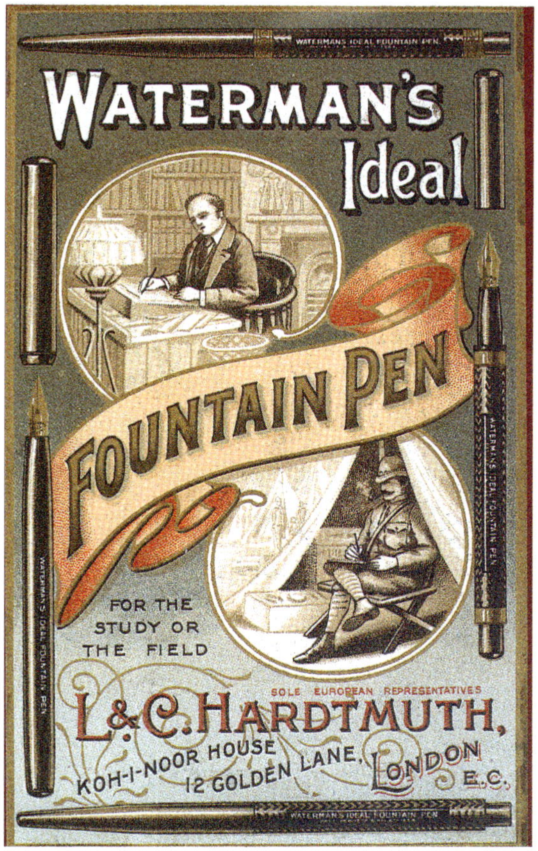

Ob am Schreibtisch oder im Zelt – der Füllhalter von Waterman ist ideal! Dieses Plakat, das die britische Kundschaft mit den ersten Modellen der neuen Marke vertraut machen sollte, weist ein amüsantes Detail auf: Der europäische Importeur war kein anderer als der Bleistifthersteller Hardtmuth, der sein Londoner Geschäftshaus Koh-I-Noor getauft hatte – nach einem berühmten Bleistift!

erreichte damit sein Ziel: Nun floß gerade so viel Tinte aus dem Reservoir, wie man zum Schreiben brauchte.

Die erste Werkstatt von Waterman war ein einfacher Küchentisch im Hinterzimmer eines Zigarrengeschäfts Ecke Fulton Street und Nassau Street. Nur ein kleines Schild zeigte den Weg dorthin: »Waterman's Ideal Fountain Pen«.

Waterman verkaufte im Jahr gerade ein paar hundert Füllhalter; es reichte eben so zum Leben. Ohne die Zeitungsanzeige, die ihn über Nacht zum bekannten Hersteller zuverlässiger Füllfederhalter machte, hätte der damals Fünfzigjährige diese Werkstatt möglicherweise nie verlassen. So aber erlebte er einen ungeheuren Erfolg und konnte seinen Firmensitz bald in ein sechsstöckiges Gebäude in der Courtland Street / Ecke Broadway ver-

Oben: Zwei Herzen, ein Gedanke, zwei Füllfederhalter, die im Gleichklang schreiben. Der Waterman erlaubt, der oder dem Geliebten von überallher zu schreiben – zumal man den Federhalter dank des Clips an der Kappe so feststecken kann, daß man ihn immer zur Hand hat.

Rechts: Nicht das Tintenfaß ist so groß, nein, der Federhalter ist so klein wie ein Streichholz. Es ist ein *Doll Pen* – ein kleines Kunstwerk. Es wurde zwischen 1910 und 1920 von Waterman hergestellt und ist heute eine kostbare Rarität.

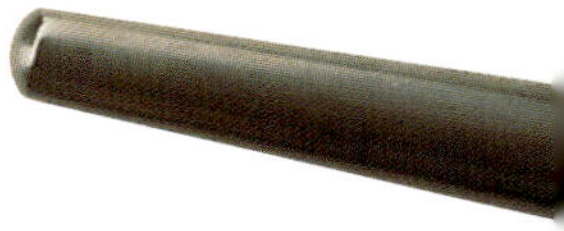

legen. Zwei Fabriken wurden gebaut, eine in New York, die andere in Seymour in Connecticut.

Waterman fand fähige Mitarbeiter. Zu ihnen gehörte William Ferris, der dafür sorgte, daß der Firmenname auch international zu einem Begriff wurde: Er baute eine Fabrik in Montréal und organisierte den Vertrieb auf dem europäischen Markt. Bei der Weltausstellung 1900 in Paris gelang der Durchbruch: Der *Waterman Ideal Fountain Pen* erhielt drei Medaillen – Bronze für Ferris, Silber für den Gründer und Gold für das Unternehmen selbst. Das 20. Jahrhundert begann, und ein neues Utensil, das die Verständigung zwischen den Menschen erleichterte, schickte sich an, die Welt zu erobern. Amerika hatte der Kultur des Schreibens zu einem großen Schritt nach vorne verholfen.

Waterman, aber auch Parker, Sheaffer, Conklin und die Wahl Company, die fünf großen Pionierunternehmen, vertrieben eine neue Feder, die sich endlich von der Abhängigkeit vom Tintenfaß emanzipiert hatte.

George Parker, auch er ein großer Erfinder, wurde 1863 in Wisconsin geboren. Er war der Sohn einer Familie britischer Einwanderer; neben Schule und Studium arbeitete er auf der elterlichen Farm. Nach Abschluß des Studiums wurde er Lehrer an einer Fachschule für Telegraphie und verdiente sich etwas dazu, indem er an seine Schüler Füllhalter der Firma John Holland aus Cincinnati verkaufte. Allerdings waren die Schreibgeräte nicht ganz fehlerlos, so daß der Lehrer abends, nach dem Unterricht, die Füller seiner Schüler reparierte. Bis er sich eines Tages entschloß, seine eigenen Modelle herzustellen. Als Werkstatt mußte das Pensionszimmer herhalten, in dem er wohnte.

George Parker erhielt von einem Versicherungsvertreter, der sich für seine Pläne begeistert hatte, finanzielle Unterstützung und konnte so 1888 die Parker Pen Company gründen. Seine erste bedeutende Erfindung war 1895 der *Lucky Curve*, ein Füller mit gebogenem Tintenleiter, der die Tinte in den Tank zurückbeförderte, wenn sie nicht gebraucht wurde. Endlich keine Tintenflecken mehr an Kleidung und Fingern! Damit begann die Ära des »sauberen Füllhalters«.

Dreißig Jahre lang sollte das Unternehmen nun die wichtigsten Patente in der Geschichte des Füllhalters entwickeln; man beschäftigte sich mit der Kappe, dem Tank, dem Clip, dem Tintenleiter.

Der Erste Weltkrieg konnte der Kreativität der Firma nichts anhaben, und als Amerika in den Krieg eintrat, versorgte Parker die Soldaten mit *Trench Pens* – den Füllfederhaltern für die Schützengräben. Zum Wiederaufladen des Geräts erhielten die Männer winzige Tintentabletten; sie wurden in den Tank eingelegt, man gab Wasser dazu, und schon konnte man wieder schreiben – wenn es sein mußte, auch im Kugelhagel!

Links: 1906 erfand Waterman den *Safety*, bei dem man durch Drehen am hinteren Ende des Füllhalters die Feder herein- oder herausschrauben kann. Die Erfindung überzeugte die Käufer, die den Sicherheitshalter von nun an überallhin mitnehmen konnten, »an welchem Ort auch immer der Geist sich ausdrücken will, ob im Ruderboot oder am Strand ...«

Unten: Der *Waterman Regular Taper Cap* wurde zwischen 1902 und 1907 hergestellt. Man füllte ihn, indem man die Tinte direkt in den Federhalter goß.

Im Jahre 1898 hatte Roy Conklin aus Toledo in Ohio eine raffinierte Idee: Durch Druck auf eine Metallscheibe, die halbmondförmig aus dem Federhalter ragte, wurde die Luft aus einem Gummisack im Inneren gepreßt; man benötigte keine weiteren Hilfsgeräte, sondern tauchte die Feder einfach in die Tinte ein, und diese wurde durch den Vakuumeffekt aufgesogen.

Conklin pries seinen *Crescent Filler* mit den Worten, das neue Füllsystem mache das Schreibwerkzeug zu »einem wahren Arbeitstier, unentbehrlich für den Geschäftsmann, ständig und unermüdlich in allen Situationen zur Arbeit bereit, von den alltäglichsten bis hin zu den ungewöhnlichsten«. Obwohl er so praktisch und effizient war, störte der Auswuchs am Federhalter das ästhetische Empfinden vieler Benutzer. Es begann ein erbitterter Kampf zwischen den Befürwortern der Funktionalität und denen der Schönheit. Das bedeutete auch, daß der Hersteller ständig neue Entwicklungen und Erfindungen hätte herausbringen müssen, was Conklin aber unterließ. Obwohl seine Modelle von sehr hoher Qualität waren, fiel er in den 1920ern aus dem Rennen; die Marke bestand nur bis 1949.

Aufbauend auf Conklins *Crescent Filler*, entwickelte der 1867 geborene Walter Sheaffer ein weiteres autonomes Füllsystem. Er war Sohn eines Juweliers, der nach Schule und Lehre in das Unternehmen seines Vaters eintrat.

Das Geschäft verkaufte auch wertvolle Füllhalter; der Umgang mit ihnen regte Sheaffer zu einer eigenen Erfindung an – dem Hebel. Dieser war in den Federhalter eingelassen und konnte bei Bedarf wie eine Pumpe betätigt werden; dabei wirkte sie auf den innen befindlichen Tintensack aus Gummi. Das System war weniger effizient als Conklins *Crescent*, sah aber wesentlich besser aus! Nach Anmeldung der Patente gründete der inzwischen fünfundvierzigjährige Sheaffer mit ein paar anderen Gesellschaftern die Sheaffer Pen Company. Die großen

Oben: Auf dieser amüsanten Werbezeichnung erinnert Parker an seine bahnbrechende Erfindung – den *Lucky Curve* –, der das Schreiben endlich zu einer sauberen Sache machte. Außerdem wird betont, daß die Erzeugnisse weich schreiben: Katzen kratzen – Parker-Federn nicht!

Im Hintergrund: Amerika erobert die Welt des Schreibens. Die fünf großen Pionierfirmen (Waterman, Parker, Wahl, Sheaffer, Conklin) übertrafen einander mit Erfindungen, und ihre Marketing- und Werbestrategien sorgten dafür, daß alle Welt davon erfuhr. Mit einem Füllhalter in den Krallen beherrschte der amerikanische Adler den ganzen Erdball.

Firmen versuchten, sein System zu kopieren, aber Sheaffer verklagte sie und gewann die Prozesse.

Inzwischen hatte Sheaffer sich mit der Herstellung von qualitativ hochwertigen Federn befaßt. Ende der 1920er konnte er einen Füllhalter auf den Markt bringen, dessen sämtliche Teile von seinem Unternehmen hergestellt worden waren. Damit wurde der Ruf einer Firma gefestigt, die bis heute zu den bekanntesten zählt.

Die Wahl Eversharp Company gehörte schon nicht mehr zur Pioniergeneration, hatte aber in der Geschäftswelt einen festen Stand. Die Geschichte des Unternehmens begann 1915 mit der Übernahme einer japanischen Firma namens Ever Sharp Pencil, die soeben einen sehr zuverlässigen Druckbleistift auf den amerikanischen Markt gebracht hatte. Der Stift wurde so beliebt, daß sein Name *Eversharp* bald als allgemeine Bezeichnung für Druckbleistifte gebraucht wurde. Nach diesem ersten Erfolg entschloß sich die Firma Wahl, in den Füllfederhalter zu investieren, kaufte die Boston Pen Company auf und mit ihr auch gleich noch ein paar wichtige Patente. Wahl verstand, für die Füllfederhalterwerbung das Image des Druckbleistifts *Eversharp* zu nutzen, und die Verkaufszahlen schnellten bald in die Höhe – so schnell, daß sich Wahl zwischen 1915 und 1920 zu einem der führenden Unternehmen der Schreibgeräte-Branche entwickelte.

Links: Die Soldaten des Ersten Weltkrieges brauchten Füllhalter. Parker erfand 1914 für sie ein Modell, das man mit besonderen wasserlöslichen Tintentabletten auflud. Die Nachfrage war sehr groß, und auch Waterman ließ sich etwas Vergleichbares einfallen.

Oben: Ab März 1903 gab Waterman eine eigene Zeitschrift heraus, *The Pen Prophet*, eine regelrechte Bibel des Füllhalters. Sie war für die Wiederverkäufer bestimmt und diente der verbesserten Kommunikation zwischen Hersteller und Händlern.

Rechts: Nach der Erfindung des Hebelfüllers (1908) brachte Sheaffer 1920 den *Lifetime* heraus, einen dickeren Füllhalter aus schwarzem Ebonit, für dessen Feder es eine Garantie auf Lebenszeit gab. Der Name des Besitzers konnte auf die Kappe eingraviert werden, und die Garantie galt bedingungslos. Bei den hochwertigeren Modellen geben die Hersteller heute auch noch oft eine Garantie, die aber auf die Lebenszeit des Käufers beschränkt ist.

Bevor sie sich mit dem berühmten sechsarmigen Schneekristall schmückten, hatten die Füllfederkappen der deutschen Simplo-Filler-Pen-Gesellschaft ab 1910 ein weißes Häubchen. Der Montblanc – der als Markenname erst in den 1930ern angenommen wurde – spielte jedoch schon jetzt in der Werbung eine Rolle. Kurz nach dem Erscheinen dieses Plakats, das 1913 herauskam, »landete« der kleine weiße Stern auf den Kappen und ist dort bis heute geblieben.

Das Goldene Zeitalter

In den USA der 1920er – über dreißig Jahre nach Watermans Erfindung – war der Füllfederhalter nicht nur zu einem beliebten und praktischen Schreibgerät geworden, sondern zu einem sehr persönlichen Gegenstand, der gesellschaftlichen Erfolg und Zugehörigkeit zur Geschäftswelt symbolisierte.

Der Füllhalter hatte also nicht nur Gebrauchs-, sondern auch ideellen Wert. Die Hersteller wußten das; ebenso erkannten sie, daß ihr Erfolg zu einem beträchtlichen Teil großangelegten Werbekampagnen zu verdanken war. Um weiterhin im Geschäft zu bleiben, würden sie gleichzeitig für die Masse und für einen anspruchsvollen Kundenkreis produzieren müssen, der luxuriöse Schreibgeräte bevorzugte. Das Goldene Zeitalter des Füllhalters hatte begonnen. Die Modelle ganzer Serien waren mit edlen Metallen ausgestattet: Diese schönsten Füllfederhalter der Welt wurden bei weitem nicht nur in den Vereinigten Staaten gekauft.

Inzwischen hatten die amerikanischen Firmen in verschiedenen Ländern der Erde Konkurrenten bekommen, vor allem aber in Europa.

In Deutschland hatten sich verschiedene renommierte Hersteller von Stahlfedern an dem neuen Schreibutensil versucht: Soennecken seit 1890, etwas später folgten Heintze & Blanckertz. Gleich nach der Jahrhundertwende entstanden weitere Firmen: Kaweco in Heidelberg und die Simplo Filler Pen Company in Hamburg. Letztere änderte in den 1930er Jahren ihren Namen in Montblanc und erklomm wahre Höhen in der Herstellung von hochwertigen und kostbaren Füllfederhaltern.

Dann kam Pelikan, die Firma, die 1929 den Kolbenfüllhalter herausbrachte. Und die Firma Lamy, die 1933 den *Combo* vertrieb: an einem Ende Füllhalter, am anderen Drehbleistift.

In Großbritannien gründeten Mabie, Todd & Co. in den 1930er Jahren die Marke Swan, »die Feder des britischen Königreiches«. In ganz Europa wurde der Swan-Füllhalter bald zum Inbegriff von Luxus und Qualität. De la Rue – der seit 1880 das Monopol für das Drucken der Marken für die britische Post innehatte – brachte 1905 den *Onoto* auf den Markt; der Kunstname des Füllhalters konnte in allen Ländern der Welt leicht ausgesprochen und erinnert werden. So wie die amerikanischen Soldaten im Krieg ihre Füllhalter hatten, so leistete der *Onoto* den britischen Soldaten im Schützengraben Gesellschaft.

In Frankreich erinnerte man sich immer noch an Nicolas Bion, der als Ingenieur am Hofe Ludwigs XIV.

Rechts: Die englische Firma De La Rue, Herstellerin des *Onoto*-Füllhalters, verwendete in ihrer Werbung öfters militärische Motive: Ganze Bataillone mit Füllfedern als Waffen marschierten hinter einer Dudelsackkapelle her, oder Geschäftsleute träumten von Handelskämpfen und -siegen. *Onoto* war die »moderne Waffe im kommerziellen Kampf«. »Damit können Sie ihr Leben lang schreiben«, war ein glücklicherweise friedlicherer Slogan der Firma.

Links und oben: Der Hebelfüllhalter von Swan ließ sich mühelos auftanken – mit einem Finger oder einer Hand. Als die Hebeltechnik dem europäischen Publikum 1925 vorgestellt wurde (Erscheinungsjahr des Plakats), hatte sie nichts Revolutionäres mehr – schließlich war sie in den USA schon seit gut fünfzehn Jahren bekannt.

1740 die »unendliche Feder« erfunden hatte, und betrachtete ihn als einen der Väter des Füllfederhalters. Sein Modell hatte einen eingebauten Tank und einen Leiter gehabt, der die Tinte einer Spitze aus Federkiel zuführte. 1864 stellte Jean-Benoît Mallat dem Publikum seinen *Syphoïde* vor, der angeblich »genügend Tinte (enthielt), um zwei Tage lang damit zu schreiben«. Aber auch dieses Modell war noch weit von Watermans Kapillarsystem entfernt. Die Mallat-Werke, die für ihre Stahlfedern bekannt waren, stellten erst 1920 Füllfederhalter her – bis sie 1950 die Produktion dieses Schreibgeräts wieder einstellten. Dem Hause Stylomine, ebenfalls in Frankreich, verdankte das Publikum ein Modell von hoher Qualität – den *303*. Sein Füllsystem war originell: Am Ende des Halters befand sich eine Birne aus Kautschuk. Dann gab es noch Bayard, Gold Starry, Edacoto, Météore – Marken, die inzwischen ebenfalls von der Bildfläche verschwunden sind.

Die größte französische Firma dieser Zeit war der Importeur der Waterman-Produkte JiF. Das Unternehmen

Oben: Wie im französischen Kinderlied erbittet sich Pierrot auf dem Plakat »eine Feder, um ein Wort zu schreiben«. Auch für die französischen Füllhalter waren die zwanziger und dreißiger Jahre eine goldene Zeit; nach dem Zweiten Weltkrieg aber mußten zahlreiche französische Hersteller aufgeben. Mallats *Plexigraf* hielt sich bis Ende der Vierziger; dann brachte die gleiche Firma den *Visor Pen* auf den Markt.

Unten: Edacoto war an der Entwicklung des *Visor Pen* beteiligt; wer in den 1960er Jahren in Frankreich zur Schule gegangen ist, kann sich an diesen Füllhalter noch gut erinnern. In den 1930er Jahren hatte Edacoto durch ein Modell mit Reservetank von sich reden gemacht.

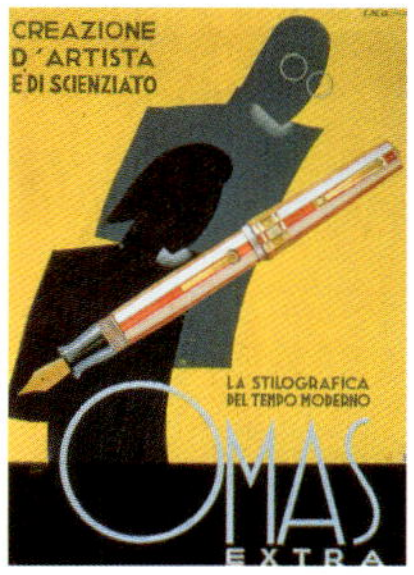

Links: Armando Simoni, der Gründer von Omas, war Uhrmacher und widmete sein Leben dem Ziel, Ästhetik und Technik miteinander in Einklang zu bringen. Eine Frucht dieser Bemühungen war der *Omas Extra*, der das Prädikat »Füllhalter des modernen Zeitalters« wohl zu Recht trägt.

wurde 1926 von Jules Isidore Fagard gegründet und konnte beträchtliche Erfolge feiern: 1935 brachte es die Glaspatrone, 1953 die erfolgreichere Plastikpatrone auf den Markt.

1969 übernahm Francine Gomez, die Enkelin des Gründers, die Leitung des Unternehmens und brachte frischen Wind herein. Anläßlich des hundertjährigen Jubiläums der Firma machte sie 1983 mit dem *Man 100* Furore, ein Prestigemodell, das auch heute noch hergestellt wird. 1987 wurde JiF Waterman von Gilette übernommen; die Firma Parker gehört inzwischen zum gleichen Konzern.

Im italienischen Bologna gründete ein vierunddreißigjähriger Uhrmacher namens Simoni die Firma Omas (Officine Meccaniche Armando Simoni). Seine Produkte haben sowohl in technischer wie auch ästhetischer Hinsicht ein hohes Niveau. Nach dem zwölfkantigen *Paragon* aus den frühen 1930ern, der heute noch hergestellt wird, eroberte der originell geformte *Lucens* den europäischen und amerikanischen Markt. In vielen Ländern ist Omas immer noch ein Begriff; die Firma bringt regelmäßig anläßlich besonderer Ereignisse Serien in limitierter Auflage heraus, zum Beispiel zum fünfzigjährigen Bestehen von UNICEF, zur 3000-Jahrfeier von Jerusalem, zum Vertrag von Maastricht, zur Übergabe Hongkongs an die Volksrepublik China … Der *360*, ein unkonventionelles Modell, dessen dreikantiger Schaft überraschend gut in der Hand liegt, zeigt, daß Omas bereits begonnen hat, sich über die Füllhalter des kommenden Jahrtausends Gedanken zu machen.

Das andere große italienische Unternehmen, Aurora, wurde zu Beginn der 1920er in Turin gegründet und verstand es, die Propaganda Mussolinis für die eigenen Zwecke zu nutzen: Das Modell *Etiopia*, ein »Kriegsfüller« aus sandfarbenem Zelluloid, begleitete die italienischen Truppen nach Abessinien. In den 1950ern, als es friedlicher zuging, war der *Aurora 88 Duocart* der erste Füllhalter mit Reservetank; auch heute noch steht er im Mittelpunkt der Produktpalette des Hauses.

In Japan wurden ebenfalls moderne Schreibgeräte hergestellt: Der Firma Pilot verdanken wir zahlreiche Innovationen auf den Gebieten der Technik und des Designs, z. B. den *Capless*, einen Füllhalter mit versenkbarer Feder, und den *Murex*, dessen Feder und Halter aus einem Stück gearbeitet sind. Das vielseitige Angebot von Produkten machte Pilot weltbekannt. Das Unternehmen vertreibt heute unter anderem die legendären lacküberzogenen Namiki-Füllhalter, die sowohl neu als auch als Sammlerstücke sehr teuer sind.

Rechts: Die japanische Marke Namiki hat über lange Jahre ein sehr hohes Qualitätsniveau zu halten gewußt. Die tausendjährige Tradition der Lackarbeit, auf ein modernes Schreibgerät angewandt, macht jeden ihrer Füllhalter zum einzigartigen Kunstwerk.

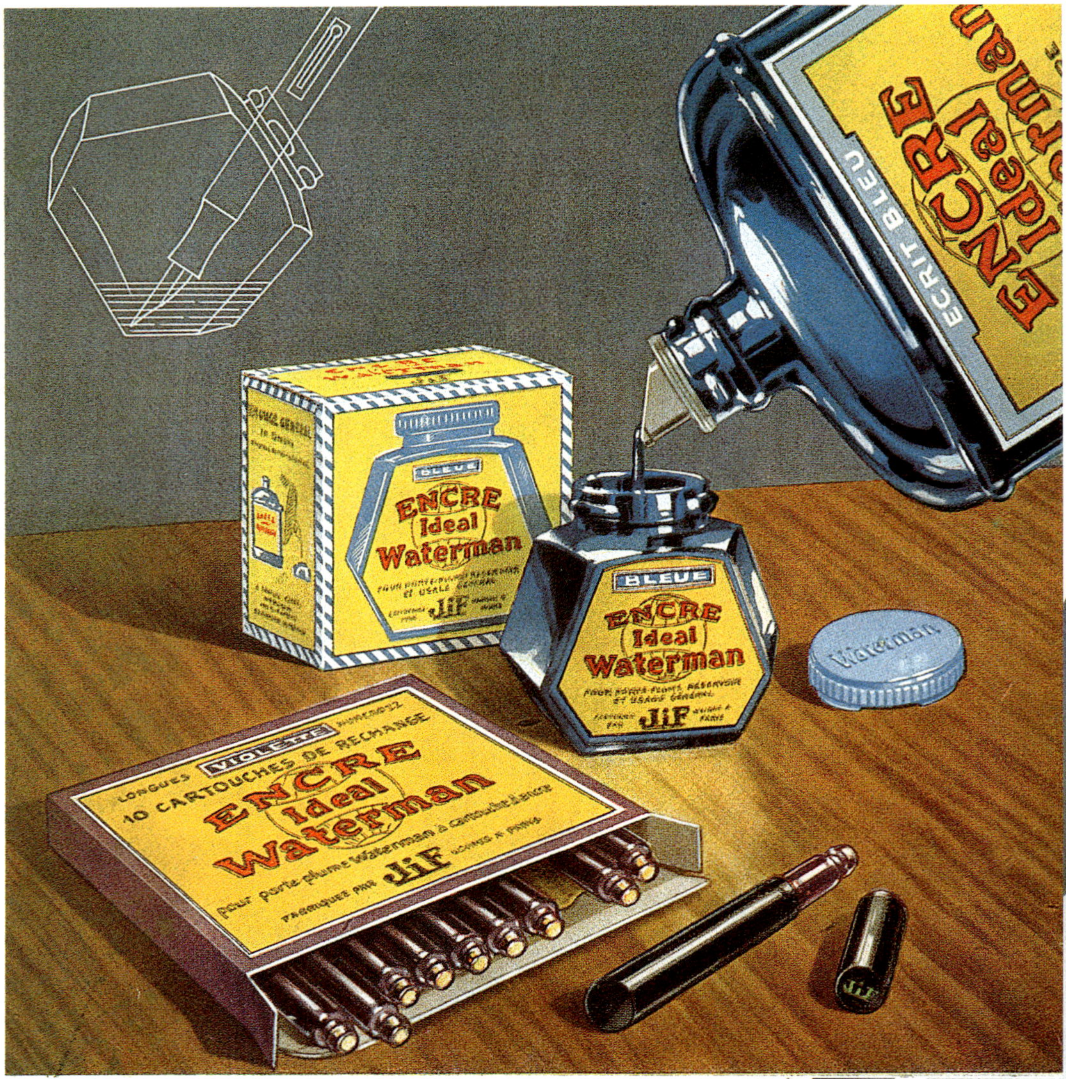

1938: Drei Jahre zuvor brachte JiF, der französische Importeur von Waterman, die Tintenpatrone auf den Markt. Die Darstellung verschiedener Produkte – Schachtel mit Patronen, Schutzhülse für einzelne Glaspatronen, Tintenfaß in Diamantenschliff-Form und Literflasche – ist typisch für den graphischen Stil, der das Image der Firma in den dreißiger Jahren prägte. Auf dem anderen Plakat ist der *Ink View* zu bewundern, der in gutem »Franglais« (halb Französisch, halb Englisch) den klangvollen Namen »Ink-Vue« trägt.

Der Durst nach Freiheit

Zuerst bemühte man sich, dem Federhalter einen Tintentank einzuverleiben, dann machte man sich Gedanken über das beste System, die Tinte in den Federhalter zu bringen. Von der Pipette der Anfänge über den Schlauchfüller, Conklins Halbmond, Sheaffers Hebel und die Kolben von Pelikan, Parker und Montblanc war es ein langer Weg.

Die meisten Füllsysteme setzten beim Benutzer eine gewisse Geschicklichkeit voraus und in jedem Fall die Nähe eines Tintenbehälters; noch war der Füllfederhalter nicht autark. Dabei hatte die Eagle Pencil Company, seit 1860 in New York ansässig und ursprünglich auf Bleistifte spezialisiert, 1890, kaum sechs Jahre nach Lewis Edson Watermans Erfindung, eine geniale Idee: einen Federhalter mit einem auswechselbaren Tintenbehälter aus Glas. Mit anderen Worten: Eagle hatte die Tintenpatrone erfunden. Trotz des anfänglichen Erfolges wurde die Produktion des Modells nach einiger Zeit wieder eingestellt, weil es noch nicht ausgereift war – die Patrone war nicht dicht!

1927 beschäftigte sich einer von JiFs Technikern mit dieser Idee. M. Perraud entwickelte eine Glaskapsel, die mit Tinte gefüllt und mit einem winzigen Korken verschlossen wurde; man steckte sie direkt auf den Füllhalter auf. Die ersten Patronen kamen 1936 in den Handel und wurden mit großer Begeisterung aufgenommen. Um die Nachfrage zu befriedigen, mußte JiF in Issy-les-Moulineaux ein weiteres Werk eröffnen.

Zwanzig Jahre lang besaß JiF die exklusiven Rechte an dieser Idee. 1954 kam der Füllhalter *Waterman C. F. Cartridge* auf den Markt. Die Patronen für dieses Modell waren aus Plastik und nicht mehr aus Glas; sie machten den Füllhalter endlich zu einem autonomen und vollkommen zuverlässigen Schreibgerät. Die meisten heute im Handel befindlichen Füllhalter tragen damit zwei alte Patente von Waterman in sich: außer der Patrone auch den Tintenleiter mit Kapillarsystem, wie ihn schon vor mehr als hundert Jahren die erste Füllfeder dieser Marke besaß.

Feder und Halter

Es ist ein Erlebnis, wenigstens einmal mit bestimmten Füllhaltern aus den dreißiger Jahren geschrieben zu haben, denn ihre Federn waren ähnlich elastisch wie sehr gute Stahlfedern. Obwohl England eine Zeit lang in der Herstellung von Stahlfedern führend war, hatte es an der Entwicklung der Goldfeder des Füllhalters keinen Anteil. Bis in die vierziger Jahre hinein hatten die meisten Modelle eine Feder aus Gold, die gegen Abnützung an der Federspitze mit Iridium verstärkt war. Je nach Land wurde vierzehn- oder achtzehnkarätiges Gold verwendet.

Nordamerika beherrschte lange Zeit den Weltmarkt. Relativ früh schon boten die Hersteller weichere oder härtere Federn mit feineren oder breiteren Spitzen an, denn jeder Mensch hat eine andere Hand und eine andere Schrift.

»Es gibt keinen Gegenstand, der persönlicher als der Füllhalter wäre, und nichts ist so befriedigend wie eine Feder, die genau zur Hand paßt. Wir schlagen Ihnen sechs verschiedene Spitzen vor: extra-fein, fein, mittel, breit, kursiv und schräg. Sie müssen nur Ihre Wahl treffen.« Mit diesen Worten stellte Parker 1932 seine neuen Modelle vor.

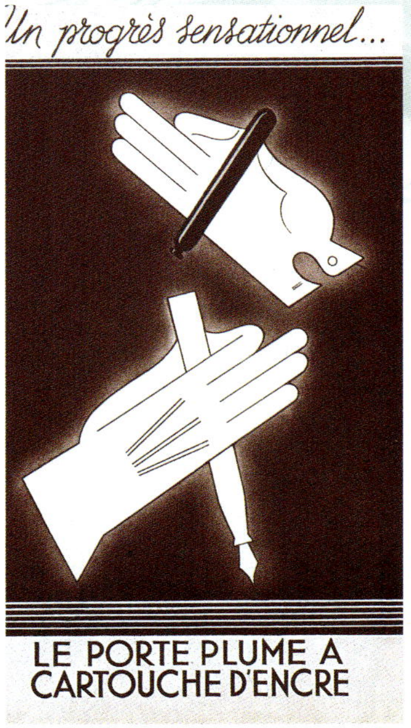

Der »Tintenflakon im Füllfederhalter« war ein zentrales Thema in der Werbung von JiF. Unkompliziertes, leichtes Nachfüllen, der jederzeit sichtbare Tintenstand, Zuverlässigkeit und vor allem: keine Tintenflecken an den Fingern! »Sie können ihn sogar mit weißen Handschuhen nachfüllen!«

Im selben Jahr verkündete Eversharp: »Nicht alle schreiben auf die gleiche Weise! Nicht jeder hält seinen Füllhalter gleich! Nicht jeder übt den gleichen Druck auf das Papier aus! Natürlich können nicht alle die gleiche Feder verwenden!« Wahl Eversharp hatte außerdem 1932 eine raffinierte Idee: eine verstellbare Feder, deren Härte man mit einem beweglichen Regler nach Wunsch verändern konnte.

Ein paar Jahre später brachte Omas den *361* mit doppelseitiger Feder heraus; wenn man sie drehte – also auf den Kopf stellte –, schrieb sie wesentlich feiner.

Noch in den sechziger Jahren hatte Parker verschiedene Modelle mit verstellbarer Feder im Sortiment. Mal konnte man die Zunge unter der Feder durch Schrauben verstellen und mal durch einen kleinen Hebel, mal konnte man die Feder in der Halterung drehen: Die Ideen gingen nicht aus.

Heute stellen nur ein paar wenige große Unternehmen ihre Federn noch selbst her. Montblanc verbraucht dazu jedes Jahr siebenhundert Kilo Gold: ein wahrer Schatz! Meistens aber wird diese Präzisionsarbeit, die aus mehreren Dutzend Arbeitsschritten besteht, einem von zwei renommierten Münchener Unternehmen anvertraut: Muschler oder Schmidt. Immer noch gibt es zahlreiche verschiedene Typen von Goldfedern, denn die meisten Firmen bieten zwischen fünf und acht unterschiedliche Breiten an. So kann jeder diejenige Feder aussuchen, mit der er am bequemsten schreibt. Trotzdem sind die heute erhältlichen Federn wesentlich starrer als die Modelle der Vergangenheit.

Als sich die Hersteller Ende des 19. Jahrhunderts für Ebonit als Material für die Federhalter entschieden, wußten sie dessen Qualitäten zu schätzen. Ebonit ist nicht sehr teuer, stabil, verformt sich nicht und verträgt vor allem die Säuren und Salze der Tinte gut.

Andererseits beschränkte Ebonit das Angebot an Farben: Nur Schwarz und Rot waren möglich. Vermischte man rotes Ebonit mit schwarzem, erhielt man die zweifarbige Marmorierung, die man an den *Waterman-Ripple*-Modellen aus den Herstellungsjahren 1926 bis 1930 bewundern kann.

Die Entdeckung des Zelluloids – eine Verbindung aus Zellulose und Kampher – Mitte der zwanziger Jahre hatte einen regelrechten Farbenrausch zur Folge. Die Engländer bezeichneten den Kunststoff einfach nur als »Plastic«, andere Hersteller gaben ihm Kunstnamen: »Radite« hieß er bei Sheaffer; in etwas anderer Zusammensetzung wurde

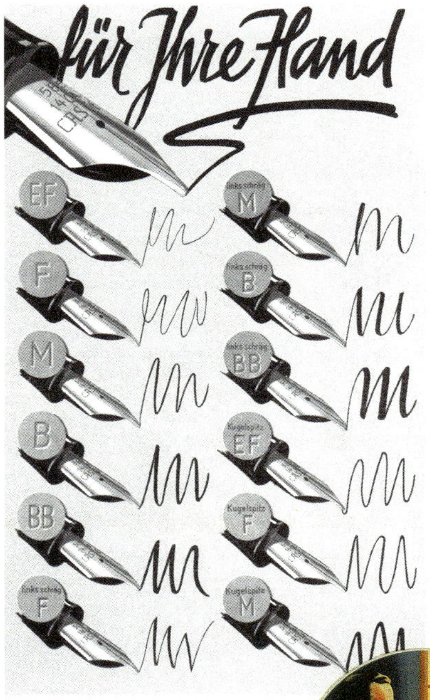

Links: In den 1960er Jahren konnte der Käufer eines Füllhalters von Faber-Castell zwischen zwölf verschiedenen Federn wählen. Die meisten Marken bieten heute zwischen fünf und acht Typen an.

Rechts: Um zu sehen, wie viel Tinte im *Vacumatic* war, mußte man ihn nur gegen das Licht halten.

Seite 117: Um dem Einerlei des schwarzen Ebonits ein Ende zu machen, brachte Parker in den Zwanzigern den *Duofold Orange* heraus. Hier so etwas wie ein Familienfoto: Die wuchtigeren Füllhalter und Drehbleistifte *Senior* sind für den Herren, die *Junior*-Modelle sind etwas kürzer, die *Lady*-Modelle haben ein Berlocke, einen Ring für ein Band. Das Set *Vest Pocket* liegt in seinem Kästchen, während das imposante Schreibtischset auf einem Marmorsockel thront.

Faites essai du
Parker
Duofold
-le Porte-Plume Réservoir Perfectionné
Parker Duofold INK
BLUE BLACK PERMANENT
FOR EVERY WRITING USE
Instruction Sheet on Parker Pens
many years of perfect
Parker Duofold
Parker Duofold Pen

WAHL EVERSHARP

er bei Wahl als Pyralin verarbeitet, während Parker »Permanite« verwandte und Montblanc das Zelluloid von Bayer. Anfangs war das Material noch leicht zerbrechlich, und die Farben waren nicht lichtecht; trotzdem wurden aus Zelluloid die schönsten Füllhalter der Dreißiger geschaffen. Heute ist der Werkstoff wesentlich widerstandsfähiger geworden und besticht, dank der Bemühungen italienischer Chemiker, durch die Pracht seiner Farben.

Mittlerweile kann man Füllfederhalter aus sehr vielen verschiedenen Materialien herstellen. Es gibt Schreibgeräte aus Edelmetallen – aus Gold, Silber oder Platin –, aus Hölzern wie europäischem Ahorn, mittelamerikanischem Palisander, brasilianischem Amarantholz und Pernambukholz, Eibe aus Kleinasien; ungewöhnlichere Werkstoffe sind fossiles Holz, Galalith, das aus dem Kasein der Milch gewonnen wird, Halbedelsteine wie Achat, Jade oder Lapislazuli.

Einige Häuser beziehen ihre Produkte mit den exotischsten Ledersorten: Redens verwendet Haifischhaut, Straußen- oder Schlangenleder, die Firma Platinum die Haut von Fröschen!

Meist aber besteht der Halter aus modernen Kunstharzen in kräftigen Farben oder von geheimnisvoller Transparenz. Kühne Versuche mit Titan und Kohlefasern nehmen wahrscheinlich schon die Entwicklung der Schreibgeräte des dritten Jahrtausends vorweg.

Zehn Füllhalter für ein Jahrhundert

Seit es den Füllhalter gibt, wurden Hunderte von Modellen geschaffen. Es ist keine leichte Aufgabe, unter ihnen die zehn auszusuchen, mit denen die Geschichte des Jahrhunderts des Füllfederhalters erzählt werden kann. Da sind einerseits die Modelle, die aus dem einen

Vorhergehende Doppelseite: Wie eine Traumlandschaft erscheinen in der Vergrößerung die Füllhalter *Wahl Eversharp Doric*, *Waterman Patrician* und *Sheaffer Balance*, drei Stars der Dreißiger, mit ihrem zarten und kostbar wirkenden Zelluloidgehäuse in der Farbkombination »Schwarz und Perle« – geniale Kreationen aus Kunststoff.

Oben: Feder und Halterung sind schon zum Schreiben bereit. Die Kappe des aufwendigen *Casanova*-Modells aus Ebonit enthält einen Ring aus massivem Silber.

Rechts: In der Werkstatt von Jean-Pierre Lépine – durch Schneiden und Polieren wird aus dem Azetatblock das Gehäuse eines Füllhalters; auf jeden Fabrikationsschritt folgt eine sorgfältige Kontrolle.

SCHMIDT
POINT

OMAS

oder anderen Grund sehr bekannt und renommiert sind, und andererseits jene, für die man eine eigene, sehr persönliche Vorliebe hegt.

Die zehn ausgewählten Modelle haben in technischer oder ästhetischer Hinsicht ihre Zeit geprägt – und die Zeit sie. Phasen des Wohlstands und der Krise, Moden und Stile haben die Schreibgeräte aus der Anfangszeit von Waterman und Parker ebenso beeinflußt wie den *Montblanc Meisterstück* unserer Tage. Gleichzeitig haben alle Stücke selbst zur Entstehung eines Mythos beigetragen: dem des Füllfederhalters. Wir wollen nun gemeinsam durch diese Ahnengalerie gehen, entlang einer Reihe von Porträts wichtiger Persönlichkeiten.

Der *Waterman n° 22 Regular Taper Cap* (siehe Abb. S. 106–107) entstand 1902 und sah einem simplen Füllfederhalter zum Verwechseln ähnlich. Er besticht mit der ästhetischen Schlichtheit einfacher Werkzeuge, die rein nach dem Prinzip der Funktionalität konzipiert sind. Den Titel »Reservoir-Federhalter« trug er vollkommen zu Recht. Bald wollte man ihm einen bunteren Körper geben und die beschränkte Farbauswahl des Ebonits überwinden und übergab ihn – dem Juwelier! Beschichtungen, Beschläge und Filigrees aus ziseliertem oder graviertem Edelmetall machten ihn zu einem exklusiven und modischen Utensil.

Auf gleiche Weise entstanden zwischen 1905 und 1918 unter den Händen eines erfahrenen New Yorker Juweliers die wenigen Exemplare des *Parker Snake Overlay*, die zu den außergewöhnlichsten Objekten in der Geschichte des Füllhalters gehören. Die raffinierte Mischung aus schlichtem Halter und einer sich sinnlich windenden Schlange wurde bald zu einer Legende – und ist es in Sammlerkreisen noch heute.

1921 erdachte ein Mitarbeiter von Parker, ein gewisser Tebbels, eine andere Lösung, um dem Einerlei des schwarzen Ebonits zu entfliehen. Ergebnis war ein dicker roter Füllhalter – der *Big Red* – mit einem neuen Füllsystem: durch Knopfdruck. Die Firmenleitung zögerte, zumal das Produkt zu einem hohen Preis hätte verkauft werden müssen. Tebbels ließ nicht locker: »Der Füllhalter ist tatsächlich teuer, aber er ist von ausgezeichneter Qualität!« Schließlich gaben die Vorgesetzten nach.

Der *Big Red* löste sofort Begeisterung aus: – Der *Duofold* (in den Ausführungen *Senior*, *Junior* und *Lady*, mit Clip oder Ring) war geboren (siehe Abb. S. 117). 1924 kam ein eleganter Minenhalter dazu. Als dann 1926 das Permanit – oder Zelluloid – aufkam, begann die Epoche der marmorierten Schreibgeräte; wieder schnell-

Vorhergehende Doppelseite: Unter der Regie von Omas entwarfen zwölf Künstler, Wissenschaftler, Sportler und Designer eine Serie edler Füllfederhalter; der Erlös ging an UNICEF. Die zwölf *Zeichen für Kinder* wurden 1996 bei einer Auktion verkauft. Mehrere Serien in Gold oder Silber mit den Reproduktionen der Zeichnungen wurden danach für Liebhaber und Sammler auf den Markt gebracht. Obwohl die zwölf Urheber ihre Füllhalter sehr unterschiedlich gestaltet haben, hatten sie alle doch eine gemeinsame Idee: die Vorstellung einer besseren Welt für Kinder.

Links: Er war so begehrt, daß Parker ihn ein zweites Mal herstellen lassen mußte: der *Parker Duofold Mandarin* und sein eleganter Ständer.

Rechts: Alfred Dunhill war von den japanischen Namiki-Füllhaltern so begeistert, daß er zwischen 1930 und 1939 deren internationalen Vertrieb übernahm. Die englische Firma gab auf die Geräte dreißig Jahre Garantie; dies wurde durch ein beigefügtes Zertifikat bestätigt. Hier drei außergewöhnliche Stücke (von unten nach oben): ein Modell für die Dame, ein Herren-Füllhalter und ein eleganter, konischer Minenhalter.

The
Dunhill-Namiki Fountain
Guarantee.
Every Dunhill-Namiki
Pen is Guaranteed to
function properly for at
30 years. To obtain
the required particulars and
Dunhill Ltd
No 5008

PARKER
PARKER
WATERMAN'S

LIMITED
Parker

ten die Verkaufszahlen in die Höhe. »Unzerbrechlich«, verkündete die Werbung und konnte das sogar beweisen: Man ließ einen *Duofold* vom Dach eines New Yorker Wolkenkratzers fallen, dann einen in den Grand Canyon, und schließlich warf man sogar ein Gerät aus einem Flugzeug, das in mehr als tausend Meter Höhe flog. Bei jeder Prüfung landete der Füllhalter unversehrt auf dem Boden. Der *Duofold* war wirklich unzerstörbar. 1927 wurde die Farbauswahl um ein lapislazuli-blaues Modell und um den gelben *Mandarin* erweitert, der zum Lieblingsschreibgerät der französischen Schriftstellerin Colette wurde.

Waterman geriet in Zugzwang. 1929, zwei Jahre nach dem Erscheinen des *Mandarin* auf dem Markt, brachte die Firma den *Patrician* heraus. Obwohl Waterman etwas spät dran war – Sheaffer stellte bereits seit 1924 Füllhalter aus Plastik her – war der Übergang zum Plastik gut inszeniert: Der *Patrician* gehörte bald zum elitären Kreis der bekannten Markenfüllhalter.

»Die Perfektion einer Uhr und die Schönheit eines Schmuckstücks«, hieß es in der Werbung, die das Publikum auch darüber informierte, daß seine Herstellung dreihundert einzelne Arbeitsschritte erforderte – die meisten davon von Hand. Die Art-déco-Ringe des Modells waren wertvoller als die des *Duofold*, die Marmorierung war ein köstliches Farbenspiel, und die außergewöhnliche Feder verlangte von der Hand nicht viel Druck. Bei soviel Luxus und Raffinesse wurden auch die Damen nicht vergessen: Für sie gab es die hocheleganten Schreibsets *Lady Patricia*.

Aber Amerika hatte seinen Geschmack verändert und bewunderte statt dessen die neue Stromlinienform der Produkte von Wahl und Sheaffer, bei denen man von außen den Tintenstand erkennen konnte; der *Patrician* kam in kommerzieller Hinsicht zu spät. Trotzdem hielt Waterman an dem Füllhalter fest, und er blieb bis 1939 das Prestigemodell des bekannten Hauses.

Der *Doric* (1931; siehe Abb. S. 126–127) war Wahls Antwort auf den *Patrician*. Die Firma beherrschte inzwi-

Vorhergehende Doppelseite: Einige der »großen Füllhalter«, Meilensteine einer hundertjährigen Entwicklung: der *Parker 51* mit passendem Drehbleistift, der *Montblanc Meisterstück*, der *Waterman Patrician*, der *Pelikan 100*, der *Wahl Eversharp Doric*, der Drehbleistift *Waterman Patrician*, ein *Parker Snake* aus einer neueren Edition und ein *Dunhill Namiki*.

Oben und links: Die Farbschattierungen und Marmorierungen, die mit Zelluloid als Werkstoff möglich waren, verliehen dem *Waterman Patrician* einen eigenen Zauber. Außer in Smaragdgrün wurde er auch in den Farben Achat, Onyx, Grün und Braun angeboten.

schen perfekt den Umgang mit Pyralin – Zelluloid –, und der Füller mit dem zwölfkantigen Gehäuse war in jeder Beziehung ein Meisterwerk. Die Farben (Kaschmirgrün, Burma, Marokko, Cathay und Jett-Schwarz) weckten Reiselust, und die verstellbare Feder paßte sich jeder Hand an.

Obwohl bei der neuen Serie der Tintenstand sichtbar war und das Kolbenfüllersystem übernommen wurde, hatte das Modell nie den erwarteten Erfolg. Wahl wartete bis 1941 ab, mußte den *Doric* schließlich aber doch aus der Produktion nehmen. Das vergleichbare Modell von Omas – der *Paragon* – wird übrigens heute noch hergestellt.

Wir kehren nun in die Zeit des Ebonits zurück, in die zwanziger Jahre, und sehen uns in Japan um. Masao Wada und Ryosuke Namiki, die beiden Gründer der Firma Pilot, kamen auf die Idee, die Gehäuse der Federhalter, die sie herstellten, nach der Tradition japanischer Handwerkskunst mit Lack zu überziehen. Sie vertrauten dem Meister Gonroku Matsuda die Leitung einer Werkstatt mit dreißig Kunsthandwerkern an, die sich Kokokkai nannten – Vereinigung der Lichter des Landes. Bei dieser Technik wird der Lack Schicht um Schicht aufgetragen und nach dem Trocknen poliert; Muster und Bilder sind aus Gold-, Silber-, Blei- und Kupferstaub, die auf den noch feuchten Lack aufgelegt werden. Das Verfahren war sehr aufwendig; bevor ein Stück fertig wurde, vergingen Monate. Das Ergebnis faszinierte die ersten europäischen Interessenten: den Louvre in Paris sowie Alfred Dunhill in London, der 1930 den Vertrieb der *Dunhill-Namiki* (siehe Abb. S. 125) in Europa und den Vereinigten Staaten übernahm.

Die Zusammenarbeit endete neun Jahre später zu Beginn des Zweiten Weltkrieges. Zum Glück überdauern manche Errungenschaften die Zeitläufe; dank des Respekts, den Namiki der Tradition und dem Wissen der Meister entgegenbrachte, ist die Verbindung einer Tausende von Jahren alten orientalischen Kunst – der Lackarbeit – mit einer westlichen Errungenschaft des Industriezeitalters – dem Füllfederhalter – noch immer lebendig.

1929 war für die Firma Pelikan in Hannover ein wichtiges Jahr. Sie begann die Herstellung von Füllhaltern mit dem *Pelikan 100* (siehe Abb. S. 126–127), der mittels des Kolbensystems gefüllt wurde. Der durchdachte Mechanismus funktionierte sehr gut. Durch Drehen am hinteren Schaftende erzeugte man ein Vakuum, durch das Tinte in den Tank gesogen wurde. Zu Land und in der Luft warben Werbe-Automobile und Flugzeuge für das neue Pelikan-Produkt: solide, seriös, schlicht! Der *100* feierte große Erfolge.

Einundfünfzig! Er wurde *51* genannt, weil er im einundfünfzigsten Jahr nach Gründung der Parker Pen Company aus der Taufe gehoben wurde. Der *Parker 51*

Der Erfolg des *Pelikan 100* kannte keine Grenzen. Die deutsche Firma, die bereits ihre Tinte in die ganze Welt exportierte, verfuhr mit ihrem Füllhalter ebenso und eröffnete in vielen Ländern eigene Fabriken. Sogar in Indien war es »ein Vergnügen, mit einem Pelikan-Füller zu schreiben«.

war aus Lucite und wurde zuerst auf dem brasilianischen Markt getestet, ohne dort beim Publikum auf große Begeisterung zu stoßen. Lag es an seiner vollkommen neuen, ja geradezu revolutionären Ästhetik? »Wie ein Füllhalter von einem anderen Stern«, so stellte ihn die Werbung vor. Das Ding aus einer anderen Welt landete 1941 in den USA. Zum *51* gab es eine eigene schnelltrocknende Spezialtinte, die einen beträchtlichen Anteil an seinem nun beginnenden Erfolg hatte. Die verdeckte Feder trocknete nicht aus und war immer einsatzbereit, die Kappe mußte nicht mehr festgeschraubt werden, sondern hielt durch genaue Paßform auf dem Halter; dies war auch das erste Modell mit dem pfeilförmigen Clip. Wer aber hatte das Wunderding erfunden? Offenbar waren mehrere Leute an der Entwicklung beteiligt, das Modell zeigt jedoch eindeutig die Handschrift des großen Designers Laszló Moholy-Nagy, einem der wichtigsten Künstler des Neuen Bauhaus. Die Zahlen sprechen für den *Parker 51*: Er wurde siebenunddreißig Jahre lang verkauft, und fünfzig Millionen Exemplare gingen über den Ladentisch!

Nach dem Füllhalter aus dem Weltraum kam 1953 der schlanke Füllhalter: der *Waterman CF Cartridge Filler*. Dieser weitere große Erfolg war das Werk Harley Earls, eines Designers bei General Motors. Obwohl die Feder, anders als beim *51*, frei stand, integrierte sie sich perfekt in die Form des Halters. Die Metallkappe war mit einem neuartigen Clip verziert, dessen Mitte ausgespart war; vor allem aber funktionierte das neue Schreibgerät mit Wegwerfpatronen aus Plastik und bot seinem Benutzer so endlich vollkommene Unabhängigkeit vom Tintenfaß. Der Füllhalter verkaufte sich gut, aber Waterman USA stand trotzdem am Rande des Abgrunds und mußte 1954 die Fabriktore endgültig schließen. JiF, der französische Importeur der Marke, kümmerte sich um das schlanke, innovative Waisenkind – und verkaufte es dreißig Jahre lang erfolgreich.

Last, but not least auf unserer Liste prominenter Füllhalter ist der *Montblanc Meisterstück 149* (siehe Abb. S. 126). Die Hamburger Firma Simplo wandelte 1914 ihren Namen in Montblanc um. Indem es sich den höchsten Berg Europas zum Namenspatron erwählte, gab das Unternehmen seiner Absicht Ausdruck, die höchsten Gipfel der Perfektion zu erstürmen.

Ab 1924 zierte ein kleiner weißer Stern den Aufsatz der Kappe, und die Prestigemodelle erhielten den anspruchsvollen Namen »Meisterstück«. Die Höhe des Montblancs – 4810 Meter – erschien ab den zwanziger Jahren auf dem Füllhalter, zuerst auf der Kappe und später auf der Feder. Im Krieg wurden sowohl die Fabriken als auch die Firmenarchive zerstört, aber alles wurde wieder aufgebaut.

Elisabeth II., Königin von England, trägt sich in das Goldene Buch des Triumphbogens ein. Schreiben und Schönschrift sind auch Teil der Welt der Staatsoberhäupter. In Frankreich beschäftigt der Elysée-Palast vier Kalligraphen für das Schreiben der Einladungen. Dafür verwenden sie immer noch die *Sergent-Major*-Stahlfeder (siehe Text im Hintergrund). Wenn sie lange Listen abzufassen haben, etwa für Nationalfeiern, dürfen sie auch einen sehr feinen schwarzen Filzschreiber verwenden.

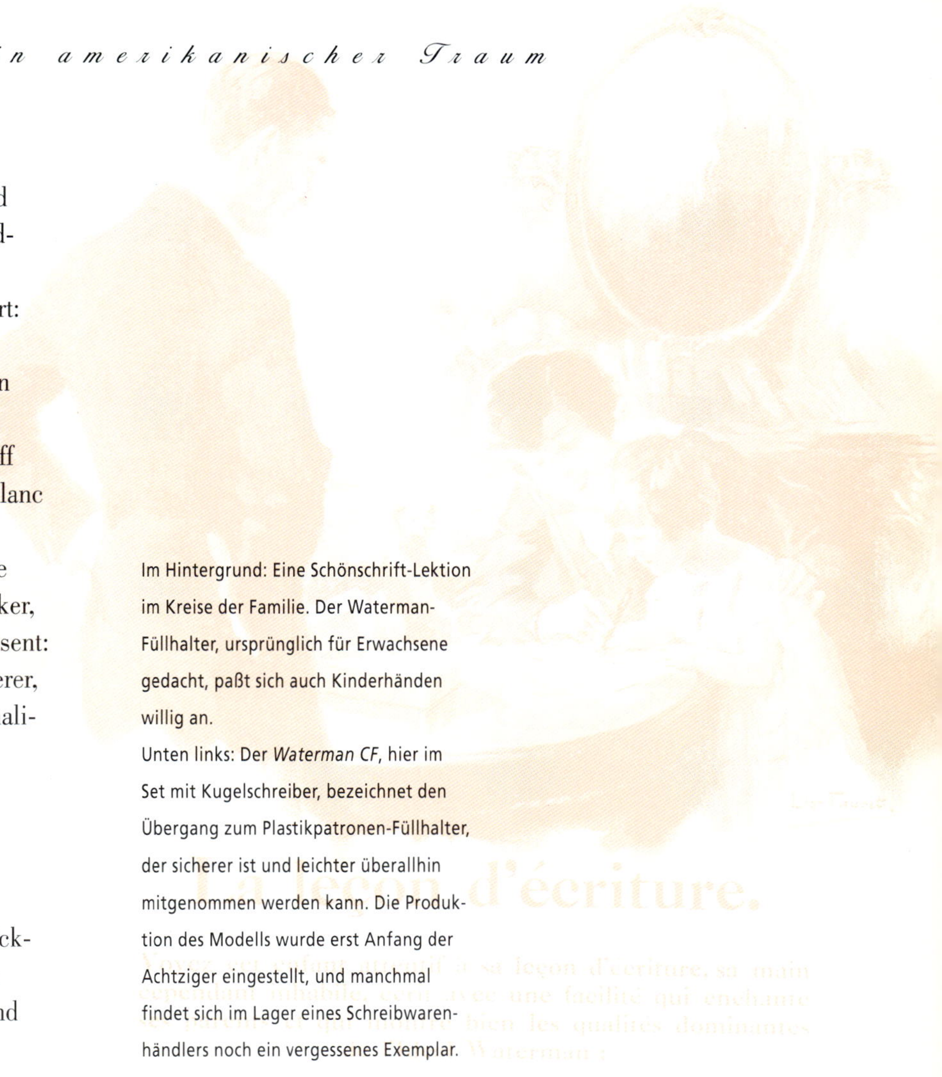

Der *Meisterstück 149* wurde 1952 geschaffen und verhalf der Firma durch die hohe Qualität seiner Goldfeder und die außerordentliche Funktionalität seines Ebonit-Leiters zu Weltruhm. Künstler waren begeistert: Der *149* konnte mit Tusche gefüllt werden, ohne zu verkleben – damit war seine Beliebtheit auch in Japan gesichert.

1959, anläßlich der Umstellung auf den Werkstoff Plastik, wurde die gesamte Produktpalette von Montblanc erneuert – außer dem *149*, dessen anachronistisches Kolbenfüllsystem bereits ein Mythos war. Der massive *149* mit seiner verzierten Feder ist zeitlos, ein Klassiker, der Inbegriff eines Füllfederhalters. Er ist überall präsent: nicht nur in Vitrinen, sondern auch in den Händen derer, die Entscheidungen treffen, in den Händen von Journalisten, Werbefachleuten, Schriftstellern … und vieler Menschen auch allen Berufsgruppen.

Design und Luxus

In den vierziger Jahren war die technische Entwicklung des Füllfederhalters nahezu abgeschlossen. Nun konzentrierte man sich auf die Formen, die Farben und die Werkstoffe. Die Künstler des Bauhaus, die Nazi-

Im Hintergrund: Eine Schönschrift-Lektion im Kreise der Familie. Der Waterman-Füllhalter, ursprünglich für Erwachsene gedacht, paßt sich auch Kinderhänden willig an.

Unten links: Der *Waterman CF*, hier im Set mit Kugelschreiber, bezeichnet den Übergang zum Plastikpatronen-Füllhalter, der sicherer ist und leichter überallhin mitgenommen werden kann. Die Produktion des Modells wurde erst Anfang der Achtziger eingestellt, und manchmal findet sich im Lager eines Schreibwarenhändlers noch ein vergessenes Exemplar.

Rechts: Revolutionär – die Feder ist verdeckt, man kann ihre Form nicht erkennen; sieht der Füllhalter nicht schon fast wie ein Kugelschreiber aus? Eines ist sicher: Man will schnell schreiben. Der *Parker 51* und seine Tinte kommen zur rechten Zeit.

Deutschland verlassen mußten, emigrierten in die Vereinigten Staaten. Persönlichkeiten wie Paul Klee und Kandinsky beeinflußten mit ihrem Postulat, daß die Form der Funktion zu folgen habe, die amerikanische Ästhetik. Die Designer wollten mit der Industrie zusammenarbeiten, um die neuen Gebrauchsgegenstände des Alltags zu entwickeln. Über den erfolgreichen Designerstücken wie dem *Parker 51* und dem *CF* von Waterman darf Henry Dreyfus nicht vergessen werden, dem der *Skyline* von Wahl Eversharp seine futuristische Silhouette verdankt.

Einige europäische Unternehmen wie zum Beispiel Lamy in Deutschland integrieren seit den 1960er Jahren erfolgreich die neuesten Entwicklungen des modernen Designs in ihre Produktion. Der *Lamy 2000* aus mattem schwarzem Plastik konnte seinen dreißigsten Geburtstag feiern, dem *Persona* scheint ein langes Leben vergönnt zu sein, und auch der sehr feminine *Lady* aus Porzellan und vergoldetem Metall hat noch vielversprechende Jahre vor sich.

Erfolgreich ist auch der 1984 von Rotring herausgebrachte *Art Pen*, der die Form des schlichten Federhalters wieder aufgreift und sich dabei moderner Technik und moderner Materialien bedient. Darüber hinaus ist er ein Werkzeug, mit dem man sowohl beim Schreiben als auch in der Graphik und der Kalligraphie ernsthaft arbeiten kann.

Gelungenes Design wirkt immer anziehend; wer könnte der Versuchung widerstehen, einen silbernen Füllhalter oder Federhalter von Jorg Hysek in der Hand zu halten? Durch die Reinheit seiner Formgebung ermöglicht der Schweizer Künstler es uns, die einfache Perfektion der Schreibgeräte neu zu entdecken. Die von ihm entworfenen Füllfedern haben nicht einmal einen Clip.

Auch der *AD 2000* von Dunhill ist ein gutes Beispiel für die aktuellen Tendenzen im Schreibgeräte-Design: schlanke, spitz zulaufende Formen, zeitgenössische Materialien – Kohlefaser – und fortschrittliche Technik, die sich hier im einziehbaren Clip zeigt.

Als ST Dupont 1973 einen Füllhalter herausbrachte, dessen Gestaltung an das Rädchen des berühmten Feuerzeugs erinnerte, erbrachte die französische Firma den Beweis, daß die Hersteller von kostbaren Gebrauchsgegenständen auch fähig waren, Schreibgeräte herzustellen. Der *ST-Dupont*-Füllhalter hatte einen beachtlichen Erfolg. Seither hat sich die Pariser Firma mit ihren aparten Füllfederhaltern mit Lacküberzug oder in Guilloche-Technik einen Namen gemacht.

Seit den zwanziger Jahren hat das Haus Cartier, das 1997 sein hundertfünfzigstes Firmenjubiläum gefeiert hat, es verstanden, anspruchsvolle Kunden wie Sacha Guitry oder Paul Claudel zufriedenzustellen, die ihre Füllfederhalter nach eigenen Vorstellungen gefertigt haben wollten.

Manche Hersteller von Schmuck haben sich auf stark limitierte Serien spezialisiert. Vom Füllhalter *Fabergé Gothic* (Entwurf: Michel Perchin) gibt es nur zehn von Hand gravierte Exemplare. Die Kappe ist mit 158 Diamanten verziert, der Halter mit 144 weiteren Diamanten und 36 Rubinen. Die Anfertigung eines *Fabergé Gothic* beansprucht Hunderte von Arbeitsstunden.

Beim Stöbern in den Archiven des renommierten Hauses stößt man auf Hunderte von Zeichnungen und Skizzen von Schreibgeräten, die im Laufe des Jahrhunderts immer wieder Aufsehen erregten. Der Uhren-Federhalter, der Federhalter aus Bambus, der berühmte *Must*, der erst kürzlich herausgekommene *Diabolo*: Cartier hat sich die schwierige Aufgabe gestellt, Neues zu schaffen, ohne vom Stil des Hauses abzuweichen, und versteht diese Aufgabe meisterlich zu lösen.

Weniger kühne Hersteller werten ihre Archive aus, um die erfolgreichsten Modelle ihrer Firmengeschichte ein weiteres Mal auf den Markt zu bringen. Der *Toledo* von Pelikan, eine Replik des Modells aus den Dreißigern, der *Nostalgia* von Sheaffer, der *Patrician* von Waterman gehören dazu, außerdem der *Big Red*, jetzt nach siebzig Jahren in *Tango* umbenannt, und der *Mandarin* in stark limitierter Auflage; seit kurzem wird auch der *Snake* wieder hergestellt, jene legendäre Schlange, die man auf immer verschwunden glaubte. Was die Firma Montblanc betrifft, so zollt sie regelmäßig den Schriftstellern Tribut: Eines ihrer Modelle ist Hemingway gewidmet, ein anderes Agatha Christie, ein drittes Oscar Wilde …

Auch Jahrestage werden nicht vergessen: Mit der Serie *Signs for Children* (siehe Abb. S. 122 und 123) feiert Omas das fünfzigjährige Bestehen von UNICEF, während Waterman anläßlich der Zweihundertjahrfeier der Französischen Revolution den *Man 100* mit einem Spezialclip editierte.

Die Füllhalter anderer Hersteller, z.B. von Montegrappa, erinnern an Skulpturen. Visconti, wie Monte-

Unten: Der bretonische Künstler Patrice Sébilo stellt Pfeifen und Federhalter aus Rosenholz (der obere), aus Veilchenholz (der untere) oder aus Morta her, einem erstaunlichen, 7000 Jahre alten Werkstoff: Es ist das Holz fossiler Bäume, das Sébilo im Herbst aus den Mooren der Brière fischt.

Links: Der *Graphiscaph* von Jean-Pierre Lépine sieht wie ein Tiefseetaucher aus. Extravagant, ungewöhnlich, witzig und ein bißchen verrückt – wie vermutlich auch sein Designer – liefert er einen phantasievollen Beitrag zur Zivilisation des Schreibens.

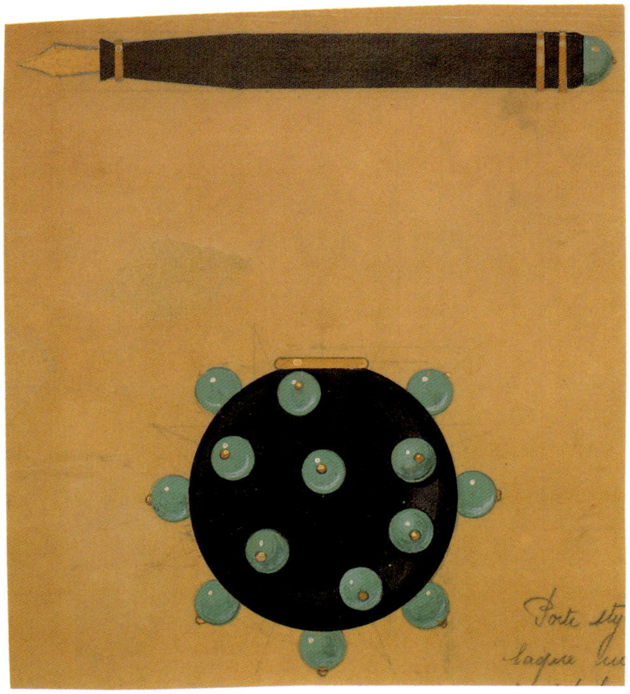

Oben: Wenn man die Skizzen der Werkstätten von Cartier durchgeht, bekommt man einen Eindruck davon, wie langwierig die Entwicklung eines Modells in Wirklichkeit ist. Von hier stammen auch die Gouache- und Bleistiftskizzen aus der Periode 1925–1930, die wir auf dieser und der folgenden Seite zeigen. Füllfeder und Tintenfaß – oder Halterung – wurden oft zusammen entworfen.

Seite 135: Durch ungewöhnliche Accessoires fallen manche Füllhalter aus dem Rahmen: Vom Uhren-Federhalter war hier schon die Rede; der Pariser Juwelier stellt ihn auch heute noch für seine Kunden her.

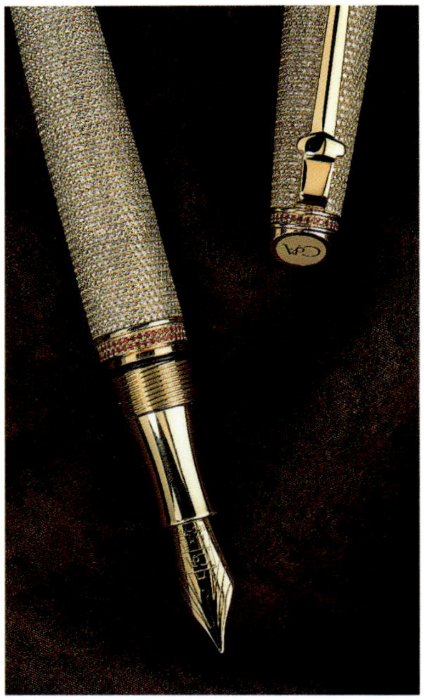

Oben: Das Gehäuse kostbarer Füllfederhalter kann mit Tausenden von Diamanten verziert sein; so werden aus Schreibgeräten regelrechte Szepter. Hier der *Genève* von Caran d'Ache.

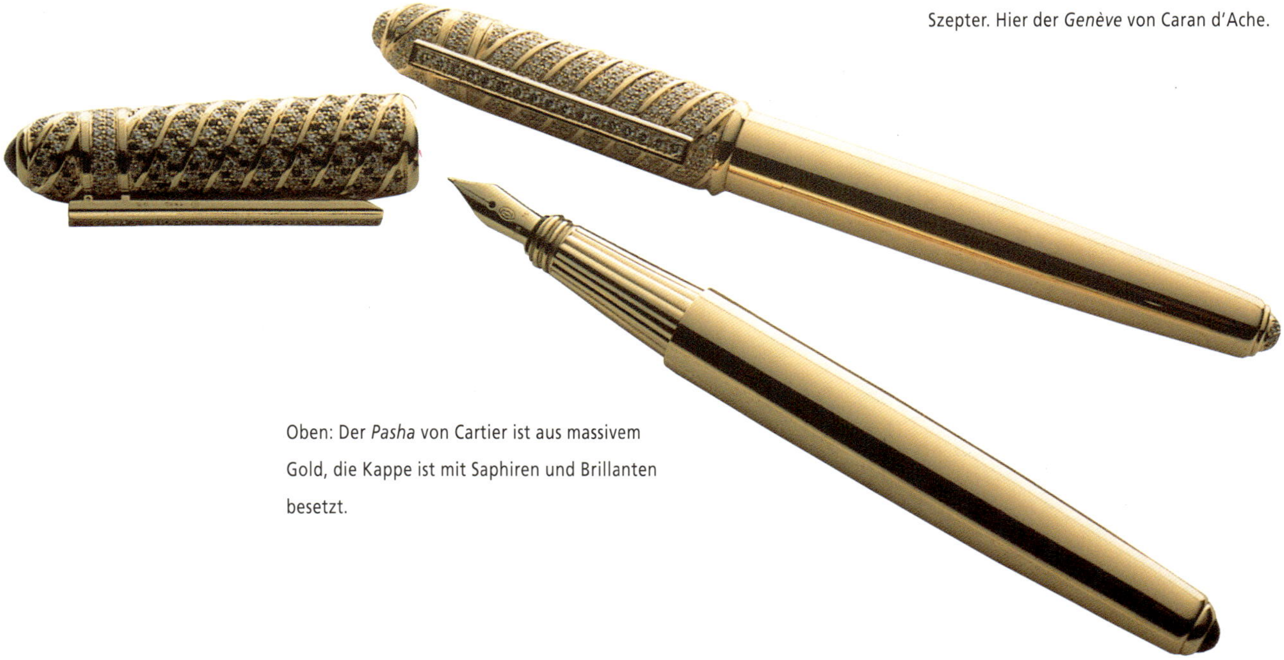

Oben: Der *Pasha* von Cartier ist aus massivem Gold, die Kappe ist mit Saphiren und Brillanten besetzt.

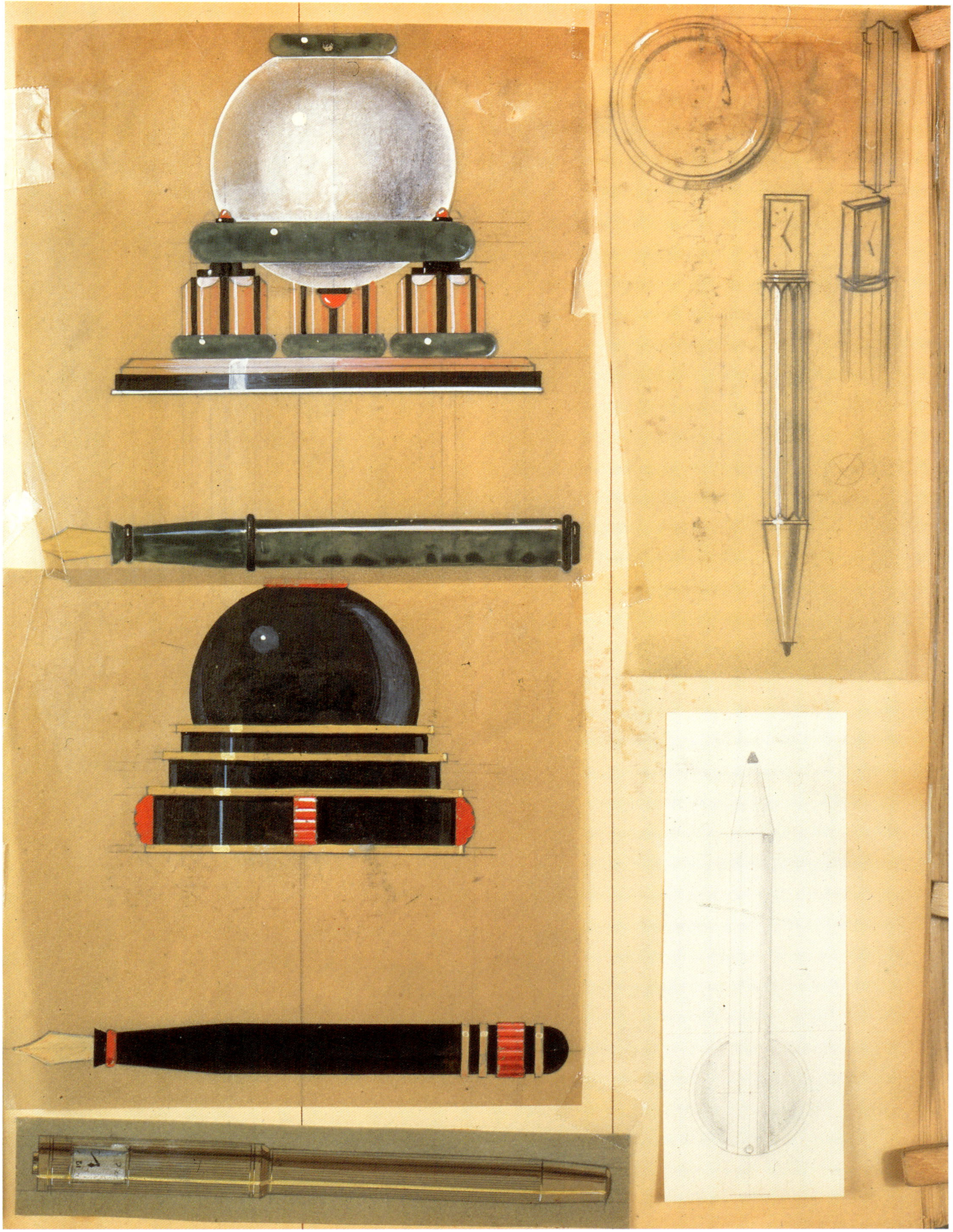

Rechts: Die Feder weist gen Himmel, die Tinte ist aufgetankt: So kann der neue *Level 5* von Pelikan mit seinem Benutzer zu unbekannten Galaxien des Schreibens fliegen. Steckt man den Füllhalter anders herum in sein Stativ, füllt sich der Tank in wenigen Augenblicken wieder mit Tinte.

grappa eine italienische Marke, greift die Technik des Filigree – des ziselierten und gravierten Metallüberzugs – wieder auf, um zauberhafte Schreibgeräte zu fertigen, die herausragenden architektonischen Objekten gewidmet sind: dem Tadsch Mahal in Agra, den Uffizien in Florenz oder der Alhambra von Granada.

Mindestens ebenso raffiniert sind die Modelle, für die sich Stipula von antiken Legenden und der griechischen Mythologie inspirieren ließ.

Einzelstücke kommen aus Ateliers, die seit Generationen bestehen und über das Wissen und die Technik verfügen, wahre Meisterwerke zu schaffen. So Lefebvre in Paris, wo in Zusammenarbeit mit Omas einige wenige Exemplare des *Almirante* gefertigt wurden. Auf seinem Gehäuse ist die Geschichte von Christoph Kolumbus eingraviert. Die höchsten Vorstellungen von Luxus werden im *Meisterstück Royal* von Montblanc oder im *Genève* von Caran d'Ache realisiert, die mit mehreren Tausend Diamanten besetzt sind. Ein Mythos wird Wirklichkeit – was natürlich seinen Preis hat!

Seite 137: Hundert Jahre, nachdem Lewis Edson Waterman seinen Füllhalter aus schwarzem Ebonit auf den Markt gebracht hat, erinnern uns die Kreationen von Jorg Hysek an die schlichte Schönheit früherer Schreibgeräte. Bei diesem aufwendigen Set aus Tintenfaß und Füllhalter verbinden sich Kostbarkeit und Zauber der Edelsteine mit der Eleganz von Silber und Leder.

Ein Füllhalter für sich alleine

Man möchte ihn am liebsten überallhin mitnehmen – in der Tasche oder in einem eigenen Etui, oder aber man verwahrt ihn in einer Schublade des Schreibtisches, damit man ihn ja nicht verliert. Denn das wäre wirklich ein Drama: eine grausame Trennung, der Verlust eines Teils unserer selbst. Es ist schon eine seltsame Zuneigung, die uns mit diesem Gegenstand verbindet.

Wir stellen ihn uns leicht und unauffällig vor oder aufwendig gearbeitet und schwer. Er soll uns irgendwie ähnlich sein. Wir überlegen, wie uns die anderen sehen, wenn sie uns einen Füllhalter zum Geschenk machen. Oder, wenn wir ihn uns selbst kaufen: Wie lange stehen wir vor Schaufenstern, bis uns eine plötzliche Lust ergreift, ein Erkennen uns überkommt und wir eine Entscheidung treffen!

Zwischen uns und den Füllhalter unserer Träume stellt sich allerdings ein Dritter, ein Fremder: der Verkäufer. Im Gespräch mit ihm offenbart sich unsere Unwissenheit. Wir haben keine Ahnung, weder von der Technik eines Füllhalters noch von den Schreibeigenschaften der verschiedenen Modelle. Wir können nicht anders, wir müssen dem Verkäufer blind vertrauen. Damit wir wirklich das bekommen, was wir wollen, müssen wir ehrlich sein und unsere Schreibgewohnheiten offenbaren, unsere kleinen Ticks, die Tintenfarbe und die Papiersorte, die wir bevorzugen, und das Leben beschreiben, das der Füllhalter bei uns führen wird; der Schreibwarenhändler muß uns zuhören. Seine Aufgabe ist nicht leicht: Er muß ein Schreibgerät aus einer Serienproduktion herausfinden, das zu einem einzigartigen Individuum paßt.

Irgendwann ist es soweit: Wir probieren den Füllhalter aus. Was sollen wir mit ihm auf den Block schreiben, den der Verkäufer uns zur Verfügung stellt? Unleserliche Zeichen oder ein Wort? Immer das gleiche, mit Federn in verschiedenen Stärken, mal gerade und mal abgeschrägt? Oder sollen wir hier, vor den Augen aller, ausprobieren, ob das Schreibgerät sich dazu eignet, unsere Ideen zu Papier zu bringen?

Eigentlich aber sind wir »die Kinder der Kugel«, des Kugelschreibers; die kalligraphischen Ambitionen unserer Großeltern passen nicht mehr zu unserem Alltag. Und für ein Publikum, dem die Kunst der schönen Schrift immer fremder wird, stellen die Schreibwarenfirmen keine weichen Federn her; warum auch, wir wären ohnehin nicht in der Lage, sie bestimmungsgemäß zu nutzen.

Aber zum Glück ist bei der Wahl des neuen Füllhalters noch eine Vierte zugegen: die Hand. Sie probiert Halter und Federn aus, und sie ist es eigentlich, die wählt! Wir müssen nur überlegen, welches Füllsystem wir bevorzugen. Wenn unsere Freiheit uns am wichtigsten ist, werden wir uns zweifellos für die Patrone entscheiden. Wenn wir dagegen eine geheime Leidenschaft für Tintenfässer, Löschpapier und Federläppchen nähren, werden wir uns für einen Kolbenfüller begeistern oder für ein anderes mechanisches Füllsystem. Obwohl ein Kugelschreiber wesentlich praktischer wäre, vertrauen wir unsere persönlichsten Gedanken, unsere wichtigsten Verpflichtungen und unsere intimen Geheimnisse lieber Feder und Tinte an, so als wären sie diskreter als jedes andere Schreibgerät.

Rechts: Arthur Honegger, der Komponist von *Pacific 231*, hatte eine besondere Art zu schreiben: Er hielt den Füllhalter zwischen Zeige- und Mittelfinger fest. Es sieht etwas seltsam aus, funktioniert aber sehr gut!

Seite 139: Der Erfindung neuer Schreibgeräte verdanken wir neue Sets: Sie bestehen jetzt z. B. aus Rollerball, Drehbleistift, Kugelschreiber und Füllhalter (von oben nach unten), wie dieses edle Set von Caran d'Ache.

FABRICATION SUISSE

Pentel K108 Hybrid roller
PILOT
PILOT G-1 SILVER

Die Kugelschreiber-Generation

Konnten sich die Erfinder des 19. Jahrhunderts auch nur im entferntesten vorstellen, wie schnell die technologische Entwicklung voranschreiten würde? Konnten sie ahnen, daß eines Tages an die Stelle ihrer revolutionären Erfindung – des Füllfederhalters – ein Schreibgerät treten würde, dessen Geheimnis eine winzige Kugel ist?

Ende der fünfziger Jahre machte der Mensch sich auf, den Weltraum zu entdecken. Die ersten Raketen drangen ins All vor. In witzigen Werbezeichnungen des französischen Grafikers Jean Effel wurde aus dem Sputnik der bekannte BIC-Kugelschreiber. Plötzlich hielten ihn sogar alte Lehrer in der Hand, die doch eigentlich die Tradition hätten bewahren müssen; aber es schrieb sich mit ihm so leicht! Zwar konnte er nicht das Weltall erobern, die Welt aber lag ihm bald zu Füßen. Zum ersten Mal in der Geschichte der Menschheit wurde ein Schreibgerät in nahezu allen Ländern der Erde populär.

Der Kugelschreiber hat sich nicht nur auf allen Kontinenten, sondern auch bei Angehörigen der verschiedensten Schichten als universelles Utensil durchgesetzt: Schüler verwenden ihn ebenso wie Beamte, Bauern, Börsenmakler und Staatsoberhäupter. Er ist aus unserem Alltag nicht mehr wegzudenken.

Seite 140: Beinahe fünfzig Jahre nach der Geburt des *Bic Cristal* sind die Gehäuse der Kugelschreiber und Roller wieder transparent geworden. Die Designer reizte es, die Mechanik sichtbar zu machen.

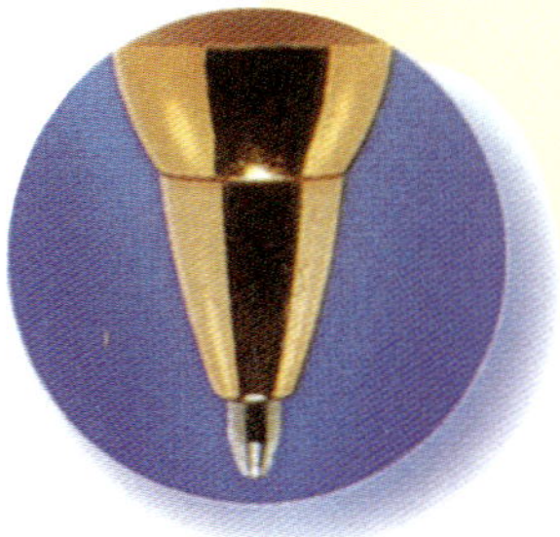

Die ersten Patente

Die Idee lag in der Luft; 1865 erfand ein dänischer Pastor die erste »Schreibkugel«. In Amerika wurde davon allerdings keine Notiz genommen. So bekam auch kaum jemand mit, daß der Amerikaner J. J. Loud 1888, also kaum vier Jahre nach Watermans Erfindung des modernen Füllhalters, das Patent für ein Schreibgerät anmeldete, das gewissermaßen der Urahn unseres Kugelschreibers ist: Es verfügte über ein Kolbenfüllsystem, eine mechanische Feder und drei Kugeln, von denen die mittlere sich zwischen den beiden anderen drehte. Es ist jedoch nicht verwunderlich, daß diese Erfindung kaum bemerkt wurde: Ende des 19. Jahrhunderts gingen bei den Patentämtern jeden Monat Hunderte von Anmeldungen aller Art ein, und die meisten Urheber waren völlig unbekannt.

1891 beschäftigte sich der französische Erfinder E. Lambert weiter mit der Kugel und gab ihr eine

Links: An der Schrift soll man die Vorteile des Kugelschreibers erkennen können – Schluß mit dem Drehen und Verbiegen der Federspitze; mit der Kugel geht alles einfacher und schneller! In den Sechzigern rühmten »didaktische« Dia-Serien die Vorzüge der kleinen Kugel.

Halterung. Laforest endlich legte 1933 beim Handelsgericht einen »Kugelschreiber« vor, für den er bei der Pariser Messe eine Goldmedaille verliehen bekam. Der *Laforest* hatte drei Kugeln: Eine zog die Tintenspur, eine regulierte, die dritte fungierte als Klappenventil. Leider funktionierte der Stift nicht immer so, wie er sollte. Wesentliche Verbesserungen verdankt der Kugelschreiber dem ungarischen Brüderpaar Lászlo und Georg Biró.

Lászlo Jozsef Biró, der 1899 in Budapest zur Welt kam, war der geborene Erfinder. Nach einem abgebrochenen Medizinstudium versuchte er sich in den verschiedensten Berufen, bis er zuerst als Korrektor in einer Druckerei, dann als Journalist arbeitete. In den schöpferischen Pausen zwischen zwei Artikeln dachte er darüber nach, wie sich der Kugelschreiber wohl verbessern ließe. Einmal mehr stellte sich in der Geschichte der Schreibgeräte wieder die Frage nach dem Tintenfluß. Es war unmöglich, für diese Art von Stift Füllhaltertinte zu verwenden, da sie viel zu flüssig war; die dickflüssigeren Tinten wiederum verklebten Kugeln und Tintenleiter. Wo aber lag die Lösung? Das Zeitgeschehen zwang Biró, seine Tüfteleien zu unterbrechen; er mußte sein Land verlassen und floh vor den Nazis zuerst nach Paris, dann nach Argentinien. Dort endlich stellte er den ersten Prototyp seines Kugelschreibers fertig. Obwohl er noch sehr provisorisch wirkte, erregte er das Interesse des britischen Geschäftsmanns Henry George Martin. Er gründete zusammen mit Biró die Gesellschaft Eterpen. 1943 sollten einige Produktionslizenzen an die amerikanische Firma Eberhard Faber verkauft werden. Man stand kurz vor Abschluß der Verträge, als die amerikanische Luftwaffe wissen ließ, sie würde umfangreiche Bestellungen tätigen, allerdings unter der Bedingung, daß man mit den neuen Stiften in allen Lebenslagen schreiben könne, vor allem aber in Flughöhe. Das bedeutete, daß die Stifte in der Lage sein mußten, starke Luftdruckschwankungen zu verkraften.

Rechts: 1946 war das Jahr der Entscheidung für Sheaffer, Faber und Eversharp. Obwohl sie rechtzeitig in den Startlöchern standen, trug ein Außenseiter den Sieg davon: ein gewisser Milton Reynolds mit seinem Kugelschreiber aus Aluminium.

Sehr viele Leute interessierten sich jetzt für das Patent. Parker, Sheaffer und Eversharp, jeder versuchte, an die Eterpen-Lizenz zu kommen. Den Sieg trug die Eversharp Pen Company davon, die mehr als eine Million Dollar geboten hatte und auch Faber entschädigte. Das war im Jahr 1945. Durch den Triumph optimistisch gestimmt, tätigte Eversharp ungeheure Investitionen, denn bevor er auf den Ladentisch kam, mußte der wunderbare Kugelschreiber natürlich perfekt sein! Die Biró-Martin-Patente waren inzwischen auf der ganzen Welt angemeldet. Beim ursprünglichen Entwurf wurde die Tinte im Tank durch einen Kolben mit Feder zusammengedrückt; Birós eigentliche Neuerung war der mehrfach zusammengelegte, luftdicht abgeschlossene Tank, der auf der Basis des Kapillarprinzips funktionierte. Die Kugel konnte sich in ihrem Lager frei drehen und vollführte bis zu fünftausend Umdrehungen in der Minute. Dabei nützte sie sich allerdings sehr schnell ab und leierte auch ihr Lager aus – die Techniker hatten hier noch einiges an Arbeit vor sich!

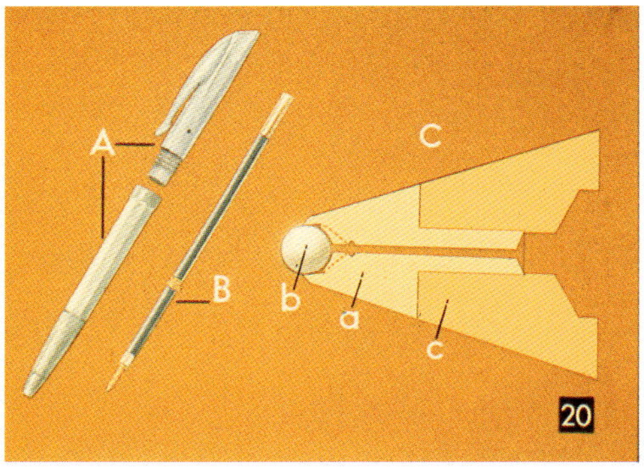

Oben: Anatomie eines Schreibgeräts: Das Gehäuse des Kugelschreibers schützt die Mine, deren Inhalt nach dem Prinzip der Kapillarität ausfließt. Vorne in der Spitze befinden sich die Speisekanäle. Durch sie fließt die Tintenpaste zur Kugel, die sich in der Minute bis zu 5000 Mal drehen kann.

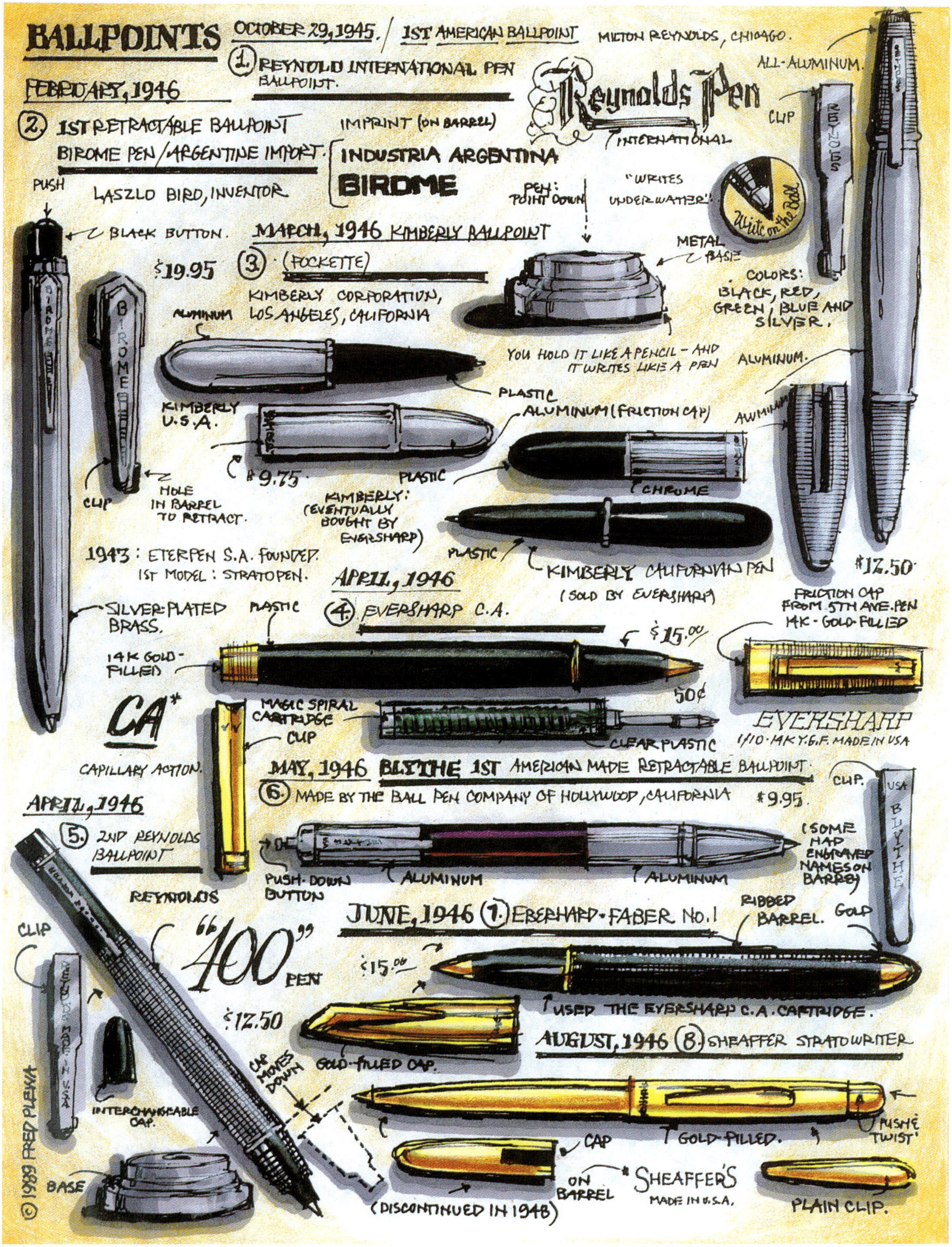
BALLPOINTS
OCTOBER 29, 1945. / 1ST AMERICAN BALLPOINT
MILTON REYNOLDS, CHICAGO.
1. REYNOLDS INTERNATIONAL PEN BALLPOINT.
Reynolds Pen INTERNATIONAL
ALL-ALUMINUM.
CLIP
REYNOLDS
FEBRUARY, 1946
2. 1ST RETRACTABLE BALLPOINT BIROME PEN / ARGENTINE IMPORT.
IMPRINT (ON BARREL)
INDUSTRIA ARGENTINA
BIROME
LASZLO BIRO, INVENTOR
PUSH
BLACK BUTTON.
PEN: POINT DOWN
"WRITES UNDERWATER"
Write on the Ball
MARCH, 1946 KIMBERLY BALLPOINT
3. (POCKETTE)
$19.95
KIMBERLY CORPORATION, LOS ANGELES, CALIFORNIA
METAL BASE
COLORS: BLACK, RED, GREEN, BLUE AND SILVER.
BIROME
ALUMINUM
YOU HOLD IT LIKE A PENCIL - AND IT WRITES LIKE A PEN
ALUMINUM.
PLASTIC
KIMBERLY U.S.A.
ALUMINUM (FRICTION CAP)
ALUMINUM
$9.75
PLASTIC
CHROME
CLIP
HOLE IN BARREL TO RETRACT.
KIMBERLY: (EVENTUALLY BOUGHT BY EVERSHARP)
1943: ETERPEN S.A. FOUNDED. 1ST MODEL: STRATOPEN.
PLASTIC
KIMBERLY CALIFORNIAN PEN (SOLD BY EVERSHARP)
$12.50
APRIL, 1946
4. EVERSHARP C.A.
SILVER-PLATED BRASS.
PLASTIC
FRICTION CAP FROM 5TH AVE. PEN 14K-GOLD-FILLED
$15.00
14K GOLD-FILLED
50¢
CA*
MAGIC SPIRAL CARTRIDGE
CUP
CLEAR PLASTIC
EVERSHARP
1/10-14K Y.G.F. MADE IN USA
*CAPILLARY ACTION.
MAY, 1946 BLYTHE 1ST AMERICAN MADE RETRACTABLE BALLPOINT.
6. MADE BY THE BALL PEN COMPANY OF HOLLYWOOD, CALIFORNIA
$9.95
CLIP.
USA BLYTHE
APRIL, 1946
5. 2ND REYNOLDS BALLPOINT
(SOME HAD ENGRAVED NAMES ON BARREL)
PUSH-DOWN BUTTON
ALUMINUM
ALUMINUM
REYNOLDS
JUNE, 1946 7. EBERHARD-FABER No. 1
RIBBED BARREL.
GOLD
CLIP
"400" PEN
$15.00
USED THE EVERSHARP C.A. CARTRIDGE.
$12.50
AUGUST, 1946 8. SHEAFFER STRATOWRITER
GOLD-FILLED CAP.
CAP MOVES DOWN
INTERCHANGEABLE CAP.
GOLD-FILLED.
PUSH & TWIST
CAP
ON BARREL
SHEAFFER'S MADE IN U.S.A.
BASE
(DISCONTINUED IN 1948)
PLAIN CLIP.
© 1989 FRED PLESKA

Das Wunder von New York

Am 29. Oktober 1945 konnte man in den New Yorker Zeitschriften lesen, daß es im Kaufhaus Gimbel's etwas sensationell Neues zu kaufen gab: »Der fabelhafte, unglaubliche Stift, von dem man schon so viel gesprochen hat!« verkündete die Werbung. Schon um neun Uhr morgens standen Tausende von erwartungsvollen Käufern vor den Toren des Kaufhauses; man hatte um den Beistand der Polizei gebeten, um die hysterischen Massen unter Kontrolle zu halten.

Als Gimbel's die Tore spät am Abend wieder schloß, hatten mehr als achttausend Exemplare den Besitzer gewechselt. Ein schöner Erfolg für Eversharp, sollte man meinen. Doch der so erfolgreich eingeführte Kugelschreiber war ein Reynolds! Der Geschäftsmann Milton Reynolds, Besitzer der gleichnamigen Firma, hatte an einem Apriltag desselben Jahres in einem Geschäft in Buenos Aires einen Biró-Kugelschreiber entdeckt und gleich ein halbes Dutzend davon gekauft. Sobald er wieder in New York war, hatte er den neuen Stift einigen Ingenieuren und Technikern vorgestellt, und kaum sechs Monate später brachte er »seinen« Aluminium-Kugelschreiber auf den Markt. Ein harter Schlag für Eversharp; die Firma strengte sofort einen Prozeß an.

Zahlreiche Werbekampagnen waren eigens auf Schulkinder ausgerichtet. Vor einigen Jahren machte Reynolds den Rosaroten Panther zu seinem Werbeträger; dieser bei Kindern sehr beliebte »Detektiv« forschte nach den feinen Spuren der Reynolds-Stifte und schrieb Belohnungen in »Reynolds« aus. Die selbstklebenden Comicbildchen fanden sich bald zu Tausenden auf Mäppchen, Schultaschen und Bucheinbänden wieder!

Doch Reynolds war mit allen Wassern gewaschen. Vor Gericht gab er an, sein Kugelschreiber basiere auf der Erfindung von Loud, dessen Patent mittlerweile abgelaufen war. Überhaupt kannte Reynolds' Unverfrorenheit keine Grenzen. Er ging sogar so weit, für seinen Kugelschreiber mit dem Slogan zu werben: »Der meistkopierte Kugelschreiber der Welt!« Trotz der zahlreichen Mängel, die der Reynolds noch aufwies, konnte die Gesellschaft allein 1946 über dreißig Millionen Dollar Gewinn verbuchen!

Milton Reynolds' Verkaufsstrategien waren – vorsichtig ausgedrückt – sehr unkonventionell. Bei niedrigen Herstellungskosten – etwa einem Dollar pro Stück – war der Endpreis unverhältnismäßig hoch: zwölf Dollar das Stück, und das war zu der Zeit sehr viel Geld. Aber zahlt sich Schlauheit wirklich immer aus?

Zu Anfang hatten sich die Amerikaner auf die neuen Kugelschreiber gestürzt; das Kaufhaus Gimbel's zog ständig neue Kunden an. In der ersten Woche wurden fünfundzwanzigtausend Exemplare verkauft, acht Millionen im Laufe eines Jahres! Sehr schnell aber lernten die Käufer die zahlreichen Mängel ihres Kugelschreibers kennen: Die Stifte waren nicht dicht, und die unauslöschliche Tinte ruinierte ihnen die Kleidung. Manche erlebten regelrechte »Kugelschreiberexplosionen«. Zu Tausenden gingen die Reklamationen im Unternehmen ein. Es sah ganz so aus, als könnte nichts mehr die Niederlage abwenden.

Auch wenn Reynolds mit immer kühneren Slogans warb – etwa mit der schwer zu überprüfenden Behauptung: »Der Reynolds schreibt sogar auf der Haut eines tauchenden Krokodils« – es half nichts mehr. Der starke Absatzrückgang zwang Reynolds, seine gesamten Lagervorräte billig abzugeben. Er verdiente trotzdem so gut daran, daß er sich aus dem Geschäftsleben zurückziehen konnte. Zuvor aber reiste er noch einmal um die Welt, um seine Patente teuer zu verkaufen.

Der Bic-Kuli

War dem Kugelschreiber noch zu helfen? Konnten die Verbilligung des Produktes und technische Verbesserungen das Ansehen des Schreibgeräts noch retten?

Während man sich in Amerika diese Frage stellte, saß Baron Marcel Bich in seinem Pariser Büro und dachte nach. Er hatte sich mit dem Biró-System beschäftigt und es verbessert; sodann hatte er sich die Rechte gekauft. 1950 brachte er sein erstes Modell in den Handel, den *Pointe Bic* – ohne »h«! Bich, 1914 geboren, stammte von einer savoyischen Adelsfamilie ab und hatte als leitender Angestellter in der Produktion des Tintenherstellers Stephen gearbeitet. Später betrieb er mit einem Teilhaber, Edouard Buffard, eine kleine Firma in Clichy bei Paris, die Federhalter und Ersatzteile für Füllhalter lieferte. Damals hatte er beschlossen, eines Tages seine eigenen Kugelschreiber herzustellen, ohne deswegen den Vertrieb von Ersatz- und Zubehörteilen aufzugeben.

1953 gründete er die Bic-Gesellschaft. Da er das System enorm verbessert hatte und das Qualitätsniveau seiner Produkte sehr hoch war, fanden seine Kugelschreiber reißenden Absatz, nicht nur in Frankreich, sondern vor allem auch im Ausland. 1958 konnte die junge Gesellschaft den Riesen Waterman aufkaufen. Damit war der Siegeszug des Bic-Schreibers aber noch lange nicht beendet!

Wir verdanken Marcel Bich das Konzept des »Wegwerf-Kulis«, den man durch einen neuen ersetzt, wenn er leer ist oder man ihn verloren hat. Die Massenherstellung erlaubt es, die Herstellungspreise zu senken; so wird das Produkt für immer größere Kreise erschwinglich. Die Idee ist einfach, man muß nur darauf kommen!

Für sein erstes Modell suchte Marcel Bich einen sehr schönen Namen aus: *Cristal*. Obwohl es sich um eine Innovation handelte, wollte Bich nicht mit allen Traditionen brechen: Sein Kugelschreiber hat die Form eines Bleistifts. Er ist nackt und durchsichtig. Das Gehäuse hat einen sechseckigen Querschnitt und läuft in einem Kegel aus, in dessen Spitze sich die Kugel befindet. Die Mine ist ebenfalls durchsichtig, so daß man immer sehen kann, wieviel Tinte noch vorhanden ist. Die einzigen farbigen Teile sind die Kappe und der kleine Verschlußstopfen am hinteren Ende. Unauffällig, aber sehr wichtig ist das kleine Loch seitlich am Gehäuse: Hier tritt die Luft ein, ohne die die Tinte nicht fließen und der Stift nicht funktionieren würde.

Teilweise ist der Erfolg des Bic in Frankreich sicher auch dem Werbegraphiker Raymond Savignac zu verdanken. Auf diesem Plakat von 1952 rollt die Kugel ganz von alleine, so schnell, daß sogar ein Läufer sie kaum einholen kann, und ohne je rasten zu müssen. »Sie läuft, sie läuft«, lautet der Slogan.

Oben: Angenehmes Schreiben, vielseitige Verwendbarkeit. Raymond Savignac vermittelt uns durch eine humorvolle Zeichnung die Vorzüge des Produktes.

Der *Cristal* schien ausgezeichnete Ausgangsvoraussetzungen zu haben. Jedoch war 1952, das Jahr, in dem Marcel Bich ihn mit einer großangelegten Werbekampagne auf den Markt bringen wollte, kein einfaches Jahr, denn die Hersteller von Kugelschreibern hatten in letzter Zeit einige schmerzhafte Niederlagen erleben müssen. Bichs Kampagne bedeutete also ein gewisses Wagnis. Sein *Bic* sollte Anerkennung als Qualitätsprodukt finden: »Kaufen Sie nur Kugelschreiber, die den Namen ›Bic‹ auf dem Gehäuse und auf der Spitze tragen!« Der kurze Name war einfach zu merken, las sich leicht und konnte in allen Sprachen der Welt korrekt ausgesprochen werden.

1952 war der Slogan des Werbegraphikers Raymond Savignac »Elle court, elle court la pointe Bic« (Er läuft, er läuft, der Bic-Schreiber) an allen Pariser Plakatwänden zu lesen; und nicht nur dort. Das in leuchtenden Farben gehaltene Plakat zeigte einen Kugelschreiber, der so schnell über das Papier glitt, daß nicht einmal ein Schnelläufer ihn einholen konnte. Das Schreibgerät als Trainingsgerät für die Hand! Der Siegeszug des *BIC* war nicht mehr aufzuhalten.

Nicht nur auf Plakatwänden: In der Presse, im Kino, im Radio, bei öffentlichen Veranstaltungen – überall wurde für den Bic-Schreiber Werbung gemacht.

Die Früchte dieser Mühen ließen nicht lange auf sich warten: Die Verkaufszahlen schnellten nach oben; man hatte gehofft, daß jeden Tag weltweit über zehntausend Kugelschreiber über die Ladentische gehen würden, tatsächlich aber waren es zweihundertfünfzigtausend pro Tag!

Im Februar 1952 erhielt Marcel Bich den Oskar der Werbebranche. Inzwischen war der *Cristal* Millionen von Menschen ein Begriff. So wurde er auf den Plakaten dargestellt, wie er selbst seine Kappe lüftete, so wie man seinen Hut hebt, um Bekannte zu grüßen. Er brauchte jetzt niemanden mehr, der ihn vorstellte, er stellte sich selbst vor: »Ich bin Bic Cristal, der preisgünstigste Kugelschreiber der Welt ... 0,30 F!«

Die frühen Werbekampagnen der fünfziger Jahre sollten die Geschäftsleute und Büroangestellten ansprechen. Man sah auf ihnen entspannte, glückliche Sekretärinnen: »Ich rege mich nicht mehr auf. Meine Schrift kann man gut lesen«, sagte eine von ihnen. »Ich habe verstanden«, sagte ein Chef, »es lebe der neue Taschen-Bic!«

Die Verbraucher waren mit dem Kugelschreiber zufrieden, der angeblich sogar einer Schreibmaschine Konkurrenz machen konnte: »120 Wörter in der Minute« verkündete stolz die Werbung. Handelsvertreter und andere Verkäufer konnten sich hundertprozentig auf ihn verlassen: »Mit einem Bic-Kugelschreiber wird der Vertrag ganz sicher unterzeichnet.«

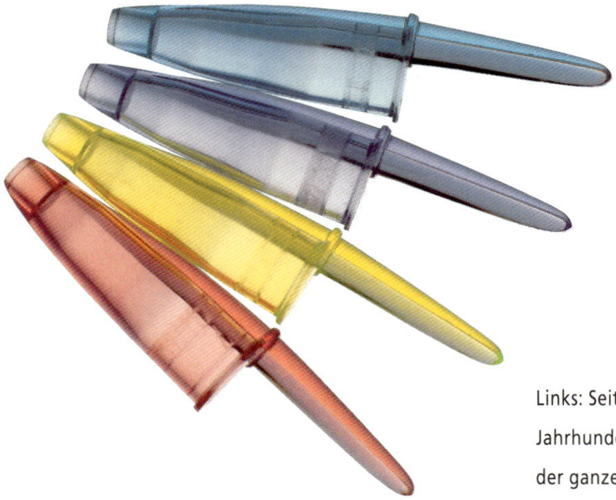

Links: Seit fast einem halben Jahrhundert ist der *Bic Cristal* auf der ganzen Welt beliebt. Ohne seiner ursprünglichen Gestalt untreu zu werden, schmückt er sich mit immer neuen Farben.

Anschließend machte sich der Bic-Schreiber auf, um die Schulen und ein jüngeres Publikum zu erobern. Dieses Vorhaben wurde stark kritisiert. Tatsächlich wird die Schrift mit dem Kugelschreiber eintöniger, die Bögen und Schnörkel verlieren an Wirkung; aber die Revolution war nicht mehr aufzuhalten.

Zum Schuljahrsbeginn 1965 wurde der Gebrauch von Kugelschreibern in französischen Schulen offiziell genehmigt. Das immer noch sechskantige Gehäuse des *Bic Orange* war nicht mehr durchsichtig. Kappe und Stopfen entsprachen farblich den vier Tintenfarben blau, schwarz, grün und rot, und es gab für die vier Stifte ein eigenes kleines Mäppchen.

Savignacs Darstellung (1966) des *Bic Junior*, der eindeutig für Kinder und Jugendliche gedacht ist. Der Schüler hat nur noch Augen für den Druckknopf des neuen Modells. Auf dem T-Shirt des Jungen ist die Kugel in beinahe menschlicher Gestalt zu sehen, mit einem großen, runden Kopf. Aber auch die Eltern wollen den neuen Bic haben, um mit ihm zu schreiben – und zu telefonieren, denn mit dem Druckknopf kann man auch bequem die Wählscheibe des Telefons bedienen. Sehr praktisch, dieser Bic!

roule ta bille . . . .
BAIGNOL & FARJON
239 ★ BAIGNOL & FARJON ★ Lic. BIRO
BAIGNOL & FARJON
certitude de perfection
d'après André François

Auf diesem Plakat von André François tätowiert sich ein freundlich wirkender Matrose mit einem Kugelschreiber von Baignol & Farjon. Wenn man sich die verschnörkelten Ornamente genauer ansieht, kann man zwischen Engelchen und Nixen die Eigenschaften des *B. F.* lesen.

Der Weltbürger

Ob *Orange*, *Mystère* oder *Cristal*, ob in der Schule oder im Büro: Der Bic-Schreiber ist stets unseren Launen ausgeliefert gewesen und ist es immer noch! Oft genug ist er von unseren Gefühlen gezeichnet, von Wutanfällen wie von Ängsten – der Gegenstand, an dem man kaut, wenn keine Fingernägel mehr zum Kauen übriggeblieben sind. Da gibt es die Kappen-Beißer, die Gehäuse-Brecher, die Zungenkünstler, die den kleinen bunten Stopfen auf der Zungenspitze balancieren. Er ist das Blasrohr der Lausbuben, der Zauberstab geschickter Illusionisten, manchmal aber ist er bloß das Schreibgerät, mit dem wir unermüdlich Ergüsse und Tiraden zu Papier bringen.

Der preiswerte, robuste und bewährte Kugelschreiber ist in nahezu allen Ländern der Erde zu Hause, in den heißesten ebenso wie in den kältesten. In den USA ist er so bekannt, daß die Amerikaner überzeugt sind, einer ihrer Landsleute habe ihn erfunden. Auch in weiten Teilen Afrikas ist der Stift populär geworden. Mit einem Bic kann man alle Schriften schreiben: die chinesische ebenso wie die arabische, und die kyrillische auch. Und wenn Geschäftsleute und Politiker heute von Globalität sprechen, grinst er wahrscheinlich unter seiner Kappe: Sie ist schon seit langem seine Spezialität!

Milton Reynolds, der auf seiner Reise um die Welt Rechte und Patente verkaufte, traf in Frankreich mit Edmond Regnault zusammen. Regnault hatte eine Weile beim englischen Schreibwarenhersteller Swan gearbeitet, bevor er 1927 in Aisne eine eigene Füllhalterfabrik gründete. Nach dem Krieg eröffnete er ein weiteres Werk in Valence, im Süden Frankreichs. Dazu übernahm er nicht nur die Werkstätten eines Uhrmachers namens Lip, sondern behielt auch einige der Beschäftigten, erfahrene Feinmechaniker, deren Fähigkeiten auch bei der Produktion von Kugelschreibern nützlich werden konnten. Die Voraussetzungen für den Erfolg waren gut, es fehlten nur noch die Lizenzen. Edmond Regnault konnte nicht nur Rechte von Reynolds kaufen, sondern erwarb gleich auch noch den Markennamen. Dann machte er sich an die Arbeit.

Heute gehört die Firma zu den bekanntesten Kugelschreiberherstellern der Welt. Das Werk in Valence hat einen täglichen Ausstoß von über vier Millionen Stück. Einer der Klassiker ist der *Fine Carbure*; die französischen Postangestellten verwenden eine Sonderserie des *Fine Carbure*, den *504 mit Sicherheitstinte*. Man erkennt den Stift, der für seine unauslöschliche Schrift berühmt ist, an seinem gelben Gehäuse.

Seite 148: Der Kugelschreiber bedeutete für viele Unternehmen, die diese Neuerung nicht mitmachten, den Untergang. Für Baignol & Farjon galt das zwar nicht, ihr kleiner Affe aber, den André François 1960 zeichnete, war zu poetisch für das Kugelschreiberzeitalter und hielt sich nicht lange. Schließlich wollte man sich mit dem neuen Schreibgerät nicht in der Kunst des Schönschreibens üben!

Filzstifte und Rollerballs

Die kleine Kugel rollte und rollte und zog immer ihren feinen Tintenstrich hinter sich her. Sie eroberte neues Terrain, aber nicht nur für sich, sondern auch für eine neue Generation von Schreibgeräten, die über das Papier gleiten, ohne Druckspuren zu hinterlassen. Die Kugel des Kugelschreibers rollt lautlos, hat aber nicht die Weichheit des japanischen Pinsels, dessen Zug über das Papier zart wie ein Streicheln ist. Im Land der aufgehenden Sonne dachten einige Fabrikanten über dieses Problem nach. Als erste trat die japanische Gesellschaft Pentel 1963 mit einem Stift im Kunststoffgehäuse an die Öffentlichkeit, der eine Spitze aus Acrylfasern hatte: Der *Sign-Pen*, moderner Nachfahre des Kalligraphie-Pinsels, war geboren und überzeugte durch die intensiven und leuchtenden Farben der Schrift sowie die bis dahin unbekannte Elastizität der Spitze.

Zehn Jahre später, 1973 also, brachte Pentel den *Ball Pentel R 50* auf den Markt, den ersten Roller. Neuere Forschungen und Entwicklungen machten den revolutionären Stift möglich: Die Spitze wurde durch die Kapillarkräfte eines Faserdochts ständig feucht gehalten und trocknete nicht aus. Die Verbindung der beiden Systeme – Kugel und Fasern – ermöglicht eine feine und regelmäßige Schrift. Der *Ball Pentel* war von Anfang an ein sehr großer Erfolg. Er trat seinen Siegeszug durch Europa in Frankreich an, und die Nachfrage war bald so groß, daß Pentel hier noch in den Sechzigern ein Werk eröffnete, das heute über dreihunderttausend Stifte am Tag herstellt.

Aber die Revolution der Faserschreiber war noch nicht zu Ende. Die Familie bekam weiteren Zuwachs: den Fineliner. Bei diesen Stiften sind die feinen Spitzen von dünnen Metallröhren ummantelt. Sie eignen sich hervorragend für alle Schreib- und Zeichenarbeiten, bei denen Wert auf präzise Linienführung gelegt wird.

Inzwischen werden Kugelschreiber, Filzstifte und Rollerballs natürlich nicht nur von einem, sondern von einer Vielzahl von Herstellern angeboten: Bic, Reynolds, Pilot, Pentel, Pelikan, Paper Mate, Rotring, Schwan Stabilo, Uni Mitsubishi. Die Liste ist lang, und die Liste der neuen und verbesserten Produkte wird täglich länger.

Der Rollerball hat in der Welt des Schreibens einen festen Platz gefunden. Er kann ein Filzstift mit Kugelspitze sein oder aber eine feine Metallspitze, Plastikspitze oder mikroskopisch kleine Kugel haben; immer aber unterscheidet er sich vom konventionellen Kugelschreiber dadurch, daß er nicht mit angedickter Tintenpaste schreibt, sondern mit flüssigen Tinten auf Wasserbasis, die das Schreiben mit ihm weicher, gleitender und angenehmer machen. Manche dieser Tinten – unter anderem die von Uni Mitsubishi verwendete Tinte aus Wasser und natürlichen Pigmenten – ist nicht nur lichtecht, sondern auch wasserfest: Endlich bleichen Aufschriften nicht mehr aus oder verwischen, wenn nur ein paar Regentropfen darauf fallen!

Ein weiterer Vorteil ist, daß der Rollerball sofort und unter allen Umständen schreibbereit ist, gleichgültig, ob es darum geht, schnell ein paar Wörter auf einer Papiertischdecke zu notieren oder eine Telefonnummer auf einer U-Bahnkarte; man braucht beim Schreiben nicht mehr aufzudrücken. Ihre unkomplizierte Einsetzbarkeit täuscht

Der *V5* von Pilot ist ein gutes Beispiel für die raffinierte Technik der modernen Rollerballs; auf dem Ausschnitt sind einige der insgesamt vierzig Scheiben sichtbar, die das Fließen der Tinte regulieren.

Links: »Von wem ist der? – Er ist von Parker.« – Der Kugelschreiber mit dem schlanken Metallgehäuse scheint perfekt in die Welt der eleganten Posen und der vornehmen Markennamen zu passen, vielleicht hat er sogar schon die früher unerläßliche Zigarettenspitze ersetzt; er leuchtet uns golden von einem etwas ironisch gemeinten Plakat von 1986 entgegen.

Im Hintergrund: Kappen schützen den Füllhalter und den Rollerball *Legacy* von Sheaffer vor dem vorzeitigen Austrocknen. Der Kugelschreiber aus der gleichen Serie enthält eine Mine, die es erlauben würde, einen drei bis fünf Kilometer langen Strich zu ziehen – oder entsprechend lange zu schreiben. Studie für die Serie *Legacy* von Sheaffer (von links nach rechts: Füllhalter, Kugelschreiber, Rollerball).

Rechts: Zwei Stifte, die seit 1973 aus unserem Alltag nicht mehr wegzudenken sind: Der *Pentel R 50* – der anfangs in Japan 50 Yen kostete – und ein Nachfolgemodell, der *R 56*, der eine feinere Spitze hat. Für den *R 56* wurde mit einem Foto geworben, das ebenso weltbekannt wurde wie der Stift: es zeigt einen Papua, der sich statt des traditionellen Schmucks einen *R 56* durch die Nasenscheidewand gesteckt hatte.

darüber hinweg, daß die modernen Rollerballs in Wirklichkeit Wunderwerke der Technik sind.

Der erste Rollerball mit Geltinte wurde von Pentel 1992 auf den Markt gebracht. Damit die Spitze nicht austrocknet, sorgt sein Kontrollsystem dafür, daß sie ständig mit Schreibflüssigkeit benetzt wird. Im Inneren des *V5* wird der Fluß der Tinte durch vierzig Scheiben reguliert, die entlang einer zentralen Achse aufgereiht sind.

Die verschiedenen Rollermodelle von Mitsubishi verfügen über einen »Thermoregler«: unsere Hand. Ihre Wärme wirkt unmittelbar auf den Stift, der dadurch fast zu einem Teil unseres Körpers wird oder aber zu einem lebendigen Schreibgerät!

Die »ergonomischen« Federhalter der Vergangenheit zwangen die Hand dazu, eine besondere Haltung einzunehmen; der modernen Schreibkultur mit ihren gleitenden Kugeln entspricht eine »sanfte Ergonomie«. Das Halten des Stifts wird durch eine abgepolsterte Griffzone erleichtert. Schreiben, ohne fest aufdrücken zu müssen, schreiben, ohne zu ermüden – nach diesen Prinzipien werden heute Schreibgeräte konzipiert. Dies ist auch das Grundprinzip des originellen *Sensa* der amerikanischen Firma Willat, die ihn als »bequemsten Kugelschreiber der Welt« bezeichnet. Tatsächlich verfügt er über ein Griffpolster aus Silikon, das sich jeder Hand anpaßt. Das Modell *Dr. Grip* von Pilot ist beim Schreiben wesentlich leichter zu halten als herkömmliche Schreibgeräte: Er soll bis zu 40% weniger Druck erforderlich machen. Die Muskeln können sich entspannen – dank der »sanften« Kugelschreiber und Rollerballs ist die Gefahr des Schreibkrampfs endlich gebannt!

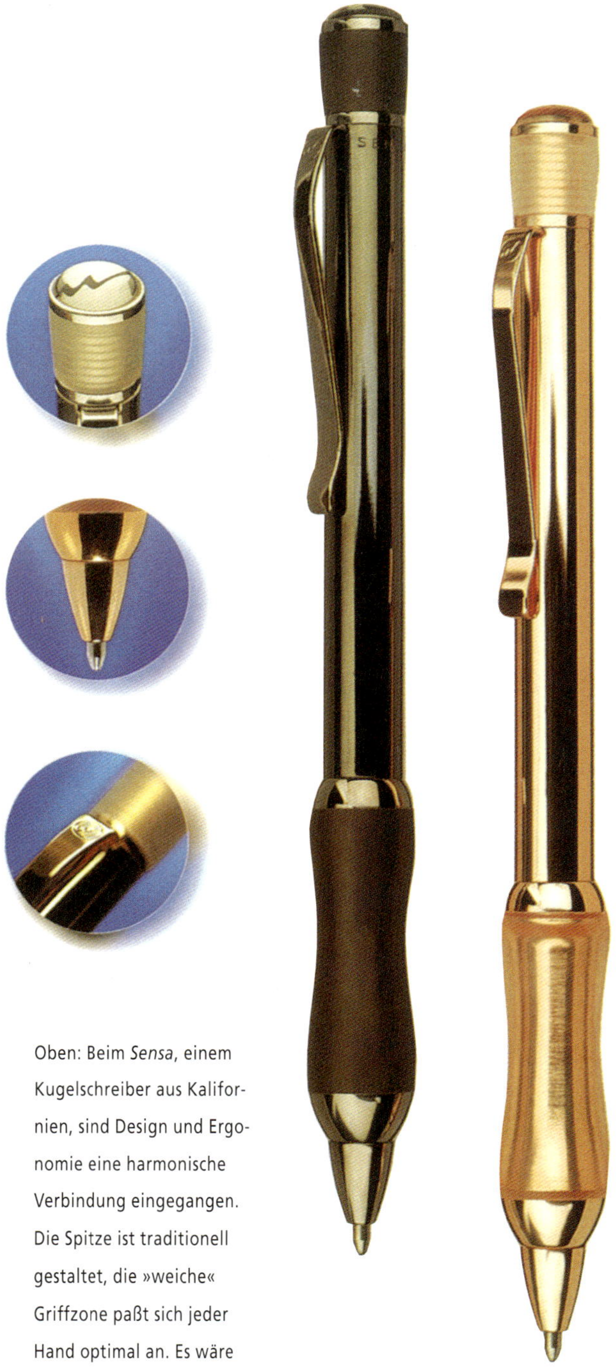

Oben: Beim *Sensa*, einem Kugelschreiber aus Kalifornien, sind Design und Ergonomie eine harmonische Verbindung eingegangen. Die Spitze ist traditionell gestaltet, die »weiche« Griffzone paßt sich jeder Hand optimal an. Es wäre unverzeihlich, solch ein Schreibgerät zu besitzen – und nicht damit zu schreiben!

Rechts: Bevor er ein erfolgreicher Kugelschreiber wurde, war der *Panta* von JiF ein nachfüllbarer Mehrfarbenkugelschreiber, dessen Gehäuse vier verschiedenfarbigen Minen Platz bot. Das elegante und technisch ausgefeilte Modell stellte das Know-how von JiF als Hersteller von innovativen Schreibgeräten einmal mehr unter Beweis.

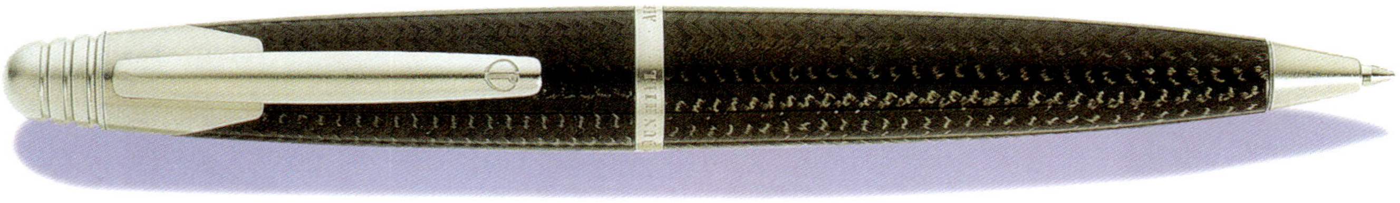

Die Schreibgeräte unserer Zeit haben meist schwarze oder graue, oft auch zum Teil durchsichtige Gehäuse. Ihre Aufdrucke sind wie Visitenkarten: Sie geben den Verwendungszweck an, die Strichbreite, die Modell- oder Typnummer. Auch wenn sie nicht viel kosten, sehen sie oft den professionellen Utensilien ähnlich – Zeichenstifte (Tuschefüller) wie der Rotring *Isograph* oder der Pelikan *Graphos* –, mit denen Architekten und alle, die beruflich zeichnen müssen, arbeiten. Auch daß sie sich sowohl zum Zeichnen wie zum Schreiben eignen, ist charakteristisch für die Stifte unserer Zeit, in der die Grenzen zwischen Schreiben und Zeichnen allmählich aufgehoben werden.

Ebenso wie bei den Füllhaltern haben auch bei diesen Stiften einige durch ihr Äußeres oder durch technische Neuerungen Geschichte gemacht.

Unvergeßlich bleibt der Erfolg des *Waterman Pantabille*, den JiF 1947 auf den Markt brachte (und der vor kurzem erst in neuer Auflage hergestellt wurde). Bei diesem Modell war es gelungen, vier verschiedenfarbige Kugelschreiberminen in einem einzigen, schlanken Gehäuse unterzubringen. Der *Pantabille* galt lange Zeit als das Symbol des modernen Schreibens.

In den 1970ern haben Liebhaber des innovativen Designs den *Aurora Thési* mit Begeisterung begrüßt: Der Stift war auf eine aufregend neue Weise flach und eckig. Ungewöhnlich war der aus einem einzigen Stück bestehende *Lamy Spirit*. Freunde schöner Formen werden auch bei den Modellen der japanischen Firma Tombow auf ihre Kosten kommen, die sowohl nach ergonomischen wie auch nach ästhetischen Gesichtspunkten entworfen sind: der *Océanic* in Fischform, der *España* mit seinem wellenförmigen Clip oder der *Titan*, der aussieht wie eine kleine, klar gezeichnete Rakete.

Heute vereinigt Rotring in seinen Modellen *Trio* und *Quattro* mehrere Schreibgeräte in einem: Durch Betätigen

Links: Diese Skizze war Teil der Entwicklung eines erstaunlichen Rollerballs von Omas, des Modells *360*. Sein dreiseitiges Gehäuse stellt eine kühne Antwort auf die Nachfrage nach schönen und ergonomisch geformten Schreibgeräten dar.

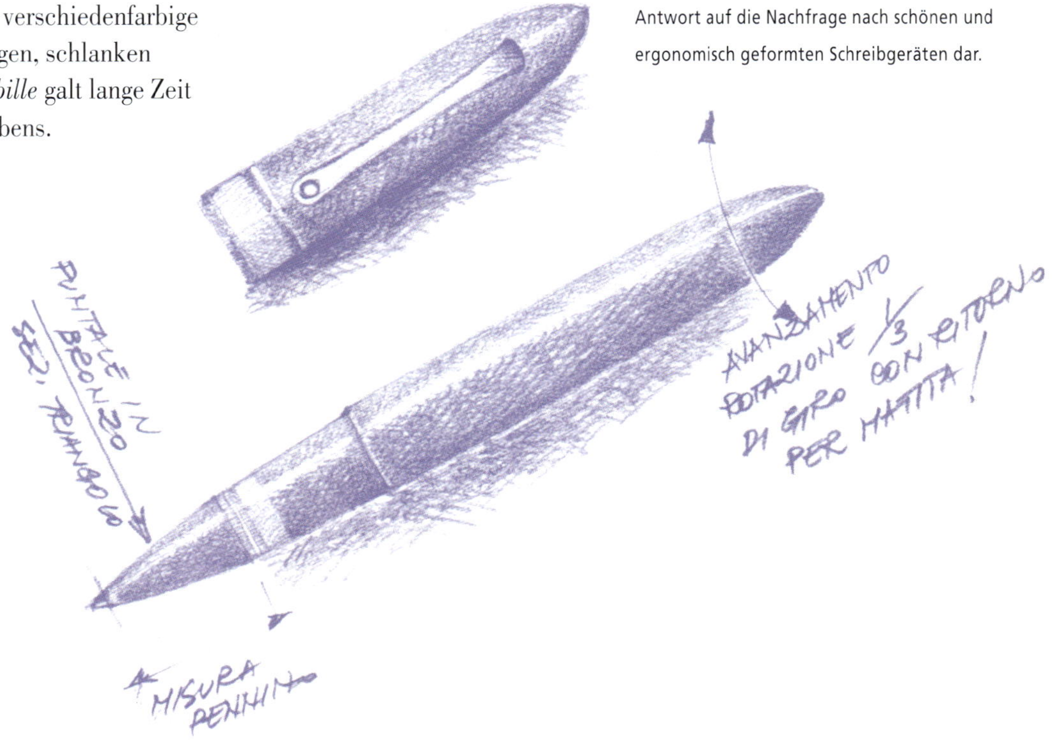

Oben: Der *Dunhill AD 2000* aus Kohlefaser erinnert uns daran, daß wir an der Schwelle zum dritten Jahrtausend stehen. Dies erreicht er nicht nur durch seine Stromlinienform und den versenkbaren Clip, sondern auch durch den Werkstoff, der für die Raumfahrt entwickelt wurde und sich auch schon auf der Formel-1-Rennbahn bewährt hat.

A.G. SPALDING & BROS.

des Druckknopfes und Drehen kann man, je nach Wunsch, den gleichen Stift wie einen Kugelschreiber, einen Rollerball, einen Textmarker, einen Druckbleistift oder einen Computerstift schreiben lassen.

Unsere Zeit ist allerdings auch die Zeit der Kugelschreiberbuketts, der Blei- und Buntstiftsträuße, der Füllhaltersortimente, die in Bechern und Marmeladengläsern auf unseren Schreibtischen stehen. Wir nehmen uns ein Schreibgerät heraus, nach Zufall, Lust oder Laune. Die Füllhalter und Stifte sind praktisch und billig; wenn sie nicht mehr funktionieren, werfen wir sie weg, wenn wir sie verlieren, sind sie leicht zu ersetzen. Unser Herz hängt selten an ihnen, meist verbinden uns nur kleine, vergängliche Flirts.

Die Schnelligkeit, mit der man mit ihnen schreiben kann, wird von Herstellern und Werbefachleuten immer noch gepriesen, wie schon vor langer Zeit: Hieß es in den 1950ern: »Er läuft, er läuft«, so ist der *G-1* von Pilot heute angeblich »der schnellste Kugelschreiber der Welt«.

Für diese Schnelligkeit aber mußten unsere modernen Schreibgeräte einen hohen Preis bezahlen: den Verlust schöner Schrift. Mit der kleinen Kugel kann man die Tradition der Kopisten und Kalligraphen auch beim besten Willen nicht fortsetzen. Sie kann nicht mehr, als eine Linie ziehen; der Druck, die Bewegung der Hand kann daran nichts ändern.

So gibt es auch heute noch Menschen, die in einer besonderen Beziehung zu ihren Schreibgeräten stehen, ja die ihnen sogar Liebeserklärungen schreiben, wie Jean Dutourd es für das Kugelschreibermodell *180* von Parker getan hat: »Du streifst das Papier so leicht, als ob ich nur mit meinen Gedanken schreiben würde und nicht mit meiner Hand. Leichtes Stäbchen, goldenes Stäbchen, Zauberstäbchen, das mir erlaubt, in mein Innerstes zu reisen, um dort all das zu suchen, von dem ich nicht weiß, daß es sich dort befindet. Feines, gedrechseltes Rohr, kluge kleine Kugel: Du tänzelst, du trabst, du bist das Pferd des Dichters. Mit dir zusammen habe ich Tausende von Seiten durchquert, mit dir bin ich über freundliche Wiesen galoppiert, mit dir habe ich abweisende Berge erklommen; zusammen mit dir habe ich die Liebe gezeichnet, das Glück, das Unglück, das Schicksal, und auch das Lachen.«

Seite 154: Am Ende des 20. Jahrhunderts, kurz vor Beginn eines neuen Jahrtausends, erfreuen Rollerballs und Kugelschreiber in angenehm seidig aufgerauhtem Stahl den Tastsinn. Von oben nach unten: *Lexon matt*, *Alysée*, *Sensa Silver Cristal*, *Spalding*-Rollerball, *Compact*, *Solo*, *Iris* und *Spalding*-Kugelschreiber.

Links: Für die Designer war der Übergang vom Füllhalter zum Kugelschreiber nicht immer einfach. Der Füllhalter ist oft schwerer und markanter als der Kugelschreiber. Der *Persona*, 1990 von Mario Bellini für Lamy entworfen, ist ein Beispiel für das perfekte Gelingen einer solchen Tendenzwende.

PARKER
LE DESIGN
stylos
intro-
Vous savez communiquer a
Et avec
COPIE
1998

Schreibgeräte der Zukunft

Der Computer ist die bisher letzte Revolution in der Welt des Schreibens. Der Text bleibt auf Festplatten und Disketten verborgen; die Rechenmaschine speichert ihn, bringt ihn aufs Papier, liefert einen druckfertigen Satz. Viele Schriften stehen zur Auswahl, und der Laie kann Arbeitsgänge durchführen, die früher Setzern und Druckern vorbehalten waren. Ebenso unkompliziert, wie man früher die Tinte für seine Feder auswählte, bestimmt man heute das Layout seiner Seiten. Doch das elektronische Schreiben hat auch seine Tücken: Wir speichern und löschen, ohne Unterlagen über die einzelnen Arbeitsschritte aufzubewahren; das Entstehen des Textes kann weder rekonstruiert noch zurückverfolgt werden. Wir streichen nicht mehr aus, wir sehen nicht mehr mehrere Synonyme, mehrere Versionen des gleichen Satzes nebeneinander stehen – und haben Schwierigkeiten, den Gang unserer Gedanken zu beobachten und zwischen Nuancen zu wählen. Wenn wir so weitermachen, werden wir bald keine Schmierzettel mehr haben und keine Notizbücher, in die wir Entwürfe kritzeln und in denen wir unsere Ideen sammeln.

Heute kommen uns die Bemühungen der Hand lächerlich vor – sie wird nie die Geschwindigkeit des Computers erreichen; und wenn wir daran denken, wie schnell ein Telefonanruf, ein Fax, ein E-Mail sind, erscheint uns die lange Reise eines Briefs vom Absender zum Empfänger geradezu absurd.

Trotzdem: Die neu erwachte Begeisterung für die Kalligraphie verrät, daß das Schreiben mit der Hand noch lange nicht aus der Mode kommen wird. Angesichts eines Alltags, in dem alles von Tag zu Tag schneller vonstatten geht, ist sie »eine Kunst der Geduld ..., bei der es keine Abkürzungen gibt«, um den Kalligraphen Hassan Massoudy zu zitieren.

Diese Renaissance zeigt, daß das Schreiben von Hand ein intellektuelles, sicher aber auch ein körperliches Bedürfnis ist, und daß sich das Schreiben auf unser seelisches Gleichgewicht auswirkt. Zwar ist der Gedanke schneller als die Hand, aber es scheint auch wichtig zu sein, daß diese ihren natürlichen Rhythmus beibehalten kann. »Die Langsamkeit der Hand ist sinnvoll: Man möge nicht diktieren, die Schrift soll sich nicht nach der Stimme, sondern nach der Hand, nach den Muskeln richten ... Es macht keinen Sinn, schnell zu kritzeln!« schrieb der römische Rhetoriker Quintilian vor ungefähr zweitausend Jahren.

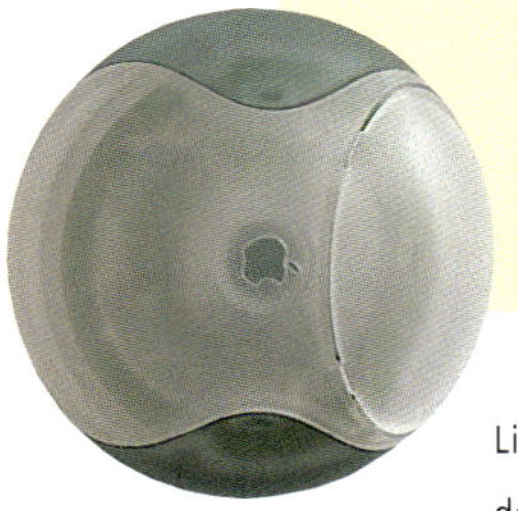

Links: Die durchgestylte Maus des *iMac* von Apple.

Links: Diese Schreibgeräte hat der Autor für dieses Buch benutzt: Oben links das *Duofold-Parker-Tango*-Set. Der Druckbleistift hat eine feine Mine, der Füllfederhalter schreibt gewöhnlich mit schwarzer oder blauer Tinte. Darunter liegt eine Neuauflage des *Duofold*, ein *Mandarin*, der immer schwarze Tinte tankt; ein wundervolles Geschenk. Rechts davon ein *Reform*, wieder mit schwarzer Tinte, dessen gute Schreibeigenschaften ich sehr schätze. Daneben der *Reynolds Rollerball Ink Point*, ein leichter, beweglicher Stift, mit dem man auch noch in den engsten Räumen zwischen den Zeilen Korrekturen anbringen kann. Weiter unten einer der legendären *Waterman Patrician*; meiner schreibt mit violetter Tinte und hat eine bemerkenswert gute Feder. Etwas weiter unten links der dazugehörige Druckbleistift. Unten rechts die Maus mit dem weltberühmten kleinen Apfel. Auf dem Bild fehlt mein *Waterman 100*, der mir seit über fünfzehn Jahren unwandelbar treu ist.

Im Unterschied zum Abendland hat der Orient die metaphysische Dimension des Schreibens zu wahren gewußt. Obwohl das Schreiben im Alltag den gleichen Bedingungen und Zwängen wie im Westen unterliegt, bleibt die Kalligraphie in der arabischen Welt, in China und Japan untrennbar mit der Poesie verbunden. Die Gestaltung des Buchstabens, des Wortes, des Ideogramms, die korrekte Führung der Rohrfeder und des Pinselstrichs werden heute wie früher als kreative Kunst angesehen.

Selbst Schreibmaschinen kommen uns heute schon wieder vorsintflutlich vor; sie konnten der Entwicklung der Elektronik nichts entgegensetzen. Ich hatte Gelegenheit, einige Zeit auf der Schreibmaschine François Mauriacs – einer *Dactyle* – schreiben zu dürfen, aber ich fand sie schon beinahe kriminell langsam, während die beiden Waterman-Füllhalter des Schriftstellers den modernen Füllhaltern kaum nachstehen!

Um den Bedürfnissen von Liebhabern der Kalligraphie entgegenzukommen, haben einige Hersteller qualitativ sehr hochwertige Produkte entwickelt, Sets, die richtig Lust machen, zur »Feder zu greifen«. Der *Art Pen* von Rotring, der *Reform* von Muschler und viele andere zeigen, daß das Bedürfnis, schön zu schreiben, nach wie vor besteht. Einige Unternehmen bemühen sich, diesem Bedürfnis Rechnung zu tragen und die vorhandenen Schreibgeräte weiter zu verbessern; Techniker planen, neue Instrumente zu entwickeln, die mindestens so elastisch und präzise sein sollten wie die besten Rohr- und Gänsefedern.

Die Softwareentwickler wollen ebenfalls beim bisher Erreichten nicht stehenbleiben. Der Weg vom Gedanken zum geschriebenen Text wird immer kürzer: Mittlerweile kann man dank der elektronischen Stimmerkennung direkt in den Computer diktieren. Was wird wohl der nächste Schritt sein?

Andere Computerprogramme haben gelernt, die Handschrift zu lesen. Mit dem *Digital Writer* der amerikanischen Firma Cross steht dem modernen Geschäftsmann ein Spezialstift zur Verfügung, mit dem er seine Termine auf dem Schreibfeld eines elektronischen Terminkalenders notieren kann. Ein weiteres Produkt von Cross, der *I Pen*, kann die Maus ersetzen. Der Stift, der wie ein Rollerball aussieht, hat eine Spitze aus Polymeren, mit der man auf einem Computerschreibfeld nicht nur wie mit einer Maus agieren, sondern auch den auf dem Bildschirm erscheinenden Text korrigieren und ergänzen kann.

Und womit werden wir in Zukunft schreiben? Werden wir unsere Notizen – die wir im Laufe des Tages mit der Hand zu Papier bringen – mittels eines Spezialstifts und eines schrifterkennenden Computerprogramms in den Rechner übertragen und dort abspeichern können? Was wird dann aus den Tinten, Federn und Kugelschreibern werden? Wird man sie nur noch im Museum sehen?

Vielleicht wird es eines Tages das ideale Schreibgerät geben – halb elektronisch, halb manuell. Bis es soweit ist, sollten wir einmal darüber nachdenken, wie wir die Arbeit zwischen Hand und Maschine aufteilen wollen. Dabei darf nicht vergessen werden, daß die modernen Schreibgeräte die alten nicht ersetzen, sondern uns mehr Auswahl und auch größere Freiheit beim Schreiben bieten sollen.

Der Computer kann uns die schweren und lästigen Arbeiten abnehmen, er erleichtert uns das Kopieren, das Korrigieren, das Vervielfältigen. Der unter heutigen Bedingungen beinahe perfekte gedruckte Text verschafft nützlichen und wichtigen Informationen und Briefen ausgezeichnete Lesbarkeit; darüber hinaus ist es leichter, die Texte zu handhaben, zu übermitteln und zu verbreiten.

Die Hand spielt andererseits immer noch überall dort eine wichtige Rolle, wo es um Übereinkünfte geht: Verträge, notarielle Urkunden, Verpflichtungen aller Art haben nur dann Gültigkeit, wenn sie durch die persönlichste Form des Schreibens bestätigt werden: die Unterschrift.

Die Handschrift charakterisiert einen Menschen in besonderer Weise; persönliche Mitteilungen werden immer mit der Hand geschrieben. Etwas von Hand schreiben bedeutet, die eigene Existenz zu bestätigen und den Kontakt zu anderen zu wahren. Gleichzeitig bedeutet es, Masken fallen zu lassen und sich so zu zeigen, wie man ist: Den Menschen, die zu unserer Familie gehören, die wir zu unseren Freunden zählen, die wir lieben – ihnen allen werden wir immer handschriftliche Briefe schicken.

Ebenso, wie man immer wieder Vergnügen daran finden kann, die Seiten eines Buches umzublättern, die Wörter zu lesen, die Bilder zu betrachten, kann man Freude daran haben, sich an den Schreibtisch zu setzen und nach einem Füllhalter, einem Rollerball oder einem Bleistift zu greifen, alles Instrumente, die die Möglichkeiten des raffiniertesten Werkzeugs erweitern, das je erfunden wurde: die Hand; die Hand, die schon vor zwanzigtausend Jahren die ersten Zeichen an die Wände der Höhlen von Lascaux und Altamira malte.

Seite 160: Die Feder, Symbol des Schreibens, ist auch das Symbol der Leichtigkeit – und ziert deshalb als Wasserzeichen ein »federleichtes« Papier. Auf diesen Hintergrund haben wir kostbares Papier gelegt und einen Füllfederhalter der Londoner Firma Smythson.

Im Hintergrund: Der *I Pen* von Cross, ein elektronischer Stift mit einer Polymer-Spitze – wird er bald zum Alltag des Schreibens gehören?

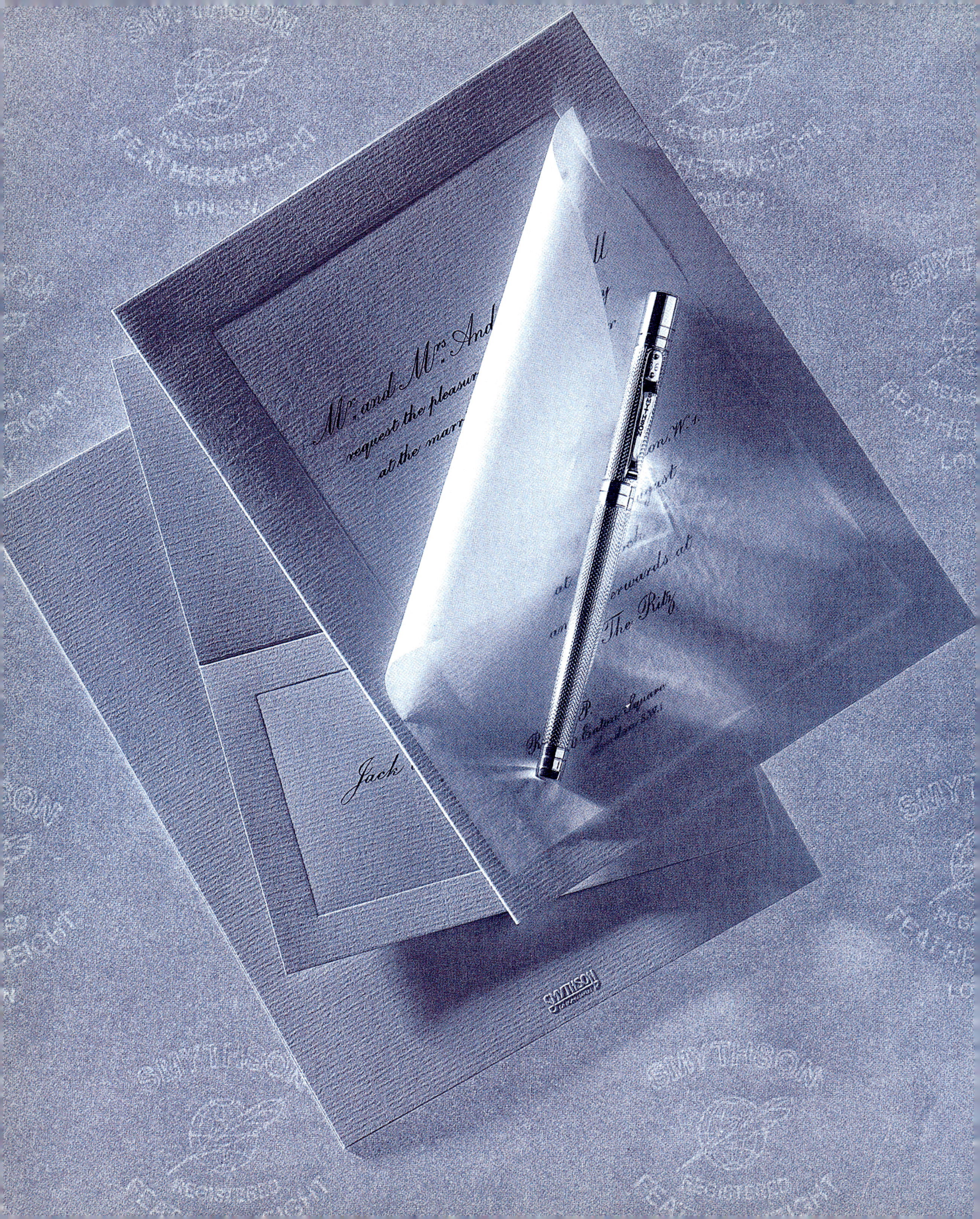
SMYTHSON
REGISTERED
FEATHERWEIGHT
LONDON
The Ritz
Jack

Nützliches und Wissenswertes

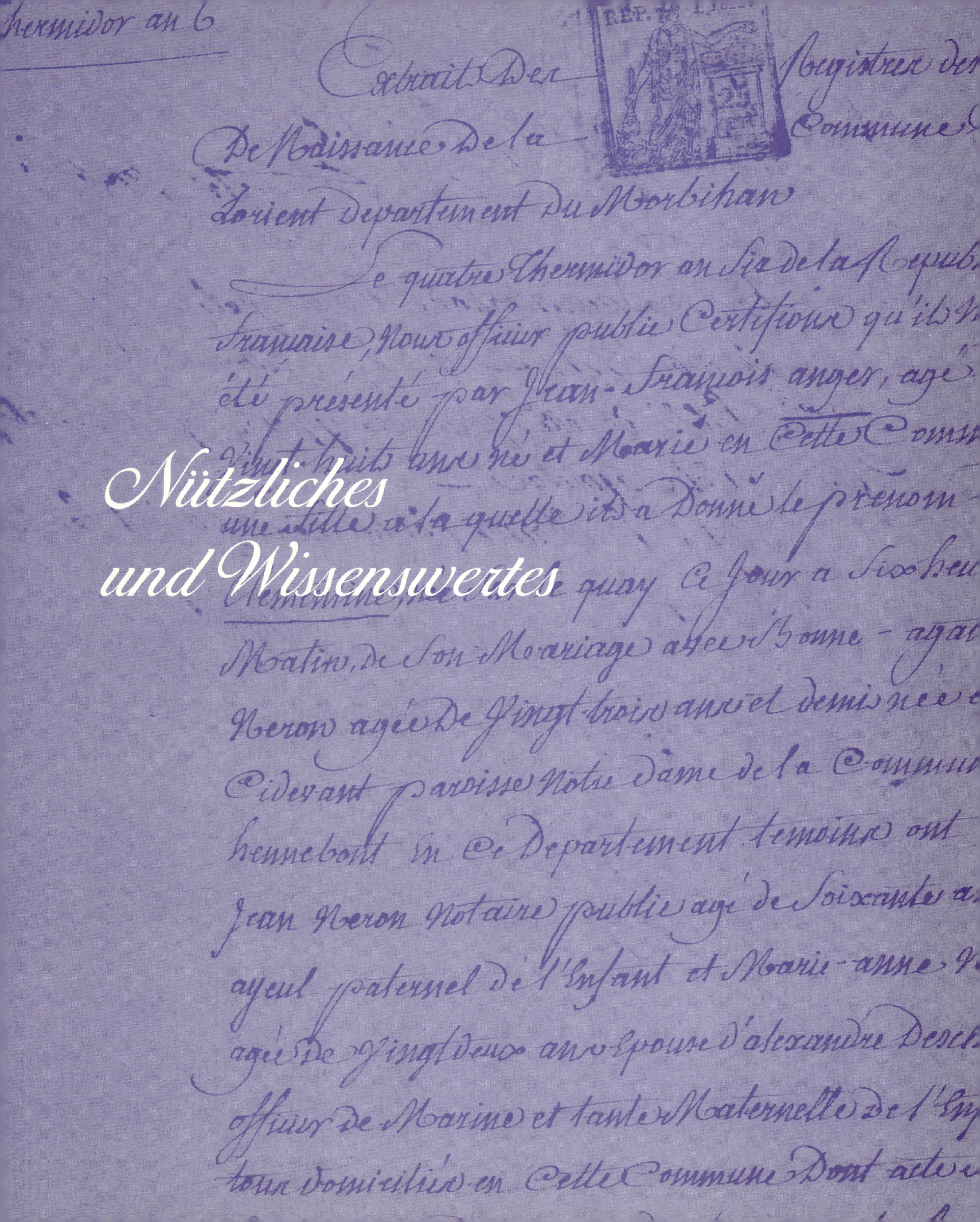

Adressen

(nach Postleitzahlen sortiert)

Antiquitäten und Auktionen

DEUTSCHLAND

Füller & mehr
Ulrich Krümer
Jenaer Straße 15
10717 Berlin
Tel.: 0 30 / 8 53 36 44
Alte und moderne Schreibgeräte aller Art.

Dietmar Geyer
Ludwig-Thoma-Straße 18
30916 Isernhagen
Tel.: 05 11 / 61 44 24
Privatsammler: Gänsekiele, Tinten, Füllfederhalter der letzten 150 Jahre, Literatur, alte Anzeigen, Kataloge.

Jürgen Kuhse
Mönnigstraße 24
50737 Köln
Tel.: 02 21 / 5 99 15 43
Händler für alte Schreibgeräte, leidenschaftlicher Sammler aller Arten von Schreibgeräten sowie der dazugehörigen Werbeobjekte; spezialisiert auf Pelikan und Montblanc.

Regina Martini
Versand historischer Schreibgeräte
Birkerfeld 16
51429 Bergisch-Gladbach
Tel.: 0 22 04 / 8 55 09
Europas erste Adresse für antike Schreibgeräte aller Art.

Werner Kleinhorst
Linscheidstraße 60
58762 Altena
Tel.: 0 23 52 / 91 29 73
Auktionshaus im Internet für Füllfederhalter.

Christian Fricke
Albrecht-Dürer-Straße 64
97204 Höchberg
Tel.: 09 31 / 4 07 01 17
Versand alter Füllhalter via Internet, Organisator des Sammlertreffens im November in Würzburg.

FRANKREICH

Jean-Claude Anaf & Associés
13 bis, place Jules-Ferry
69456 Lyon Cedex 06
Tel.: 04 / 78 65 05 25
Jährlich im Angebot: Füllhalter für Sammler und verschiedenes Zubehör wie Federhalter, Werbeartikel, Möbel für die Präsentation. Die Versteigerung findet im Rahmen der Messe Scriptura statt.

Maître Marc Ferri
53, rue Vivienne
75002 Paris
Tel.: 01 / 42 33 11 24
Versteigerungen von Füllhaltern, Tintenflaschen und diversem Schreibgerät.

Georges Bernard
1, rue d'Anjou
75008 Paris
Tel.: 01 / 42 65 23 83
Neben antiken Schreibgeräten werden auch Werke der kalligraphischen Kunst des 18. Jahrhunderts angeboten.

Chayette & Cheval
33, rue du Faubourg-Montmartre
75009 Paris
Tel.: 01 / 47 70 56 26
Alljährliche Versteigerung, u.a. von Kugelschreibern, Federschachteln, Musterkartons und Werbeartikeln. Katalog erhältlich.

Papeterie 33
33, rue des Bonnetiers
76000 Rouen
Tel.: 02 / 35 71 44 42
Im Angebot: alte Federn, Federhalter, Tintenfässer und originell geformte Tintenbehälter sowie spezielle Federn für die Kalligraphie u.v.m. Sehr interessant ist die Sammlung von 4000 Federn, von denen einige aus dem 19. Jahrhundert stammen.

Le Cheval Bleu
Passage de la Geôle
14 bis, rue Baillet-Reviron
78000 Versailles
Tel.: 01 / 39 49 48 92
Ein Besuch, der sich lohnt: alte Tintenfässer und andere schöne Schreibwaren.

L'Homme de Plume
Marché Malassis, 142, rue des Rosiers
93400 Saint-Ouen
Tel.: 01 / 40 11 49 33
Wenn man das Geschäft betritt, fühlt man sich in das 19. Jahrhundert zurückversetzt. Ein Sammelsurium an Möbeln, Schreibwaren, Kuriositäten, Porträts, Zeichnungen und Dokumenten.

GROSSBRITANNIEN

Andreas Lambrou
P.O. Box 826
Epping, Essex
Tel.: 0 19 92 / 8 82 38 69
Andreas Lambrou ist ein erfahrener Sammler und der Autor von *Füllfederhalter. Ein Überblick über die Entstehungsgeschichte und die wichtigsten internationalen Marken*, eines der ersten Bücher über Schreibgeräte. In seinem Geschäft verkauft er sowohl alte Füllhalter als auch jüngere Modelle; unter dem Markennamen Classic Pen vertreibt er seine eigenen Kreationen.

Antique Bottles
Unit 6, 1st Floor
Georgian Village
Camden Passage
London N1
Tel.: 01 71 / 3 59 45 50
Die richtige Adresse, wenn man nach alten Tintenflaschen sucht.

Norman Whitaker
Camden Passage
London N1
Tel.: 01 71 / 4 59 69 28
Spezialisiert auf Federn und Federschachteln.

Nellie Lenson & Roy Smith
11 Churchstreet
London NW 8
Tel.: 01 71 / 7 24 77 63
Schöne antike Schreibutensilien und ungewöhnliche Tintenfässer.

Jasmin Cameron
Antiquaris, 36
131.141 King's Road, Chelsea
London SW3 HPW
Tel.: 01 71 / 3 51 41 54
Das Angebot umfaßt Schreibgeräte aus dem 17. bis 19. Jahrhundert.

Christie's South Kensington
85 Old Brompton Road
London SW5 1AA
Tel.: 01 71 / 5 81 76 11
Versteigerungen von Füllhaltern und anderen exklusiven Schreibgeräten, zu denen es auch Kataloge gibt.

Bonhams
Chelsea Galleries
65–69 Lots Road
London SW10 ORN
Tel.: 01 71 / 3 93 39 50
Seit Ende der 1980er veranstaltet Bonhams jährlich mehrere Auktionen von Füllhaltern und anderen exklusiven Schreibgeräten. Ein nützliche Informationsquelle bieten die reich illustrierten Kataloge.

Rogers Gallery
Portobello Road
London W10 1AA
Tel.: 01 71 / 2 89 27 06
Ein Paradies für Sammler von Füllhaltern.

Phyllis Gorlick King
175 Portobello Road
London W10 5TD
Tel.: 01 71 / 5 84 26 88
Spezialisiert auf alte Füllhalter.

Cornelissen
105 Great Russel Street
London WC1B 3RY
Tel.: 01 71 / 6 36 10 45
Ein Eldorado für alle Sammler von Federn.

ÖSTERREICH

WFW Wiener Füllfeder Werkstätte
Fa. Leo Grahofer
Köllnerhofgasse 1
1010 Wien
Tel.: 01 / 5 13 81 50
Einmannbetrieb, Spezialist für historische Füllfederhalter, Beratung, Service, Reparatur aller Marken aus der Zeit von 1890 bis 1960. Entwicklung eines neuen, patentierten Füllsystems (Kapillarfüller). In Handarbeit Fertigung der künstlerischen Füllfederhalter der Marke WFW. Restaurierte historische Füller mit Garantie und Eigenproduktionen sind im angeschlossenen Geschäft »Leo's Laden« erhältlich.

SCHWEIZ

Scriptorium am Rheinsprung
Andreas Schenk
Rheinsprung 2
4051 Basel
Tel.: 0 61 / 2 61 39 00
oder 3 02 39 00
Geschäft für antike Schreibgeräte und Kalligraphie, selbstgefertigte Gänsekiele, Nußbaumtinte, nach mittelalterlichem Rezept hergestellte Eisengallustinte, ca. 600 verschiedene Stahlfedern.

Museen

DEUTSCHLAND

Deutsches Buch- und Schriftmuseum der Deutschen Bücherei Leipzig
Deutscher Platz
04103 Leipzig
Tel.: 03 41 / 2 27 13 24
Ältestes deutsches Fachmuseum für Papier- und Buchgeschichte. Gezeigt werden u.a. wertvolle Handschriften sowie Schrift- und Papierproben.

Montblanc-Museum
Hellgrundweg 100
22525 Hamburg
Tel.: 0 40 / 84 00 10
Im Hause der Firma Montblanc-Simplo, Besichtigung nach Anmeldung.
Ständige Ausstellung alter Schreibgeräte sowie über die Geschichte der Montblanc-Füllfederhalter-Fabrik.

Pelikan
Podbielskistraße 141
30177 Hannover
Tel.: 05 11 / 6 96 93 10
Jürgen Dittmers Buch *Pelikan-Schreibgeräte 1929–1997* ist das Pendant zu einer ab Mitte 1999 geplanten Dauerdekoration im Foyer des Unternehmens. In der bibliophilen Ausgabe werden die Firmenprodukte dieser Jahre vorgestellt.

Gutenberg-Museum
Liebfrauenplatz 5
55116 Mainz
Tel.: 0 61 31 / 12 26 40
Das weltbekannte Museum informiert über Druck- und Schreibkunst und beherbergt eine nachgebildete Klosterschreibschule. Gegenüber dem Museum finden im Druckladen regelmäßig Workshops statt. Telefonische Auskunft unter:
0 61 31 / 12 26 86.

Klingspor-Museum
Herrnstraße 80
63065 Offenbach
Tel.: 0 69 / 80 65 21 64
Eine der Stadt vermachte ehemalige Privatsammlung moderner Buch- und Schriftkunst: handgeschriebene Bücher und Blätter, Schriftproben, Handschriften, experimentelle Schriftkunst. Eine in der Welt wohl einmalige Sammlung von Handschriften dieses Jahrhunderts.

Schulmuseum Nürnberg im Centrum Industriekultur
Äußere Sulzbacher Straße 62
90491 Nürnberg
Tel.: 09 11 / 2 31 46 70 (Universität)
Die Entwicklung des Schreibens wird exemplarisch von den ersten Höhlenzeichnungen über die Schreibgeräte aus den frühen Hochkulturen (Mesopotamien, Ägypten) bis zu den elektronischen Druckern dargestellt.

FRANKREICH

Le musée des papeteries Canson et Montgolfier
BP 139
07104 Annonay Cedex
Tel.: 04 / 75 69 88 00
Als Museumsgebäude dient das Geburtshaus der Gebrüder Montgolfier, das mitten auf dem Gelände der ehemaligen königlichen Papierfabrik und des modernen Unternehmens steht. Es ist weltweit das einzige Museum, in dem man eine original erhaltene Maschine zur Herstellung von Papier arbeiten sehen kann – und sein eigenes Blatt Papier herstellen darf!

Le musée du papier »Le Nil«
134, rue de Bordeaux
16000 Angoulême
Tel.: 05 / 45 92 73 43
Die Papierfabrik »Le Nil«, in der sich das Museum befindet, stellte früher ein sehr bekanntes Zigarettenpapier her. Zu besichtigen sind z.B. ein Schaufelrad oder Bütten für den Papierbrei.

Le musée du scribe
42, rue du Clocher
30380 Saint-Cristol-les-Alès
Tel.: 04 / 66 60 88 10
Untergebracht in einem Haus aus dem 17. Jahrhundert zeigt man hier Objekte, die mit dem Schreiben zu tun haben, wie Tontafeln, Papyrus, Papier, Rohrfedern, Gänsefedern, Metallfedern, Federhalter und Tintenfässer. Ein Raum ist wie ein Klassenzimmer der 1920er eingerichtet.

La maison de l'écriture
BP 69
33230 Coutras
Tel.: 05 / 57 49 02 11
Dieses Museum ist der Schrift und dem Schreiben gewidmet. Zur Zeit wird ein Rundgang erarbeitet, auf dem die Besucher die 6000 Jahre alte Geschichte der Schrift »erwandern« können.

Le musée historique du papier
63600 Ambert-en-Livradois
Tel.: 04 / 73 82 03 11
Das 1943 gegründete Museum, untergebracht in einer Mühle, zeigt historische Dokumente, Objekte und Materialien, die die Geschichte des Papiers und seine Odyssee von China nach Europa zurückverfolgen.

Musée international du stylo
5, rue de Chaillot
75116 Paris
Tel.: 01 / 47 20 87 05
Zu bewundern sind moderne Modelle der bekannteren Marken sowie die tausend schönsten Füllhalter der Welt, darunter eine großartige Auswahl hervorragend erhaltener alter Schreibgeräte.

Musée national de l'éducation
39, rue de Lacroix-de-Vaubois
76130 Mont-Saint-Aignan
Tel.: 02 / 35 75 49 70
Das Museum zeigt nicht nur gewöhnliche Objekte aus dem Schulalltag, sondern stellt die Geschichte des Schulunterrichts im 20. Jahrhundert anhand interessanter Exponate wie Schulbücher und Lehrfilmen dar.

GROSSBRITANNIEN

Keswick Museum & Art Gallery
Station Road
Keswick/Cumbria CA12 4NF
Tel.: 01 76 / 8 77 32 63
Heimatmuseum, in dem alte Manuskripte, Briefe lokaler Autoren, Kalligraphie und die Geschichte der Bleistiftherstellung in Keswick gezeigt werden.

Pencil Museum
Cumberland Pencil Company
Carding Mill Lane
Keswick/Cumbria CA12 5NG
Tel.: 01 76 / 8 77 36 26
Dieses Museum ist der Bleistiftherstellung gewidmet, aufgrund des Graphitvorkommens in dieser Region ein traditioneller Wirtschaftszweig. Sowohl frühere Herstellungsmethoden als auch die modernen der Firma Dirwent werden dem Besucher hier nähergebracht.

ÖSTERREICH

Schrift- und Heimatmuseum Pettenbach
Bartl-Haus
4643 Pettenbach
Tel.: 0 75 86 / 72 05
Seit 1992 werden Werke von Schriftkünstlern u.a. aus Slowenien, Italien, Deutschland (Kilian) sowie der Wiener Schule gezeigt.

Papierfabriks- und Verlags AG Steyrermühl
4663 Steyrermühl
Tel.: 0 76 13 / 24 36
Das Unternehmen betreibt eine Handschöpferei, in der auf alten Geräten traditionelles Büttenpapier erzeugt wird. Im Rahmen von Fabriksbesichtigungen zu sehen.

SCHWEIZ

Basler Papiermühle
St. Alban-Tal 37
4052 Basel
Tel.: 0 61 / 22 72 96 52
In der prächtig restaurierten mittelalterlichen Gallician-Mühle werden nicht nur historische Objekte zur Geschichte von Papier, Schrift und Druck gezeigt, sondern auch die praktische Ausübung der entsprechenden alten Techniken. Man kann auch selbst Papier schöpfen und bedrucken.

Papeterien

DEUTSCHLAND

Schmidt-Hagius »Schreiben und mehr«
Schloßstraße 30
12163 Berlin-Steglitz
Tel.: 0 30 / 7 91 14 19
Das seit 45 Jahren bestehende Geschäft bietet auf zwei Etagen feinste Papiere und alle führenden Füllhaltermarken an.

Waltraud Bethge Papiere
ABC-Straße 9 – Hohe Bleichen
Eppendorfer Baum 1
20249 Hamburg
Tel.: 0 40 / 31 15 51
Edle Papier- und Schreibwaren (Waltraud Bethge Papiere Exclusiv-Collectionen). Druck von Brief- und Geschäftspapieren per Hand im eigenen Atelier, individueller Service und Versand.

Papiertiger
Klosterstraße 1
48143 Münster
Tel.: 02 51 / 5189 22
Traditionell gebundene Bücher, handgeschöpfte Papiere und hochwertige Schreibgeräte in liebevollem Ambiente.

Millenium
Buchhandlung & Papeterie
Thomas Schwenk
Hauptstraße 14
61462 Königstein im Taunus
Tel.: 0 61 74 / 92 37 37
Ausgesuchte Briefpapiere, Kalligraphiebedarf, italienische Schreibgeräte, umfangreiche Literatur zum Thema Schreiben.

Drissler Feinpapiere
Karl-Benz-Straße 1
63128 Dietzenbach
Tel.: 0 60 74 / 83 00
Feine Papiere jeglicher Art, insbesondere aus Japan.

Der Papierladen
Beate Rexroth
Wilhelmstraße 38 (Arcade)

Reparatur und Restauration

DEUTSCHLAND

Fritz Diesbach
Alexandrinenstraße 1
10969 Berlin
Tel.: 0 30 / 6 15 24 36
Reparatur von Füllern, Drehbleistiften und Kugelschreibern, An- und Verkauf historischer Schreibgeräte, Ersatzteile, Organisation von Händlerbörsen.

Tom Westerich
Haynstraße 10
20249 Hamburg
Tel.: 0 40 / 4 80 28 74
»Dr. INK« ist Chefredakteur des bedeutendsten Fachmagazins *Pen plus*, Fachmann und Sammler für alte und neue Füllfederhalter. Er repariert alte Füller vorort bei Fachhändlern weltweit und organisiert jedes Jahr im Juni Sammlerbörsen/Auktionen in Hamburg.

Henriques & Beintker
Weidenstieg 7
20259 Hamburg
Tel.: 0 40 / 40 33 66
Handdruckerei und Papierrestauration. Behoben werden alle erdenklichen Arten von Papierschäden.

David Parisi
Hirschgraben 22
22089 Hamburg
Tel.: 0 40 / 25 49 08 66
Bleistiftsammler- und reparateur: Als einziger in Deutschland sammelt der geborene Brite ausschließlich Bleistifte. Mehr als 700 guterhaltene Sammlerstücke, darunter *Stanhopes*, *Sampson-Mordan*-Drehbleistifte, *Yard-O-Leds*. Verkauft werden auch Bleiminen in Spezialgrößen.

Manfred Süske
An St. Maria Königin 26
50226 Frechen
Tel.: 0 22 34 / 5 94 86
Manfred Süske repariert seit 40 Jahren alte Füllfederhalter, darunter exklusive Einzelstücke aus aller Welt, so auch den Füllhalter, mit dem Konrad Adenauer das Deutsche Grundgesetz unterschrieb. »Meister« Süske ist der einzige noch aktive gelernte Füllfeder-Drechslermeister. Er verfügt über ein Ersatzteillager, von dem die Hersteller träumen.

Stefan Wallrafen
Hinter den Wiesen 25
51105 Köln
Tel.: 02 21 / 83 33 83
Reparateur für Füller, Organisator des Füllhalter-Sammlertreffens in Köln, jedes Jahr im März.

FRANKREICH

Creutz et fils
19, rue de l'Hôtel-des-Postes
06000 Nice
Tel.: 04 / 93 85 35 13
Reparatur alter und moderner Füllhaltermodelle.

Collectible Pens
Le Montlouis
72510 Pontvallain
Tel.: 02 / 43 46 63 17
Kunden aus aller Welt kaufen hier alte Füllhalter und Modelle aus limitierten Editionen.

André Mora
7, rue de Tournon
75006 Paris
Tel.: 01 / 43 54 99 19
Eine französische Firma von Weltruf! Wenn man – zu einem angemessenen Preis – einen alten Füllhalter sucht, mit dem man wirklich schreiben kann, wird man hier meistens fündig.

Margueritat
59, avenue Kléber
75116 Paris
Tel.: 01 / 47 27 86 68
In diesem unauffälligen Schreibwarengeschäft reparieren Vater und Sohn Guinaudie alle alten Füllhaltermodelle. Ihr Ersatzteillager ist sehr gut sortiert.

GROSSBRITANNIEN

Pencraft
27 Royal Exchange
London EC 3V
Tel.: 01 71 / 6 26 46 79
Reparatur von alten und modernen Füllhaltern.

Green & Stone
259 King's Road
London SW3 5EL
Tel.: 01 71 / 3 52 08 37
Reparatur von Füllhaltern.

Sean Lovell – Simon Gray
The Battersea Pen Home
P.O. Box 43 61
London SW11 4XP
Tel.: 01 71 / 6 52 46 95
Instandsetzung aller Typen von Füllhaltern.

ÖSTERREICH

WFW
Wiener Füllfeder Werkstätte
Fa. Leo Grahofer
Köllnerhofgasse 1
1010 Wien
Tel.: 01 / 5 13 81 50
Der einzige Füllfeder-Reparateur in der sehr kleinen österreichischen Sammlerszene.

SCHWEIZ

A. Silbernagel Füllfeder-Reparaturwerkstatt
Jean-Claude Blanc
Furka-Straße 42
4054 Basel
Tel.: 0 61 / 3 02 31 02
Füllfeder-Reparaturen.

65183 Wiesbaden
Tel.: 06 11 / 37 34 86
Il Papiro (handmarmorierte Papierwaren aus Florenz), Briefpapiere, Schreibgeräte führender Hersteller.

FRANKREICH

Stern
47, passage des Panoramas
75002 Paris
Tel.: 01 / 45 08 86 45
In der zweiten Hälfte des 19. Jahrhunderts gegründet und noch original eingerichtet!

Papier Plus
9, rue du Pont-Louis-Philippe
75004 Paris
Tel.: 01 / 42 77 70 49
Dieses Geschäft gehörte zu den ersten, die Schreibpapier nach Gewicht verkauften. Man findet hier auch eine schöne Auswahl exklusiver Schreibgeräte und Schreibtischaccessoires.

Marie Papier
26, rue Vavin
75006 Paris
Tel.: 01 / 43 26 46 44
Für Liebhaber von schönem Papier in den verschiedensten Farben und mit den verschiedensten Oberflächen. Das Papier wird blattweise verkauft.

Le Jour et l'heure
3, rue Peronnet
75007 Paris
Tel.: 01 / 42 22 96 11
8, rue de Babylone
75007 Paris
Tel.: 01 / 45 55 53 34
Beide Geschäfte führen Produkte aus dem Hause Smythson, einem offiziellen Lieferanten der englischen Krone.

Armorial
98, rue du Faubourg-Saint-Honoré
75008 Paris
Tel.: 01 / 42 65 08 18
Wunderschöne Auswahl an klassischen und hochwertigen Papiersorten.

Cassegrain
422, rue Saint-Honoré
75008 Paris
Tel.: 01 / 42 60 20 08
Die Adresse für Schreibwaren der Luxusklasse: 300 Sorten Briefpapier, auf Wunsch mit einem eigenen Wasserzeichen. Cassegrain beherrscht die Kunst der Gravur seit achtzig Jahren; alle Aufträge werden von Hand ausgeführt.

Puiforcat
2, avenue Matignon
75008 Paris
Tel.: 01 / 45 63 10 10
22, rue François-1er
75008 Paris
Tel.: 01 / 47 20 74 27
Der Juwelier Jean Puiforcat hatte sein Wissen und seine Kunst in den Dienst des Schreibens gestellt und fertigte Füllhalter aus massivem Silber und Email in einem sehr persönlichen Stil; einige Einzelexemplare werden noch heute angeboten – neben luxuriösen Schreibartikeln aus versilbertem Metall und kostbaren Hölzern.

Arjo Wiggins Diffusion
66–68, rue du Dessous-des-Berges
75013 Paris
Tel.: 01 / 44 06 28 00
Eine vielfältige Auswahl von Papier in den verschiedensten Weißtönen, gestreiftem und strukturiertem Papier sowie Papier mit Wasserzeichen wie das berühmte *Marais Médaille*, das gerne in französischen Ministerien verwendet wird.

ÖSTERREICH

Josef Lustig & Co. Papier-, Büro- und Schreibwarenhandlung
1. Bezirk/Hoher Markt 4
1010 Wien
Tel.: 01 / 53 32 72 90
Seit über 150 Jahren der Wiener Spezialist für Brief- und feines Büttenpapier.

SCHWEIZ

Papeterie Hagenbuch AG
Vordere Vorstadt 21/Postfach
5001 Aarau
Tel.: 0 62 / 8 22 22 59
Inbegriff höchster Schreibkultur: Füllhalter, Kugelschreiber, Drehbleistifte aller großer Marken, dazu Papiere, Kuverts und Karten für die private Korrespondenz.

Höchli AG
Les Papeteries
Badstraße 21
5401 Baden
Tel.: 0 56 / 2 21 55 77
Seit 1897 das führende Haus mit drei Geschäften in der Region.

Landolt-Arbenz
Bahnhofstraße 65
8021 Zürich
Tel.: 01 / 2 11 97 58
Große Auswahl exklusiver Schreibutensilien, Vielfalt feinster Papiere.

Papeterie zum Schiff AG
Inh. Regula Weigelt-Knecht
Marktgasse 5
9000 St. Gallen
Tel.: 0 71 / 2 22 75 25
Geschäft für feines Papier, Kalligraphie und Schreibgeräte. Schreibgeräte-Sammlertreffen im September.

Schreibgeräte aller Art

DEUTSCHLAND

Papeterie Heinrich Künnemann Nachf.
Uhlandstraße 28
10719 Berlin
Tel.: 0 30 / 88 63 63
Schreibgeräte aller führenden Hersteller, auch limitierte Auflagen, feine Papiere, Lederwaren, auch Sonderanfertigungen.

Dörrbecker Schreibkultur
Einkaufspassage im Katharinenviertel
28195 Bremen
Tel.: 04 21 / 3 23 20 01
Seit 1861 »federführend« in Bremen. Der Spezialist für europäische und deutsche Limited Editions; auch anderswo vergriffene Schreibgeräte sind fast ständig vorrätig. Dem Geschäft ist eine Montblanc-Boutique angeschlossen. Desweiteren sind erlesene Briefpapiere sowie handgeschöpftes und farbiges Büttenpapier erhältlich. Wechselnde Ausstellungen in der »Galerie der Schreibkultur«. Fachgerechte und international anerkannte Restaurationen mit Originalmaterialien durch Thomas Watkinson (von Tom Westerich, dem Füllerspezialisten aus Hamburg, zum Dr. INK ernannt) sowie aktuelle Wertbestimmungen, An- und Verkauf historischer Füllfederhalter, Hilfe bei Suche nach seltenen Sammlerstücken.

Winter
Exclusives Bürofachgeschäft GmbH
Königsallee 60/Kö-Galerie
40212 Düsseldorf
Tel.: 02 11 / 1 36 90 20
Schreibgeräte deutscher und internationaler Hersteller, Limited Editions, Brief- und Visitenkartendruck, Liefer- und Versandservice weltweit, sehr gut geschultes Fachpersonal.

Füllfeder-Zentrale
Kleppingstraße 3–7
44135 Dortmund
Tel.: 02 31 / 52 59 30
Schreibgeräte der Markenhersteller und Limited Editions sind ebenso im Angebot wie das Aufarbeiten und Reparieren alter Schreibgeräte und die fachmännische Namensgravur.

Ortloff
Zeppelinstraße 4
50667 Köln
Tel.: 02 21 / 2 05 50
Die erste Adresse in Köln in Sachen Schreibkultur. Auf drei Etagen und 700 Quadratmetern sind neue Schreibgeräte aller Art erhältlich, ferner Büroartikel sowie die komplette Paperworld inklusive Büttenpapier. Bei anstehenden Reparaturen und Restaurationen wird man weitervermittelt.

J. F. Carthaus
Exclusives Bürofachgeschäft
Remigiusstraße 16
53111 Bonn
Tel.: 02 28 / 7 26 00
Seit über 145 Jahren in Bonn ansässig. Edle und ausgefallene Schreibgeräte großer Hersteller, angeschlossener Montblanc-Shop, großes Sortiment antiker Schreibgeräte, Limited Editions, edle Bütten- und Briefpapiere, Schreibtischaccessoires.

Theissinger
Steinwegpassage 7
60313 Frankfurt
Tel.: 0 69 / 28 13 39
Seit 1796 die erste Adresse in Frankfurt, die das gesamte Spektrum der Welt des Schreibens bietet: hochwertige Schreibgeräte aller Art, feine Waltraud-Bethge- und italienische Papiere.

Haufler am Markt GmbH
Marktplatz 6
70173 Stuttgart
Tel.: 07 11 / 2 28 99 32
Führendes Haus für Schreibgeräte, hochwertige Lederwaren (auch Einzelanfertigungen), Garnituren für den Schreibtisch, umfassendes Schreibgeräte-Sortiment aller führenden in- und ausländischen Marken, kompetente Fachberatung, Reparaturservice, Gravuren und Prägungen, Versandservice für das In- und Ausland. Seit 1895.

Füllhalter-Boutique Arcade-Passage
Neuhauser Straße 5
80331 München
Tel.: 0 89 / 26 34 39
Erlesene Schreibgeräte aller führender Hersteller, Limited Editions, An- und Verkauf seltener Schreibgeräte, Reparaturannahme für antike Schreibgeräte.

Fr. Ant. Prantl
Perusastraße/Perusapassage
80333 München
Tel.: 0 89 / 22 34 36
Feine Papier-, Schreib- und Lederwaren, eigene Druckerei und Stahlstichprägewerkstätte, Schreibgeräte der führenden Weltmarken, Montblanc-Vertragspartner. Seit 1797 in München.

FRANKREICH

Memo Art
Le Carrousel
99, rue de Rivoli
75001 Paris
Tel.: 01 / 42 86 54 70
Dieses Geschäft (auch sonntags geöffnet) bietet eine bemerkenswerte Auswahl von Markenfüllern. Außerdem findet man hier schönes Briefpapier.

Nature et Découvertes
Le Carrousel
99, rue de Rivoli
75001 Paris
Tel.: 01 / 47 03 47 43
Das Pariser Geschäft gehört zu einer ganzen Kette, die ein sehr breit gefächertes Sortiment an ausgefallenen Schreibwaren bietet.

Styl'Honoré
Rue du Marché-Saint-Honoré
75001 Paris
Tel.: 01 / 42 60 43 39
Außer verschiedenem Zubehör, Füllhaltern und Federn, die nach Maß zugeschliffen und graviert werden, findet man hier Tinte in (fast) allen Farben – wie kirschrot, kiwigrün oder schokoladenbraun.

Mercier et Violet
8, passage des Panoramas
75002 Paris
Tel.: 01 / 42 36 37 22
Auf altmodische Schreibgeräte spezialisiert.

L'Art du Bureau
47, rue des Francs-Bourgeois
75004 Paris
Tel.: 01 / 48 87 57 97
Breites Angebot von Füllhaltern, Büroartikeln und Lederwaren sowie ausgefallenen Kugelschreibern und Rollerballs, die für die amerikanische Marke Spalding and Bros. in Japan hergestellt werden.

Calligrane
4 et 6, rue du Pont Louis-Philippe
75004 Paris
Tel.: 01 / 48 04 31 89
Hochwertige Schreibwaren: Papier, Radiergummis, Bleistifte, und bei einer Füllhaltertinte aus Deutschland kann man zwischen zwölf Farbtönen wählen. Imposante Auswahl von Lamy-Artikeln.

Comptoir des écritures
35, rue Quincampoix
75004 Paris
Tel.: 01 / 42 78 95 10
Eine Paradies für die Freunde der Kalligraphie und alle, die moderne Schreibgeräte suchen. Ausstellung der Werke von Kalligraphen aus aller Welt.

Get a Pen
30, rue Dauphine
75006 Paris
Tel.: 01 / 46 33 32 50
Get a Pen hat sich auf Design spezialisiert und bietet in seinem Sortiment Schreibgeräte von Lamy, Tombow, Faber-Castell, Parafernalia, Sensa, Fisher, den Level 5 von Pelikan und sogar Einzelstücke von Künstlern an.

Cercle européen des professionnels du stylo
61, rue de la Boétie
75008 Paris
Tel.: 01 / 46 22 72 12
62 Fachgeschäfte in ganz Europa haben sich zur Internationalen Vereinigung der Fachverkäufer für Füllfederhalter zusammengeschlossen.

Dupré Signature
141, rue du Faubourg Saint-Honoré
75008 Paris
Tel.: 01 / 45 61 50 71
Alle, die Schreiben als Lebenskunst betrachten, finden hier die wichtigsten Modelle großer Marken und eine beacht-

Die Auswahl eines Füllhalters

Kauf
Wenden Sie sich an einen Verkäufer, der sich die Zeit nimmt, Ihnen zuzuhören und Sie zu beraten. In den Großstädten findet man am ehesten Schreibwarenhändler, die sich auf Füllhalter spezialisiert haben.

Auswahl
Gute Füllhalter gibt es in allen Preislagen. Wichtig ist, daß man sich Zeit beim Suchen nimmt und sich nicht von der Mode beeinflussen läßt, schließlich dient der Füllhalter vor allem dem Schreiben. So spielen Größe, Gewicht oder Verpackung eine geringe Rolle – wichtig ist, ob es Ihnen angenehm ist, mit dem Füllhalter zu schreiben.

Ausprobieren
Probieren Sie den Füllhalter beim Kauf nicht im Stehen aus, sondern im Sitzen, so, wie Sie ja in der Regel auch schreiben.

Tinten ...
Benutzen Sie, wenn Sie Ihre Wahl getroffen haben, immer die gleiche Tinte; wenn Sie die Marke oder die Farbe wechseln wollen, dann spülen Sie vorher das Vorderteil des Füllhalters (mit Feder und Tintenleiter) gründlich mit kaltem Wasser durch. Lassen Sie sich auch bei der Wahl der Tinte Zeit, die Auswahl ist sehr groß.

... und Papier
Wenn Sie mit einem guten Füllhalter gut schreiben wollen, brauchen Sie gutes Papier, denn davon hängt auch die Qualität der Schrift ab. Die Feder darf nicht am Papier hängenbleiben. Probieren Sie verschiedene Papiersorten mit unterschiedlichem Gewicht aus. Meiden Sie Papier, in das die Tinte, ähnlich wie in ein Löschblatt, zu schnell einzieht. Zwischen Papier und Papier kann es beträchtliche Unterschiede geben.

Patrone oder Füllkolben?
Die Patrone ist praktisch, wenn man auf Reisen geht oder überhaupt viel unterwegs ist. Andere Füllsysteme eignen sich vor allem für Füllhalter, die auf dem Schreibtisch bleiben. Das Auftanken mit Tinte aus dem Faß ist auf Dauer allerdings billiger und sicher auch umweltfreundlicher. Für die meisten Patronenfüller gibt es heute aufsteckbare Füllkolben zu kaufen, so daß man nach Belieben zwischen beiden Systemen wechseln kann.

Neu oder »antik«?
Die Füllhalter der ersten Jahre erweisen sich im täglichen Gebrauch als eher unpraktisch; wesentlich besser schreibt es sich mit Modellen aus den vierziger und fünfziger Jahren – unter anderem dem *Parker 51*, dem *Waterman CF* sowie bestimmten Produkten von Sheaffer, Omas, Pelikan, Montblanc. Allerdings sollte man sich bei der Auswahl von einem Fachmann beraten lassen. Es ist wesentlich schöner, mit dem Original zu schreiben, als mit einer wiederaufgelegten Edition. Sehen Sie sich aber vor dem Kauf die Feder gründlich an; wenn sie nicht tadellos in Ordnung ist, ist das Modell nicht mehr zum Schreiben geeignet.

Gut heißt nicht immer teuer!
Der Kaufhausfüller aus der Blisterpackung eignet sich selten dazu, die Lust am Schreiben zu entdecken. Klären Sie ihre Kinder lieber über die Merkmale guter Füller auf: Sie sollen bequem zu halten sein, die Patronen einfach auszuwechseln, die Feder muß leicht über das Papier gleiten. Viele Hersteller kennen die Bedürfnisse der Kinder und Jugendlichen und bieten gute, interessant gestylte bunte Schulfüller zu vernünftigen Preisen an. Bewährte Modelle sind *Stypen up*, *Lamy ABC*, *Pelikano*; für ältere Schüler eignen sich *Art Pen* von Rotring, *Reform* von Muschler und *Harley* von Stypen.

Der eigene Füllhalter
Ein Füllhalter ist ein sehr persönlicher Gegenstand, den man nicht an andere ausleiht. Einen Füllhalter, an dem man hängt, sollte man lieber zu Hause lassen, damit man ihn nicht verliert oder liegenläßt. Wer aber auf seinen »Taschenfüller« nicht verzichten kann, sollte ihn zum Schutz vor Kratzern und Staub in einem Etui aufbewahren.

Für alle Zeiten ...
Es braucht einige Zeit und etliche geschriebene Seiten, bis die Feder eines neuen Füllhalters sich an unsere Hand gewöhnt hat. Unser Füllhalter soll uns lange Jahre treu begleiten; da lohnt sich die Mühe, ihn sorgfältig auszuwählen.

liche Auswahl an Federn. Zudem bietet Dupré einfaches oder edles Papier, Visitenkarten und andere schöne und nützliche Dinge an.

Élysées Stylos Marbeuf
40, rue Marbeuf
75008 Paris
Tel.: 01 / 42 25 40 49
1990 konnte das Geschäft sein 50jähriges Bestehen feiern. Die Warenauswahl ist groß und durchdacht. Neben den Klassikern finden sich auch die kühnsten Designermodelle von Lamy oder Jorg Hysek.

Montblanc
60, rue du Faubourg-Saint-Honoré
75008 Paris
Tel.: 01 / 40 06 02 93
In den firmeneigenen Geschäften gibt es Schreibartikel aller Art vom Füllfederhalter über Papier bis hin zur Schreibtischgarnitur. Man kann aber auch ein altes Modell reparieren oder schätzen lassen.

Point Plume
21, rue Quentin-Bauchart
75008 Paris
Tel.: 01 / 49 52 09 89
Kunden aus aller Welt lieben das Point Plume! Der Inhaber, Monsieur Ridel, hat sich auf limitierte Serien, Einzelstücke und originelles Design spezialisiert.

Opéra Stylos
26, boulevard des Italiens
75009 Paris
Tel.: 01 / 47 70 26 52
Dieser Tempel des Schreibens, den es schon seit ungefähr 50 Jahren gibt, bietet zahlreiche Geschenkideen. Gekaufte Schreibwerkzeuge kann man auch gleich gravieren lassen, und fehlerhafte Füllhalter werden repariert.

Lamartine
118, rue de la Pompe
75016 Paris
Tel.: 01 / 47 27 31 31
In dieser großen Pariser Buchhandlung, 1926 gegründet, liebt man nicht nur das Lesen, sondern auch das Schreiben: Füllfederhalter aller Marken sowie ein einzigartiges Angebot an Notizbüchern und Terminkalendern warten auf Sie!

Stylos Wagram
13, avenue de Wagram
75017 Paris
Tel.: 01 / 43 80 20 71
Monsieur und Madame Fau, die Inhaber, bieten Füllfederhalter der großen Marken an. Ein besonderer Service des Hauses: Man kann unter verschiedenen Federn diejenige wählen, die am besten zur eigenen Schrift paßt.

Plein ciel
Mehr als 400 Geschäfte
Tel.: 01 / 69 18 55 36
Das Firmenlogo – ein rotes Viereck mit weißen Streifen – ist in Frankreich sehr bekannt. Plein Ciel ist führend in der Branche und präsentiert eine ausgewogene Auswahl an Papiersorten und Füllhaltern.

ÖSTERREICH

Theyer & Hardtmuth
Kärntner Straße 9
1010 Wien
Tel.: 01 / 51 23 67 80
Seit 260 Jahren in Wien. Montblanc-Boutique, hochwertige Schreibgeräte anderer Marken wie Parker und Waterman. Kugelschreiber von Lamy, Drehbleistifte. Kalligraphieartikel, feinstes Bütten- und z.T. italienisches Papier.

Huber & Lerner
Kohlmarkt 7
1014 Wien
Tel.: 01 / 5 33 50 75
Seit über hundert Jahren Schreibgerätespezialist mitten in Wien. Kompetenz und Auswahl auch in den Bereichen edler Schreibpapiere, Lederwaren, Malzubehör und Büroartikel. Papiergeschäft wäre ein zu grober Ausdruck für diese Adresse, von der der standesbewußte Wiener sein Büttenpapier bezieht und auch bedrucken lassen kann.

SCHWEIZ

Paputik
Berns Papier- und Schreibboutique
Am Waisenhausplatz
3011 Bern
Tel.: 0 31 / 3 11 22 22
Schweizer »Papeterie des Jahres 1998«. Schreibgeräte aller führenden Marken, edle Papiere für jeden Bedarf, Lederwaren, große Kartenauswahl.

Abraxas GmbH
Christian Stehlin
Oberdorfstraße 4
4202 Duggingen
Tel.: 0 61 / 7 51 58 57
Hersteller von Kalligraphieartikeln mit eigenem sehenswertem Ladengeschäft, Typ Alchimistenküche.

Die bekanntesten Hersteller und Marken

Arjo Wiggins Appleton
Die beiden großen Namen im Papiergeschäft, Arjomari-Prioux aus Frankreich und die anglo-amerikanische Firma Wiggins Teape Appleton, haben sich 1990 zu Arjo Wiggins Appleton, zusammengeschlossen. Angesichts der beeindruckenden Zahlen, die durch solch einen internationalen Zusammenschluß zustande kommen (1,8 Millionen Tonnen Papier im Jahr, 42 Werke in zehn Ländern), darf nicht vergessen werden, daß Papierhersteller wie Arches, Johannot oder die Papeteries du Marais nach traditionellen Herstellungsverfahren arbeiten und weiterhin handgeschöpftes Papier liefern (100% Hadern). Außerdem beschäftigen sich diese Betriebe mit der Konservierung des Geschriebenen und stellen heute garantiert säurefreies Papier her. Rives, eine weitere Mitgliedsfirma dieser Gruppe, hat sich auf farbiges Papier spezialisiert und stellt u. a. Briefpapier her.

Aurora
Die Firma wurde 1919 in Turin gegründet und brachte in den dreißiger Jahren Füllhalter auf den Markt, die berühmt wurden: u.a. den *Astérope* und den *Etiopia*. So wie bei Montblanc wurden auch die Maschinen und Archive von Aurora im Krieg vollkommen zerstört. 1947 wurde die Produktion in einem neuen Werk nahe Turin wieder aufgenommen. Der Erfolg des Modells *88*, das kühne Design des *Hastil*, der im New York Museum of Modern Art ausgestellt wird, und der des Kugelschreibers *Thési* (der auch heute noch als ein Meilenstein in der Geschichte des Schreibgeräte-Designs gilt) haben die italienische Firma inzwischen weltbekannt gemacht. Außer verschiedenen neuen Versionen des *Aurora 88* stellt das Unternehmen heute Kugelschreiber, Rollerballs und Druckbleistifte her, auch in limitierten Auflagen, sowie Modelle aus massivem Gold oder Silber in Editionen von jeweils nur einigen hundert Exemplaren.

Bic
Die Firma bleibt ihrem ursprünglichen Ziel treu: Sie bietet den Verbrauchern Qualitätsprodukte zu einem vernünftigen Preis. Bei den weltweit bekannten französischen Marken steht Bic an dritter Stelle. Der *Bic Cristal* wird seit 1952 hergestellt. Seitdem sind viele Modelle dazugekommen; das Sortiment umfaßt eine große Auswahl an Kugelschreibern im klassischen oder aber phantasievollen Styling sowie Rollerballs. 1979 hat Bic die Firma Conté aufgekauft (u. a. Buntstifte, Minenhalter und Filzstifte) und 1997 die Firma Sheaffer (hochwertige Schreibgeräte). Heute werden von Bic weltweit täglich zwanzig Millionen Schreibgeräte hergestellt.

Brause
Die auf die Herstellung von Kalligraphie-Instrumenten spezialisierte Firma stellt auch Füllhalter her, deren Federn sich besonders für schräge Schriften, für besondere Schriften und für Linkshänder eignen.

Caran d'Ache
Das Unternehmen, das sich oft an Neuerungen gewagt hat, ist heute einer der führenden Hersteller von Schreibgeräten und Künstlerbedarf. 1929 leistete die Firma Pionierarbeit mit der Erfindung des *Fixpencils:* der erste Metallbleistift mit Zangenmechanismus. Seit 1953 stellt sie den *Ecridor* in Serie her, einen sechskantigen Füllhalter; er ist auch heute noch eines der bekanntesten Erzeugnisse des Hauses. Zahlreiche Serien und limitierte Editionen festigten seither den Ruf von Caran d'Ache; zu ihnen gehört auch der *Genève*, einer der teuersten Füllhalter der Welt: Er ist mit Tausenden von Diamanten verziert (siehe Abb. S. 134 und S. 139).

Cartier
Cartier ist in der ganzen Welt als Juwelier und Uhrenhersteller bekannt; die Firma interessierte sich aber auch schon früh für die Herstellung von Schreibgeräten. Davon, und von dem Bestreben, auf mehreren Gebieten Hervorragendes zu leisten, zeugt die Kollektion »Art de Cartier«, für die Stücke aus Privatbesitz zu einer Sammlung zusammengestellt wurden, die hundertfünfzig Jahre Firmengeschichte dokumentiert.
In den siebziger Jahren, nach dem großen Erfolg des Feuerzeugs, brachte das Haus eine Auswahl von Füllhaltern auf den Markt: die *Must*-Serie, die an ihrem dreifachen Ring leicht zu erkennen ist, und die Kollektion *Louis Cartier* – der Füllhalter ist von außerordentlich hoher Qualität und wurde unter Kennern bald zum Begriff. Zu den großen Serien kommen – meist zu besonderen Anlässen – wechselnde limitierte Editionen. So wurde zum hundertfünfzigjährigen Firmenjubiläum ein Füllhalter aus massivem Gold vorgestellt, ein Mini-Füllhalter für die Handtasche und ein Füllfederhalter mit Uhr (siehe Abb. S. 134 und S. 135).

Conté
Das Herstellungsverfahren von Conté für Bleistifte ist seit 1795 unverändert. Die Firma Conté war in der Geschichte der Schreibgeräte schon immer sehr aktiv. 1881 brachten sie die *Sergent-Major*-Feder auf den Markt, die Minenhalter *Criterion* 1939 und *De Conté* 1988. 1993 entwickelte Conté einen Bleistift ohne Holz, den *Conté Évolution*.

A.T. Cross
Die Firma wurde 1846 von Alonzo Townsend Cross auf Rhode Island gegründet und war zunächst auf die Herstellung von eleganten Etuis (aus ziseliertem Gold und Silber) spezialisiert. 1870 erfand Cross einen Stift, der so etwas wie ein Vorläufer des Kugelschreibers ist. Seither entstanden zahlreiche Serien von Schreibgeräten, u. a. die bekannte Serie *Century*.
Der *Townsend*, der immer wieder in leicht veränderter Gestaltung herausgebracht wird, ist im typischen Art-déco-Stil gehalten; Gehäuse und Kappe sind konisch geformt. Cross hat sich aber auch als eine der ersten Firmen für die Kombination von Handschrift und Elektronik interessiert und einen Stift mit Polymer-Spitze entwickelt, mit dem man auf besondere Computer-Pads schreiben kann. Die Füllhalter von Cross sind in hundertvierzig Ländern der Erde erhältlich; hergestellt werden sie in Lincoln auf Rhode Island, USA, und in Ballinasloe in Irland.

Alfred Dunhill
Über hundert Jahre hervorragende Arbeit haben Alfred Dunhill zu dem gemacht, was die Firma heute ist: hundertfünfzig Geschäfte auf der ganzen Welt verkaufen Luxusartikel für Herren. Der Erfolg beruht auf der Begeisterung des Gründers für Produkte der Handwerkskunst. Seine Devise lautete: »Es muß nützlich sein, es muß schön sein, es muß zuverlässig sein, es muß das Beste seiner Art sein«; an der Gültigkeit dieser Geschäftsphilosophie hat sich bis heute nichts geändert.
In den dreißiger Jahren importierte Alfred Dunhill als erster die Namiki-Füllhalter. Dank dieser außergewöhnlichen Objekte (Füllhalter mit Uhr, Füllhalter mit Zigarettenspitze, Füllhalter mit Datumsanzeige) wurde aus dem Flirt zwischen Alfred Dunhill und der Schreibkultur eine große Leidenschaft, die bis auf den heutigen Tag fortbesteht. Der *AD 2000* ist das beste Beispiel für die Kreativität Alfred Dunhills. Sein avantgardistisches Design, die besonderen Materialien (Kohlefaser) und die Technologie (einziehbarer Clip) weisen ihn als Schreibgerät des kommenden Jahrtausends aus.

S.T. Dupont
1872 gründete Simon Tissot-Dupont in Paris eine Fabrik für hochwertige Herren-Lederartikel.
Seine Söhne verlegten das Unternehmen nach Faverges in Haute Savoie und erfanden 1939 das berühmte Feuerzeug Dupont (übrigens, um die Ausstattung einer Reisetasche für den Maharadscha von Patiala zu vervollständigen). Nach dem Zweiten Weltkrieg konzentrierte man sich auf die Serienproduktion von Feuerzeugen und hatte damit sehr viel Erfolg. Um die Produktpalette zu erweitern, brachte die Firma ab 1973 raffinierte, elegante Schreibgeräte heraus, u. a. den *Dupont*-Füllhalter, der in den Siebzigern zu den luxuriösesten Modellen zählte.
Heute werden die Füllhalter von S.T. Dupont aus Faverges in die ganze Welt verkauft; charakteristisch sind ihre Beschläge aus kostbaren, guillochierten Metallen und Überzüge aus chinesischem Lack. Wenn man Glück hat, kann man an den Messeständen von S.T. Dupont Meister der Lackkunst antreffen, die dem Publikum das komplizierte Verfahren vorstellen.

Faber-Castell
Diese Firma gehört zu den ältesten der Branche und hat eines der schönsten Sortimente von Schreibwaren hervorgebracht, Ergebnis einer gelungenen Verbindung von Tradition und kühner Kreativität. Ihre anspruchsvollsten Erzeugnisse sind aus Ebenholz und Silber gefertigt. Füllhalter, Bleistifte, Radiergummis und Bleistiftspitzer werden in Federkästchen aus edlen Hölzern verwahrt, die eher für den Schreibtisch des erfolgreichen Geschäftsmanns ge-

dacht sind als für das Schülerpult. Die Anpassung der Form an die Funktion ist perfekt; das Ergebnis bedeutet ein Schreibvergnügen in höchster Vollendung.

Fabergé
Die Renaissance Pen Company in Saint-Louis, Missouri, stellt nach dem Vorbild der berühmten Fabergé-Eier aufwendige Fabergé-Füllhalter her. Michel Perchin entwirft für sie limitierte Editionen von nur einigen wenigen Exemplaren; vom *Gothic* (siehe Abb. S. 132) existieren nur zehn Stück! Die von Hand zusammengesetzten Füllhalter sind mit Diamanten und Rubinen besetzt.

Geha
Die 1918 gegründete Firma der Gebrüder Hartmann – Ge-ha – handelte zunächst nur mit Büroartikeln, bis sie sich 1922 an ihre Herstellung wagte. Während des Zweiten Weltkrieges wurden im Werk allerdings statt Farbbändern und Radiergummis Munition und Flugzeugkompasse hergestellt. Als die Britische Militärregierung, die zwischenzeitlich die Fabrik besetzt hatte, 1949 ausgezogen war, begann man mit der Produktion von Schreibgeräten in mittleren Preislagen. Der Geha-Schulfüller wurde bald zum Begriff; aber auch einige anspruchsvolle Füllhalter wie der *Goldschwinge* und der *Regent* gehörten zur Produktpalette.

Gillette Writing Equipment
Dieser internationale Konzern setzt sich aus vier früher eigenständigen Unternehmen zusammen: Parker, Paper Mate, JiF und Waterman.

GPV
Einer der größten französischen Papierhersteller, vor allem von Briefpapier unterschiedlicher Qualitäten und Farben. GPV produziert täglich fünfzig Millionen Briefumschläge und bringt jedes Jahr eine neue Papeterie-Kollektion hervor.

Herbin Sueur
Die Firma stellt seit drei Jahrhunderten Tinte her. Obwohl sie auch die Industrie mit Tinte und Wachs beliefert, ist sie der Schreibtinte treu geblieben, die sie in verschiedenen klassischen Zusammensetzungen oder aber als Tinte mit Spezialeffekten anbietet: golden, silbern, mit Perlmuttschimmer. Sie liefert auch noch anderes Schreibgerät: Stahlfedern, Federhalter, Schreibsets mit Rohrfedern und Papyrus oder Gänsefedern und Tintenfässern. Für die Liebhaber nostalgischer Schreibutensilien hält Herbin Sueur ferner Glasfedern bereit, alles, was man braucht, um auf Pergament zu schreiben, und sogar Streusand, den man über die beschriebene Seite streut, um die Tinte zu trocknen.

Jorg Hysek
Nachdem er mehrere Jahre lang bei Rolex gearbeitet hatte, eröffnete Jorg Hysek ein eigenes Designbüro. Er gehört zu den berühmtesten Uhrendesignern, und sein Eintritt in die Welt des Schreibgerätedesigns erregte Aufsehen. Wir verdanken ihm den *AD 2000* von Dunhill sowie eine Kollektion von Objekten, die er unter eigenem Namen herausgebracht hat. Seine Füllhalter, Kugelschreiber und Rollerballs fallen durch ihre klare Linienführung auf; sie kommen ohne Clip aus. Hyseks Stil ist durch moderne Einfachheit und technische Raffinesse gekennzeichnet. Hundert Jahre nach Waterman und seinem Füllhalter aus schwarzem Ebonit erinnert Hysek uns an die ursprüngliche Schlichtheit der frühen Schreibgeräte.

Lalo
Das traditionsreiche Haus bietet ein vielfältiges Sortiment von Schreibpapier mit Wasserzeichen sowie von Umschlägen an. Manche Papiersorten sind zu 100 % aus Baumwolle; das gerippte Papier gibt es in sehr großer Farbauswahl oder aber mit einem zusätzlichen Prägedruck verziert.

Lamy
Die Schreibgeräte von Lamy sind in Form und Material (u.a. Porzellan und Holz) sehr verschieden voneinander; gemeinsam ist ihnen allen die ansprechende, kreative Gestaltung. Die einzelnen Serien sind individuell konzipert. Die Firma ist mit ihrem kühnen Design sehr erfolgreich, und die einzelnen Modelle werden oft über lange Zeiträume produziert, ohne an Beliebtheit zu verlieren. Der *Persona*, der *ABC*, der *Spirit* ... Die Liste von Lamys bekannten Füllhaltern, Kugelschreibern oder Rollerballs ist lang.

Lana/Groupe Aussedat Rey
Seit über vier Jahrhunderten gibt es die Papierfabrik Lana in den Vogesen. Das Papier besteht aus reiner Textilfaser (Baumwolle, Leinen) und wird nach den Regeln alter Handwerkskunst von Hand gefertigt. Das hochwertige Papier ist außerordentlich beständig. Herkunft und Qualität werden durch ein Wasserzeichen garantiert, das gleichzeitig Symbol für die Geschichte des Hauses ist: Es zeigt das Kreuz von Lothringen, einen Widderkopf und eine Krone. Aussedat Rey stellt auch schönes Schreibpapier mit Wasserzeichen her, u.a. die Sorte *Manager*, auf dem sich mit Füllhalter sehr gut schreiben läßt.

Jean-Pierre Lépine
Die Werkstatt von Jean-Pierre Lépine befindet sich im französischen Jura und stammt aus der Zeit um die Jahrhundertwende. Sein Urgroßvater arbeitete hier mit Knochen, Elfenbein und gedrechseltem Holz. Seit 1981 werden in der Werkstatt Füllhalter u.a. aus Azetat, Ebonit, Plexiglas, Kunstharz, Messing, Bruyèreholz (Wurzelknoten der südeurop. hochwachsenden Erica arborea), Silber, Holz und Aluminium individuell von Hand hergestellt.
75% der Produktion werden exportiert, hauptsächlich in verschiedene europäische Länder, die USA und nach Hongkong. Seine Philosophie faßt Jean-Pierre Lépine folgendermaßen zusammen: »... anders sein, avantgardistisch und zugleich romantisch. Ich suche nicht in der Vergangenheit nach Ideen, sondern in meiner Phantasie.« Lépine hat bewiesen, daß er Phantasie besitzt und sie auch umzusetzen versteht – man braucht sich nur seinen Füllhalter *Graphiscaph* anzusehen, der aussieht wie der Anzug eines Tiefseetauchers; die Verpackung hat ein Bullauge, durch das der Betrachter auf ein Strandpanorama blickt (siehe Abb. S. 120, 121, 133).
Seine Anschrift: 24, Lacuzon, F-39170 Saint-Lupicin.

Jacques Le Roux
Die Leidenschaft dieses Künstlers, der sich selbst als »Maler der Schrift« bezeichnet, sind alle Formen von Schrift und Kalligraphie. Er ist der Briefschreiber historischer Kinofiguren geworden, denen er seine Schrift und seine Hand leiht – etwa Gérard Depardieu in der Rolle von Cyrano de Bergerac oder Juliette Binoche in der Rolle der George Sand (siehe Abb. S. 16).
Seine Adresse: En Geffe, F-01190 Chavannes-sur-Reysouze.

François-Yves Luthier
Luthier hat im französischen Jura ein Atelier gegründet und befaßt sich mit der Herstellung außergewöhnlicher Schreibgeräte, die an Werken von Künstlern wie Modigliani oder Jean Cocteau inspiriert sind. Außerdem stellt er Tintenleiter aus Ebonit her. Ebonit ist das Material, aus dem Ende des 19. Jahrhunderts die ersten Füllhalter hergestellt wurden.

Mitsubishi Pencil
(Uni Mitsubishi Pencil)
Das Unternehmen stellte als eines der ersten Schreibgeräte für den Weltmarkt her; zu seinen bekanntesten Produkten gehören Rollerballs, Textmarker sowie Stifte, die mit Pigmenttinten und Geltinten arbeiten. Pigmenttinten, die von Kugelschreibern mit doppeltem Kugelsystem verschrieben werden, sind lichtecht und eignen sich daher für offizielle Dokumente, Schecks und Unterlagen, die archiviert werden.

Montblanc
Ursprünglich hieß die erste Produktmarke einer kleinen Firma, die Anfang des 20. Jahrhunderts in Hamburg gegründet wurde, »Rouge et Noir«. Die Gründer, Industrielle, die sich für neue technologische Entwicklungen interessierten, und ihre Geldgeber, wollten Schreibgeräte für das kultivierte, wohlhabende Publikum herstellen, und da in diesen Kreisen auch französisch gesprochen wurde, erschien der Name angebracht. Die Firma selbst nannte sich zunächst Simplo Filler Pen Company. Ein paar Jahre später änderte die Firma den eigenen Namen und den ihrer Produkte in Montblanc um, und der Name wurde Legende, die die Firma unter anderem dadurch nährte, daß sie die Höhe des Alpengipfels, 4.810 (m), auf die Gold- oder Platinfedern ihrer Füllhalter gravieren ließ. Gipfel des Ehrgeizes, der Leistung und auch des Ruhms wurden erklommen; der berühmte *Meisterstück* von Montblanc wurde mit der Zeit zum Füllhalter der Schriftsteller, der Meister der Literatur; der Name erinnert aber auch daran, daß die Modelle dieser Serien unter dem Auge und der Hand von Meistern entstehen – Meistern eines Handwerks und vielleicht auch einer Kunst.

Montegrappa
Diese italienische Firma stellt seit 1912 kostbare Füllhalter in limitierten Editionen her: klassische Modelle in klarer Linienführung aus Werkstoffen der dreißiger Jahre wie marmoriertes Zelluloid oder aber regelrechte »Skulpturen« mit üppigen Verzierungen. Füllhalter aus schwarzem Ebonit (einem weiteren Material dieser Zeit) können mit goldenen Schlangen verziert sein, mit einer

Darstellung der Aphrodite oder einer Meerjungfrau, deren Körper aus ziseliertem Silber oder Gold sich um das Gehäuse windet. Wenn soviel Sinnlichkeit nicht zum Schreiben verführt!

Namiki
Vor 1500 Jahren entdeckten die Japaner die Kunst des Lackierens. Namiki hat es verstanden, diese Kunst mit der Herstellung von Schreibgeräten zu verbinden. Jeder von Hand gefertigte Namiki-Füllhalter ist ein Einzelstück (siehe hier auch Dunhill).

Hervé Obligi
Als einziger stellt er Schreibgeräte aus Edel- oder Halbedelsteinen her oder schmückt mit ihnen das Gehäuse von Markenfüllhaltern. Der Kunde bestimmt die Auswahl; seine letzte Kreation war eine Komposition aus Lapislazuli, Rubinen und Achat. Für seine Arbeit läßt Obligi sich vom aktuellen Tagesgeschehen inspirieren (Füllhalter *Fußballfan*), von der Natur (Füllhalter *Biene*) oder seinen Reisen (Füllfeder *Jade*). Obwohl seine Werke kleine Sensationen sind, möchte Obligi lieber am Rande des Geschehens bleiben und auf dem Zaun sitzen, der Kunst von Handwerk trennt. Das Entwerfen ist ihm lieber als das Produzieren, sagt er und wünscht sich, daß er mit seinen Erfindungen die Leute zum Träumen bringt. Die Auflagen seiner Kunstwerke sind stark limitiert: Von jedem Füllhalter gibt es höchstens acht Exemplare, und weil jeder Edelstein einzigartig ist, sind auch diese acht im Grunde acht Einzelstücke.

Omas
Die Nachfahren des Gründers von Omas, Armando Simoni, gelten unter den Herstellern von Schreibgeräten als die anerkannten Vertreter des »italienischen Stils«. Seit Generationen stellt das Haus ausschließlich sehr individuelle Kollektionen her. Zahlreiche Editionen sind limitiert. Die *Celluloïds* gehören zu den Klassikern der Produktion; sie werden seit einem halben Jahrhundert hergestellt, haben aber von ihrem Charme und ihrer Attraktivität nichts verloren. Ihre Farben sind außergewöhnlich (unter anderem ein unvergleichliches Braun!). Die Füllhalter sind leicht und liegen gut in der Hand. Omas stellt auch sehr schöne Geräte aus Holz her und ein sehr modernes Modell: der erfolgreiche *360*, ein großer, dreikantiger Füllhalter. Dank seiner ergonomischen Form schreibt es sich mit ihm sehr angenehm. Man sollte ihn ausprobieren.

Omyacolor
Ein renommierter französischer Hersteller von Lehrmaterial und Bastelbedarf für Kinder und Erwachsene. In 24 Ländern vertreten, ist Omyacolor weltweit führend in Produktion und Vertrieb von Kreiden aus der Champagne. Weitere wichtige Produkte des Hauses sind Buntstifte, Filzstifte, Modelliermassen, Kleber, Lacke und verschiedene Artikel für die Schule.

Paper Mate
Die US-amerikanische Marke hat sich auf einfache, preisgünstige Schreibwaren für Schule und Büro spezialisiert. 1979 brachte sie den ersten löschbaren Kugelschreiber auf den Markt, der vor allem Kreuzworträtselfans begeisterte. Das Geheimnis des *Replay* liegt in der Mischung aus Tinte und Latex, mit der er schreibt. Innerhalb von 24 Stunden nach dem Schreiben kann diese Tinte mit dem am hinteren Ende des Stifts angebrachten Gummi ausradiert werden. Zusammen mit Parker und Waterman gehört Paper Mate inzwischen dem Gilette-Konzern.

Papeteries de Clairefontaine
1512 gründete ein Mönch in Etival in den Vogesen die erste »Papellerie«. Drei Jahrhunderte später wurde an der gleichen Stelle eine moderne Papierfabrik errichtet, die seither ständig modernisiert und erweitert wurde. Seit dem Ende des 19. Jahrhunderts fertigt sie Hefte und Umschläge. 1951 stellte die Firma ein Heft mit glänzendem, hartem Umschlag vor, das in Frankreich zu einem Klassiker wurde. Heute wurde das Sortiment auf mehrere hundert Modelle erweitert. Das blütenweiße Papier ist gleichzeitig fest und zart und macht das Schreiben zum Vergnügen.

Parker
Seit über einem Jahrhundert gibt Parker in der Welt der Schreibgeräte und der Schreibkultur mit den Ton an. Anläßlich ihres hundertjährigen Bestehens brachte die Firma 1988 eine neue Edition ihres *Duofold* heraus, der zusammen mit dem *Parker 51* zu den Stars des Sortiments gehört. Von letzterem wurden seit 1941 weltweit fünfzig Millionen Exemplare verkauft! Neuauflagen älterer Modelle sind nicht immer unproblematisch; der *Duofold* aber ist ein ausgezeichneter Füllhalter, der seinen Besitzer nie enttäuschen wird, zumal es für ihn so viele verschiedene Federn zur Auswahl gibt, daß jeder die für ihn optimale Ausstattung findet (siehe S. 117 und 124).

Geschichte der Schreibgeräte im Überblick

Um 20 000 v. Chr.: Der Mensch »schreibt« mit seinen Händen. Erste Höhlenmalereien (Lascaux und Altamira).
Um 3000 v. Chr.: Mit zugeschnittenen Griffeln wird auf Täfelchen aus feuchtem Ton geschrieben. In Mesopotamien entwickeln die Sumerer die Keilschrift. Die Ägypter erfinden die Hieroglyphen und schreiben mit der Rohrfeder auf Papyrus.
Um 2000 v. Chr.: Die Chinesen erfinden eine Tinte aus Ruß und Pflanzensäften. Sie schreiben mit dem Pinsel.
Um 800 v. Chr.: Die Griechen schreiben mit dem Stilus auf wachsüberzogene Tafeln.
Um 105 n. Chr.: Einführung des Papiers in China.
200 n. Chr.: Einführung des Pergaments in Europa.
600 n. Chr.: In Europa beginnt man, mit Vogelfedern zu schreiben, und kommt mehr und mehr von der Rohrfeder ab.
750 n. Chr.: Einführung des Papiers in der arabischen Welt.
Um 800 n. Chr.: Im gesamten Abendland wird die Gänsefeder verwendet.
1276: In Fabriano in Italien wird die erste Papiermühle des Abendlands errichtet.
Ab 1400: Das Pergament wurde in Europa weitgehend durch Papier ersetzt.
1760: Paillasson veröffentlicht die »Kunst des Schreibens«, seine Lehre über den Umgang mit der Feder, in der *Encyclopédie* von Diderot und d'Alembert.
1795: Der »moderne Bleistift« mit einer Mine aus Graphitstaub und gebranntem Ton ist geboren; sein »Vater« ist der Franzose Nicolas Conté.
1830: In Birmingham werden die ersten Stahlfeder-Fabriken eingerichtet.
1845: Thurber in den USA entwickelt die erste Schreibmaschine.
1860: Holz ist als Grundstoff der Papierherstellung wichtiger geworden.
1883: L. E. Waterman erfindet den auf dem Prinzip der Kapillarkräfte basierenden Tintenleiter und damit den ersten Füllfederhalter. Loud meldet ein Patent an für eine frühe Kugelschreiberkonstruktion.
1938: Lászlo Biró perfektioniert den Kugelschreiber.
1945: In den USA werden Kugelschreiber von Reynolds verkauft.
1952: In Frankreich kommt der *Bic Cristal* auf den Markt.
1963: Die ersten Filzschreiber kommen auf.
1981: Ab jetzt kann man auch mit Rollerballs schreiben (Kugelstifte mit flüssiger Tinte).
1992: Rollerballs schreiben nun auch mit Tintengel.
Heute: Computer spielen in der Welt des Schreibens eine immer wichtigere Rolle.

Pelikan
Die Pelikan-Füllhalter genießen seit den 1930ern einen ausgezeichneten Ruf. Der von Hand ziselierte *Toledo*, der grün-schwarz gestreifte *Souverän* und alle anderen Modelle tragen den typischen Clip in Form eines Pelikan-Schnabels. Pelikan ist auch für seine Schulfüller bekannt (für die Schreibanfänger ergonomisch) und, in neuerer Zeit, für den faszinierenden *Level 5*, einen Füllhalter mit Gold- oder Stahlfeder, den man zum Aufladen in eine Kombination aus Halter und Tintenbehälter steckt. Das System sieht nicht nur gut aus, es funktioniert auch tadellos; als Feder stehen fünf verschiedene Typen zur Auswahl (S. 136).

Pentel/Europentel
Ein weltbekanntes japanisches Unternehmen, das in Europa 1963 mit dem *Sign Pen* sein Debüt gab, dem ersten Filzschreiber. Ein weiterer prominenter Stift des Hauses ist der *Ball Pentel*; darüber hinaus umfaßt die breitgefächerte Produktpalette Kugelschreiber, Filzstifte und sogar Füllhalter mit Plastikfedern, die sich für die Kalligraphie eignen. Europentel hat sich auf Rollerballs mit Tintengel spezialisiert; zu ihnen gehören auch die *Hybrid Rollers*, die mit gold- oder silberfarbener Tinte auf verschiedenen Untergründen (z.B. Glas, Holz und Keramik) schreiben.

Pilot
Die Kreativität und der Mut zum Experiment haben es Pilot ermöglicht, auf dem Gebiet der Technologie des Schrei-

bens einen der Spitzenplätze zu erringen. Bekannt ist die Firma sowohl für ihre Einwegstifte, die mit flüssiger Tinte oder mit Tintengel schreiben, als auch für die Namiki-Füller, die sie inzwischen vertreibt und die (nicht nur) unter Sammlern sehr begehrt sind (siehe hier bei Namiki).

Récife
Récife ist einer der jüngsten Hersteller von Federhaltern. Die Designer der seit zehn Jahren bestehenden Firma experimentieren ständig mit neuen Werkstoffen, neuen Formen, aufsehenerregenden Farbkombinationen und geben limitierte Editionen heraus; eine von ihnen ist Andy Warhol gewidmet. Manche Récife-Füllhalter sind durchsichtig und geben ihre Tinte neugierigen Blicken preis. Sie werden mit eigens dafür entworfenen Glaspatronen gefüllt.

Reform
Dieser schlichte Füllhalter, der in Deutschland hergestellt wird, ist etwas Besonderes. Obwohl er preisgünstig ist, ist er sorgfältig gefertigt und wird schön präsentiert. Der Käufer kann unter einer Vielzahl von Schreib-, kalligraphischen und Zeichenfedern auswählen; für den alltäglichen Gebrauch eignen sich am besten die obliquen Federn 0.9, 1.1 und 1.5.

Reynolds
Die Firma wurde nach dem Zweiten Weltkrieg französisch. In den sechziger Jahren, in denen die Japaner den Schreib-Filzstift entwickelten, überraschte Reynolds die Franzosen mit dem ersten Stift mit einer Spitze aus Synthetikfaser. Reynolds konnte bei der technischen Entwicklung Schritt halten; seine Rollerballs, Filzstifte und Füllhalter ermöglichen eine schöne Schrift. Besonders erwähnenswert ist der *Ink-Point-Roller*, der mit flüssiger Tinte schreibt.

Rotring
Die Firma Rotring, die 1998 ihr 70jähriges Bestehen feierte, ist in 32 Ländern der Erde vertreten. Sie ist weltweit führend in der Herstellung von Zeicheninstrumenten und hat vor etwa zehn Jahren begonnen, auch Füllhalter der mittleren und höheren Preisklasse sowie Büroartikel anzubieten; wichtig ist ihr ein innovatives und gleichzeitig funktionales Design. Ein sehr gutes Beispiel dafür ist der *Art Pen*, von dem es auch limitierte Editionen gibt. Mit dem *Trio* und dem *Quattro Pen* hat Rotring eine vollkommen neue Schreibgeräte-Idee verwirklicht: Schön gestaltete Multifunktionsinstrumente zum Zeichnen und Schreiben, angenehm und unkompliziert in der Handhabung. Rotring hat aber auch noch andere Asse im Ärmel: Winzige Drehbleistifte und Rollerballs für die Tasche sowie *Art Pens* in vielen bunten Farben.

Patrice Sébilo
Aus fossilem Holz, auch Morta genannt, fertigt Patrice Sébilo Füllhalter. Aber nicht nur: Seine Kreationen können auch aus rosa Pao-Holz oder aus Amarant-Holz sein (siehe Abb. S. 133). Seine Anschrift: 16, avenue de la Monneraye, F-44410 Herbignac.

Sensa
Der *Sensa*, ein Produkt der Firma Willat, hat sich als der »bequemste Kugelschreiber der Welt« einen Namen gemacht, denn seine Griffzone aus Silikon paßt sich jeder Hand an. Das ansprechende Design ist sehr originell. Man gewöhnt sich schnell an den neuen Freund, der keinem anderen Schreibgerät ähnlich sieht und der in einer reichen Auswahl von Farben erhältlich ist. Zahlreiche Geschäfte in aller Welt bieten diesen faszinierenden Stift an, u. a. auch der Museum's Shop des Museum of Modern Art in New York.

Schwan Stabilo
Das Unternehmen, dessen Anfänge in die Mitte des 19. Jahrhunderts zurückreichen, hatte schon immer ein Gespür für sinnvolle Innovationen auf dem Gebiet der Schreibwaren und Büroartikel. 1875 erhielt es ein kaiserliches Patent für den von Gustav Schwanhäuser, einem der Gründer, erfundenen Kopierstift. 1925 brachte es den Stabilo auf den Markt, dessen Mine wesentlich dünner war als die der bisher gebräuchlichen Buntstifte. Schwan entwickelte 1961 als einer der ersten eine schwarze Tinte für Kugelschreiber und zehn Jahre später die floureszierende Tinte. Inzwischen hat der berühmte Markierstift *Stabilo Boss* die Mäppchen und Schreibtische der Welt erobert; damit er auch zur Umwelt freundlich ist, gibt es für ihn jetzt Nachfüllpatronen. Aber er ist nicht der einzige Star des Hauses: Schwan stellt Rollerballs, Filzstifte, Bleistifte und Buntsifte her.

Sheaffer
1928 revolutionierte diese Firma die Vorstellung, die man sich bisher von einem Füllhalter gemacht hatte: Füllhalter waren im oberen Teil schwerer; das so geschaffene Ungleichgewicht ermüdete die Hand. Sheaffer verlagerte das Gewicht nach vorne und balancierte so den Füllhalter aus. Der *Balance Lifetime* wurde sowohl wegen des neuen Gleichgewichts geschätzt als auch, weil er insgesamt in der Handhabung einfacher war. Heute wird das Modell wieder hergestellt – in vielen Farben, auch marmoriert. Ebenfalls sehr schön ist der *Nostalgia* im Art-déco-Stil, der im Set zusammen mit passendem Brieföffner, Löschwiege und Kristall-Tintenfaß angeboten wird.

Stipula
Die schönen Stipula-Füllhalter erinnern an die Zelluloid-Modelle der 1930er und bestehen aus einer raffinierten Mischung aus Materialien wie Zellulose-Azetat, Zellulose-Nitrat, Ebonit und verschiedenen Acryl-Harzen. Die Marke wird sicher noch von sich reden machen.

Stypen
Seit zwanzig Jahren bringt Stypen eine Neuerung nach der anderen auf den Markt. Die Strategie der Firma besteht darin, die Trends aufzuspüren, dabei nach neuen Werkstoffen zu suchen und in der technischen Entwicklung vorne zu bleiben; es gelingt ihnen sogar, dem Publikum, das sich von originellen Ideen begeistern läßt, Schreibgeräte zu erschwinglichen Preisen anzubieten. Eines der neuesten Modelle, der Füllhalter mit versenkbarer Feder, *Stypen up*, hat seit seinem Erscheinen sehr viele Freunde gefunden, und nicht nur bei den Schülern, für die der Füller eigentlich gedacht war. Der *Stypen up* sieht nicht nur witzig aus, seine durchdacht konstruierte Stahlfeder schreibt auch gut. Überhaupt spielt die gute Qualität der Füllhalterfeder beim Erfolg der Stypen-Erzeugnisse sicher eine große Rolle.

Tombow
Tombow stellt seit 1919 Schreibwaren und Büroartikel her und legt großen Wert auf die technische Ausstattung und ergonomische Gestaltung. Die Firma verlangt von ihren Erzeugnissen, daß sie gut in der Hand liegen, ein durchdachtes und funktionelles Design haben und auf überflüssigen Ballast verzichten; in dieser Hinsicht kann man sie auch als umweltfreundlich bezeichnen. Die Füllfederhalter, Rollerballs und Dreh- oder Druckbleistifte sind nicht nur wunderschön, sondern auch angenehm in der Handhabung, und der Ideenreichtum des Designs stellt für das Interieur so manchen Büros eine interessante Bereicherung dar.

Wahl Eversharp
Nach einer langjährigen Karriere voller Triumphe und berühmter Firmenprodukte hatte Wahl Eversharp in den Nachkriegsjahren, in denen die ersten Kugelschreiber auf den Markt kamen, unter großen Schwierigkeiten zu leiden und verschwand bald vom Markt. 1995 ermöglichte ein Franzose der berühmten amerikanischen Firma ein Comeback. Der *Skyline* (Design: Henry Dreyfus) eroberte die Herzen der Liebhaber nostalgischer Füllhalter im Sturm. Gelb wie ein New Yorker Taxi oder durchsichtig wie ein Vorführmodell beweist er, daß Klassiker nie wirklich aus der Mode kommen.

Waterman
Seit über einem Jahrhundert schreibt Waterman die schönsten Seiten im Buch der Geschichte des Füllhalters. Technisches und organisatorisches Know-how einerseits und Mut zur Kreativität andererseits bringen Modelle hervor, die schnell zu Orientierungspunkten und Vorbildern für die gesamte Branche werden. Aus der Welt des Schreibens nicht mehr wegzudenken ist der klassische, auf schlichte Weise elegante *Man 100* (er ist auch zuverlässig und treu; meiner ist schon über fünfzehn Jahre alt und schreibt immer noch perfekt). Ein neueres Modell ist der *Carène*, der unvergleichlich sanft über das Papier gleitet und sehr zum Renommee der Firma beigetragen hat.

Yard-O-Led
Die englische Gesellschaft Yard-O-Led wurde 1934 gegründet, als L. F. Brenner ein Patent anmeldete. Darin beschrieb er einen Minenhalter, der zwölf Minen von je 7,5 cm Länge (3 Zoll) fassen konnte; aneinander gelegt waren die zwölf Minen genau ein Yard lang – daher der Name. Das Patent bleibt bis auf den heutigen Tag einzigartig. Das kleine Unternehmen fertigt von Hand Schreibgeräte aus Gold und Silber unter strenger Beachtung von Qualitätsnormen, die im 19. Jahrhundert festgelegt wurden. Als Produkte britischer Handwerkstradition in Reinkultur sind die Yard-O-Led Füllhalter sowohl hinsichtlich ihrer Qualität als auch der Ästhetik Meisterwerke aus von Hand ziseliertem Sterlingsilber.

Glossar

A

Anilin
Ölige Flüssigkeit, die im 19. Jahrhundert als Basis für farbige Tinten diente.

B

Baradelle
Das luftdicht abschließbare Tintenfaß verhindert das Austrocknen der Tinte; es wurde 1735 von einem Ingenieur namens Baradelle erfunden und nach ihm benannt.

Bastarda
Schrift italienischen Ursprungs aus dem 17. Jahrhundert mit Groß- und Kleinbuchstaben.

Bleistift
Holzstift, der als Kern eine Mine aus Graphit und gebranntem Ton enthält. Auf Papier hinterläßt der Stift, je nach Zusammensetzung der Graphit-Ton-Mischung, eine hellgraue bis intensiv schwarze Spur, die mit Gummi wieder ausradiert oder verwischt werden kann. Die modernen Bleistifte gehen auf die Erfindung von Nicolas Conté Ende des 18. Jahrhunderts zurück.

Büttenpapier
Handgeschöpftes Papier aus Zellstoff oder Hadern mit unregelmäßigen Rändern.

C

Calamus
Rohrfeder aus Schilf oder Holz. Das Prinzip ist seit 2900 v. Chr. bekannt. Die Unterschiede der Strichbreiten auf Tontäfelchen läßt vermuten, daß mehrere verschiedene Arten, die Rohrfeder zuzuschneiden, gebräuchlich waren.

Calmart
Vom lateinischen *calamus*, Rohrfeder; im Mittelalter kleines Schreibnecessaire mit Tintenbehälter, das man am Gürtel oder um den Hals trug.

Clip
Metallhalterung an der Kappe eines Füllhalters, mit der man ihn z.B. am Rand einer Sakkotasche festklemmen kann. Viele Marken haben charakteristische Clips entwickelt (so hat Parker einen Pfeil, Pelikan einen Pelikanschnabel).

Cumberland
In dieser Grafschaft im Nordwesten Englands liegen die Borrowdale-Minen, in denen sehr hochwertiges Graphit (elementarer Kohlenstoff) abgebaut wurde.

D

Dekorierte Federn
Als Geschenkartikel waren im 19. Jahrhundert Ornamentfedern beliebt, die mit ihren ausgestanzten Mustern sehr schön anzusehen, zum Schreiben aber weniger geeignet waren. Praktischer waren die Motivfedern (Souvenir-, Porträt- und Devotionalfedern), bei denen die Lochung, die dem Halten der Tinte dient, in Form eines Gesichts, eines Tieres, eines Kreuzes usw. geprägt war. Die in geringen Stückzahlen hergestellten dekorierten Federn sind heute unter Sammlern sehr gefragt.

Demotisch
Die Schrift wurde in Ägypten um das 7. Jahrhundert v. Chr. entwickelt und eignet sich für relativ schnelles Schreiben. Sie wurde in Ägypten bald zur Schrift für den täglichen Gebrauch.

E

Ebonit
Basierend auf Charles Goodyears Entdeckung der Vulkanisation von Gummi, entwickelte Thomas Hancock 1840 dieses neue Material, das unter anderem die Eigenschaft hatte, Flüssigkeiten zu halten, resistent gegen die in der Tinte enthaltenen Salze und Säuren zu sein und nicht viel zu kosten. Ebonit gab es nur in schwarz und rot; die beiden Farben konnten, wie bei den *Ripple*-Modellen von Waterman (1925), miteinander vermengt werden, was eine Marmorierung ergab.

Effel, Jean
Der 1908 in Paris geborene Zeichner und Graphiker ist vor allem durch seine Illustrationen in Zeitungen und Zeitschriften bekannt und für seine Bic-Werbung. Zudem initiierte er ein Projekt, das nach seinem Tode leider nicht weiter verfolgt wurde: die graphische Konzeption einer Universalschrift. Er starb 1982.

Englische Schreibschrift
Elegante, feine Kursivschrift aus dem 18. Jahrhundert, die trotz ihres Namens in England nicht sehr beliebt war; wegen ihres dekorativen Aussehens wird sie heute gerne von Kalligraphen benutzt.

F

Fahne
Flaum und Äste der Vogelfeder, die beim Zuschneiden zur Schreibfeder ganz oder teilweise entfernt werden.

Farbige Tinten
Moderne Tinten auf Basis von Wasser und natürlichen Farbstoffen; sie haben kräftige Farben, sind wasserfest und sehr flüssig.

Federmesser
Kleines Messer mit gerader Klinge zum Zuschneiden der Gänsefedern.

Federn
Schreibgerät, das in Mitteleuropa ab dem 7. Jahrhundert die Rohrfeder ersetzte. Gemeint sind immer die großen Schwungfedern der Flügel. Am häufigsten wurden Gänsefedern verwendet, man nahm zum Schreiben und Zeichnen aber auch die Federn von Enten, Raben, Auerhähnen, Geiern, Schwänen und Pelikanen.

Filigree
Bezeichnung für Verzierung aus Gold oder Silber; das feingewalzte Metall wird zu Formen und Mustern ausgestanzt und über Gehäuse oder Kappe eines Füllhalters oder eines anderen Schreibgeräts gelegt.

Filzstift
In den 1960er Jahren entwickeltes Schreibgerät mit einer tintengetränkten Schreibspitze aus Synthetikfasern. Die Vielfalt der zur Verfügung stehenden Farben brachte der Welt des Schreibens und der des Zeichnens eine willkommene Bereicherung. Das Prinzip des Filzstiftes wurde über die Jahre laufend weiter entwickelt; so entstand u.a. der Fine-liner.

Fountain Pen
Englische Bezeichnung für Füllhalter.

G

Gerbsäure
Gerbsäure oder Tannin ist ein wichtiger Bestandteil traditioneller Tintenrezepte für Eisengallustinten, also Tinten auf der Basis von Eisensalzen und Wespengallen.

Geripptes Papier
Hochwertiges Schreibpapier, bei dem die feinen Querrillen des Siebs, mit dem es geschöpft wurde, wie ein Wasserzeichen erschienen.

Glanzpapier
Glattes Papier mit glänzender Oberfläche.

Gold
Die Federn teurerer Füllhalter sind aus 14- oder 18-karätigem Gold. Reines Gold ist zu weich und wird daher nur in Form von Legierungen mit Kupfer und anderen Metallen verwendet.

Graphit
Elementarer Kohlenstoff von schwarzer bis grauer Farbe, leicht abfärbend. Die wichtigsten Graphitvorkommen in Deutschland liegen in der Nähe von Passau; in Österreich in der Steiermark und in Niederösterreich.

Gros
Zwölf Dutzend; damit auch Bezeichnung für die Fässer, die jeweils 144 Gänsefedern enthielten.

H

Hadern
Anderes Wort für Lumpen; wird benutzt, um Textilmaterial für die Papierherstellung zu bezeichnen.

Hollandage oder Ziehen
Bezeichnung für eine im 15. Jahrhundert entwickelte Methode der Aufbereitung von Vogelfedern. Dabei wurden die Federn mit Hilfe von heißer Asche von dem im Kiel enthaltenen Fett befreit. Nach mehrmonatiger Lagerung wurde die Feder dann zugeschnitten und war zum Schreiben bereit.

I

Illumination
Bunt ausgemalte Miniatur oder verzierter Anfangsbuchstabe in einer Handschrift.

Iridium
Grauweißes, sehr seltenes und sehr hartes Metall, das aus manchen Platinerzen gewonnen wird. Hochwertige Füllhalter erhalten eine Spitze aus poliertem Iridium, um der Abnutzung der Goldfeder vorzubeugen.

J

JiF
Initialen von Jules Isidore Fagard, französischer Importeur von Waterman. Die Firma JiF entwickelte auch die Tintenpatrone aus Glas und brachte den Füllhalter *Waterman CF* auf den Markt.

K–L

Kaolinbeschichtetes Papier
Durch die Kaolinschicht, die während des Herstellungsprozesses aufgetragen wird, läßt sich dieses Papier sehr gut einfärben.

Kugel
Das Prinzip des Kugelschreibers wurde von mehreren Erfindern parallel um die Jahrhundertwende entwickelt und Ende der 1930er Jahre von dem Ungarn Lászlo Biró perfektioniert. Anders als die starre Feder rollt die Kugel in ihrer Halterung und hinterläßt dabei einen Tintenfilm auf dem Papier. Die Tinte für Kugelschreiber ist dickflüssig und fetthaltig.

Lucky curve
Eines der ersten Patente von George Parker (1895). Dank des gebogenen Tintenleiters fließt die Tinte in den Tank zurück, wenn der Füllhalter verschlossen wird. So wird verhindert, daß die Tinte weiter in die Feder und in die Kappe dringt.

M–O

Mechanischer Federschneider
Ein von dem Franzosen de la Chaumette Anfang des 18. Jahrhunderts entwickeltes mechanisches Gerät zum Schneiden der Federkiele mit einer beweglichen Klinge, die mit einem Hebel verbunden war.

Midlands
Region in Mittelengland mit bedeutenden Kohlevorkommen und einigen großen Industriestädten, u.a. Birmingham, die sich im 19. Jahrhundert zu einem wichtigen Produktionszentrum entwickelte.

Murex
Name eines Modells von Pilot. Der Füllhalter besteht aus einem einzigen Stück: Feder und Gehäuse sind aus einem Metallblock gearbeitet.

Overlay
Verzierung eines Füllhalters mit ausgestanztem, ziseliertem dünn ausgewalztem Metall oder Edelmetall.

P

Papyrus
Am Nildelta wird diese Schilfart bis zu fünf Meter hoch. Schmale Streifen wurden aus den Hülsen der Stengel geschnitten, übereinandergelegt und gepreßt. Beim Trocknen verbanden sie sich und gaben einen Untergrund ab, auf den man schreiben konnte. Papyrus wurde von den Ägyptern, aber auch von den Griechen und Römern verwendet.

Patrone
Einweg-Tintenbehälter aus Plastik für entsprechende Füllhalter oder Rollerballs. Obwohl versucht wurde, einen Standard einzuführen, lassen sich bei Füllhaltern bestimmter Fabrikate nur Patronen der gleichen Marke einsetzen (z. B. bei Parker und Lamy).

Pergament
Rasierte, gegerbte und getrocknete Häute von Kälbern, Ziegen, Schalenwild und Schweinen, die im Europa des Mittelalters bis zur Einführung des Papiers im 15. Jahrhundert als Untergrund für Handschriften und Miniaturen verwendet wurden.

Plattierung
Das Überziehen von Teilen aus Metall mit einer feinen Schicht Gold oder Silber durch ein elektrogalvanisches Verfahren. Für Gold- oder Silberdoublé wird ein hauchdünnes Blech aus dem jeweiligen Edelmetall auf eine Unterlage aus schlichterem Metall aufgebracht. Beim *Silver-Sleeve*-Verfahren ist die Silberschicht etwas dicker. Schreibgeräte aus »echtem« Gold oder Silber sind relativ selten.

Pumptintenfaß
Säulenförmiger Tintenbehälter, aus dem mit Hilfe eines Kolbens Tinte in einen kleinen, am Fuß der Säule befindlichen Napf hinein- und aus ihm wieder herausgepumpt werden kann.

Q–R

Quink
Markenname einer schnelltrocknenden Tinte, die von der Firma Parker hergestellt wird.

Reservoir-Feder
Metallfeder, die so geformt war, daß sich an ihr ein kleiner Tintenvorrat ansammelte. So konnte man mehrere Seiten hintereinander beschreiben, ohne die Feder wieder ins Tintenfaß eintauchen zu müssen.

Röhren-Feder
Metallfeder, die hinten anstatt eines Schafts eine Metallröhre besitzt, an der man sie beim Schreiben halten oder die man in einen einfachen Holzgriff stecken kann.

Rollerball
Eine Weiterentwicklung des Kugelschreiber-Prinzips, die um 1981 herauskam. Anstatt wie der Kugelschreiber mit dickflüssiger Tinte, schreibt der Rollerball mit dünnflüssiger Tinte auf Wasserbasis. Man braucht beim Schreiben nicht aufzudrücken, und die Schrift wird gleichmäßiger als beim Kugelschreiber. Inzwischen gibt es dieses Schreibgerät in vielen unterschiedlichen Ausführungen: mit Metallspitze, mit Plastikspitze und als Filzschreiber mit Kugel. Angeboten wird der Rollerball auch unter den Bezeichnungen Tintenroller, Tintenkugelschreiber oder Rollerpen.

Ronde (Runde)
Im 18. und 19. Jahrhundert und bis in das 20. Jahrhundert in einigen europäischen Ländern häufig gebrauchte Schreibschrift, bei der die geraden Buchstaben Viereckformat haben.

S

Safety
Füllhalter, bei dem sich die Feder durch Drehen des Federendes einziehen läßt. Das System kam zwischen den Kriegen aus der Mode und erlebt seit kurzem durch Modelle wie *Stypen up* seine Renaissance.

Schaftfeder
Die gebräuchlichsten Metallfedern. Der gewölbte Schaft der Feder wird mit etwas Druck in die Zangenhalterung des Federhalters gesteckt.

Schieferbruch von Trélazé
Nahe der kleinen Stadt Trélazé bei Angers liegt der größte Schieferbruch Frankreichs.

Seidenpapier
Feines, seidiges Papier, das auch zum Einpacken kostbarer, empfindlicher Gegenstände wie Schmuck verwendet wird oder als Trennblatt in Büchern die Seiten mit aufgeklebten Fotografien oder Drucken schützt.

Skriptorium
Schreibsaal in einem Kloster, in dem von besonders ausgebildeten Mönchen Handschriften abgeschrieben oder illustriert wurden.

Stilus
In der Antike gebräuchliches Schreibgerät: ein spitz zulaufender Stab aus Kupfer, Blei oder Bronze, mit dem man auf Tafeln mit Wachsüberzug schreiben konnte. Das hintere Ende des Stabs war breit und flach, so daß man damit das Geschriebene wieder auslöschen konnte.

Syphoïde
Name des Vorläufers des Füllhalters, den Jean-Benoît Mallat im Jahre 1864 erfunden hat.

T

Tintenhorn
Ein aus Rinderhorn hergestellter Tintenbehälter, der im Mittelalter gebräuchlich war.

Tontäfelchen
Tafeln aus feuchtem Ton wurden schon früh als Untergrund für Schrift verwendet. In diesen feuchten Ton wurden mit einem Holzstab oder einer Rohrfeder die kleinen Zeichen der Keilschrift eingedrückt (ab 2900 v. Chr.).

Trench pen
Im Laufe des Ersten Weltkrieges stellten mehrere Firmen wie Onoto und Parker besondere Füllhalter für Soldaten her. Die Tinte dazu wurde in Pulver- oder Tablettenform geliefert und direkt in den Tank des Füllhalters eingefüllt. Sobald man Wasser hinzugefügt hatte, war der Füllhalter zum Schreiben bereit.

Tsaï Lun
Um 62 n. Chr. geborener hoher Beamter am Hofe des chinesischen Kaisers, der dort im Jahre 105 den Gebrauch des Papiers eingeführt haben soll. In China wird er angeblich als eine Art Schutzpatron der Papierhersteller angesehen.

V

Velin
Sehr feines Pergament, das aus der Haut ungeborener Kälber und Lämmer gefertigt wurde. Das 1781 von Réveillon erfundene Velinpapier ähnelt in der Qualität sehr feinem Pergament.

Vulkanisierung
Durch Hinzufügung von Schwefel wird Kautschuk haltbarer, ohne seine Elastizität zu verlieren. Auf der Grundlage dieses Verfahrens wurde auch der Hartgummi Ebonit hergestellt, aus dem die ersten amerikanischen Füllhalter Ende des 19. Jahrhunderts gefertigt wurden.

W

Wasserzeichen
Man erhält es, indem man auf dem Sieb, mit dem das Papier geschöpft wird, einen Relief-Stempel anbringt. An den geprägten Stellen ist das Papier dünner und läßt, wenn man es gegen das Licht hält, das Prägezeichen erkennen.

Wespengalle
Bestandteil der sogenannten Eisengallus-Tinten, die aus Eisensulfat, Tannin und Wespengallen zusammengesetzt sind. Gallen sind Auswüchse an Blättern bestimmter Bäume (z.B. Eichen) und entstehen durch den Stich von Insekten (Gallwespe, Gallmilbe) bei der Eiablage.

Z

Zelluloid
Werkstoff pflanzlichen Ursprungs. Man erhält ihn durch eine Verbindung von Kampfer und Zellulosenitrat. Verschiedene Firmen verwendeten ihn für die Herstellung ihrer Schreibgeräte in konventioneller oder leicht abgeänderter Zusammensetzung unter den Bezeichnungen Radite, Pyralin, Permanite oder Bayer-Zelluloid.

Zinnober
Natürliches Quecksilber(II)-sulfid (HgS), das roten Tinten als Farbstoff zugesetzt wird.

Bibliographie

Belletristik

Umberto Eco, *Der Name der Rose.* Hanser, München 1991.

Peter Handke, *Die Geschichte des Bleistifts.* Suhrkamp, Frankfurt a.M. 1985.

José Saramago, *Handbuch der Malerei und Kalligraphie.* Rowohlt TB, Reinbek 1997.

Asta Scheib, *Eine Zierde in ihrem Haus. Die Geschichte der Ottilie von Faber-Castell.* Wunderlich, Reinbek 1998.

Kalligraphie

Herbert Becker, *Kompaktkurs Kalligraphie. Der sichere Weg für Einsteiger.* Christopherus, Freiburg 1994.

Lisa Beck/Eugen Nerdinger, *Schriftschreiben – Schriftzeichnen.* 2 Bde. Callwey, München 1989.

Werner Doede, *Schönschreiben, eine Kunst. Johann Neudörffer und die Kalligraphie des Barock.* Prestel, München 1988.

Helmut Egerer, *Schriftschreiben. Künstlerisches Kalligraphieren für Einsteiger. Lehrbuch.* Augustus, Augsburg 1991.

Carl Faulmann, *Das Buch der Schrift. Enthaltend die Schriftzeichen und Alphabete aller Zeiten und aller Völker des Erdkreises.* Eichborn, Frankfurt a.M. 1995

ders., *Schriftzeichen und Alphabete aller Zeiten und Völker. Reprint der Ausgabe Wien 1880.* Augustus, Augsburg 1995.

Geith Forsberg/Karl E. Forsberg, *Schrift. Kleine Schule der Kalligraphie.* Wittig, Hamburg 1988.

Karl Gerstner, *Kompendium für Alphabeten.* Niggli, Sulgen 1994.

Julius de Goede, *Kalligraphie für Einsteiger. Schönschreiben lernen. Lehrbuch.* Augustus, Augsburg 1990.

ders., *Kalligraphie für Einsteiger. Schönschreiben lernen. Übungsbuch.* Augustus, Augsburg 1990.

Gaynor Goffe, *Kalligraphie-Schule.* Könemann, Köln 1998.

David Harris, *Die Kunst des Schreibens. Eine Anleitung zur Kalligraphie.* E. A. Seemann, Leipzig 1996.

Christine Hartmann, *Kalligraphie. Die Kunst des schönen Schreibens.* Falken, Niedernhausen 1994.

Christine Hartmann/Christian Scheffler, *Meisterschule Kalligraphie. Intensivkurs mit Beispielen zeitgenössischer Meister.* Augustus, Augsburg 1996.

Joseph Kiermeier-Debre/Fritz F. Vogel, *Das Alphabet. Die Bilderwelt der Buchstaben von A–Z.* Ravensburger Buchverlag, Ravensburg 1995.

Reinhard Kunze, *DuMont's Handbuch Kalligraphie. Einführung in Geschichte, Theorie und Praxis der handschriftlichen Gestaltung.* DuMont, Köln 1992.

Elfriede Laschitz, *Kalligraphie/Calligraphy. Schriftbeispiele von der Antike bis zur Gegenwart/A Collection of Examples from Antiquity to the Present. Dt./Engl.* Hrsg. in Zusammenarbeit mit *novum gebrauchsgrafik*, Internationale Monatszeitschrift für Kommunikationsdesign. Bruckmann, München 1994.

Philipp Luidl, *Typographie.* Schlütersche, Hannover 1989.

Claude Mediavilla, *Calligraphy. From Calligraphy to Abstract Painting.* Scirpus Publications, Wommelgem 1996.

Katharina Pieper, *Schrift schreiben. Eine Anleitung für die Praxis.* Bruckmann, München 1991.

Gottfried Pott, *Schrift, Klang, Bild. The Music of Lettering. Dt./Engl.* H. Schmidt, Mainz 1995.

Ingrid Schade, *Gestalten mit Schrift.* Falken, Niedernhausen 1990.

Andreas Schenk, *Kalligraphie. Die stille Kunst eine Feder zu führen.* AT-Verlag, Aarau 1989.

Walter Stähle, *Kalligraphie. Eine Anleitung zum Schreiben künstlerischer Schriften.* Frech, Stuttgart 1990.

Timon Stevens, *Kalligraphie von A–Z. Eine praktische Anleitung zum Schreiben und Gestalten von Buchstaben und Texten.* P. Haupt, Stuttgart 1990.

Erhard D. Stiebner, *Bruckmann's Handbuch der Schrift. Ein Schriftmusterbuch.* Bruckmann, München 1992.

Jan Tschichold, *Die Neue Typographie.* Brinkmann & Bose, Berlin 1995.

ders., *Meisterbuch der Schrift. Ein Lehrbuch vorbildlicher Schrift aus Vergangenheit und Gegenwart.* E. A. Seemann, Leipzig 1999.

Kurt Weidemann, *Wo der Buchstabe das Wort führt. Ansichten über Schrift und Typographie.* Cantz'sche, Ostfildern 1997

Diana Hardy Wilson, *Kalligraphie. Schriften und Techniken.* E. Ulmer, Stuttgart 1996.

Weiterführende Literatur

Martin Andersch, *Manual. Geschriebene Interpretationen literarischer Texte.* E. A. Seemann, Leipzig 1991.

Roland Barthes, *Das Reich der Zeichen.* Suhrkamp, Frankfurt a.M. 1981.

ders., *Mythen des Alltags.* Suhrkamp, Frankfurt a.M. 1996.

Jürgen Dittmer/Martin Lehmann, *Pelikan-Schreibgeräte 1929–1997.* Art Forum im Baumhaus Verlag. Baumhaus, Frankfurt a.M. 1998.

Sabine Fischer, *Der Gänsekiel oder Womit schreiben? Mit einem Essay von Peter Härtling über Dichter und ihre Schreibgeräte.* Marbacher Magazin 69/1994. Vom Schreiben 2. Deutsche Schillergesellschaft, Marbach am Neckar 1995.

Vilem Flusser, *Die Schrift. Hat Schreiben Zukunft?* European Photography, Göttingen 1992.

Károly Földes-Papp, *Vom Felsbild zum Alphabet. Die Geschichte der Schrift von ihren frühesten Vorstufen bis zur modernen lateinischen Schreibschrift.* Belser, Stuttgart 1987.

Adrian Frutinger, *Der Mensch und seine Zeichen. Schriften, Symbole, Signate, Signale*. Fourier, Wiesbaden 1996.

Harald Haarmann, *Universalgeschichte der Schrift*. Parkland, Köln 1990.

Albert Kapr, *Fraktur. Form und Geschichte der gebrochenen Schriften*. H. Schmidt, Mainz 1993.

ders., *Schriftkunst. Geschichte, Anatomie und Schönheit der lateinischen Buchstaben*. Verlag der Kunst Amsterdam, Amsterdam 1996.

Herlinde Koelbl, *Im Schreiben zu Haus. Wie Schriftsteller zu Werke gehen*. Knesebeck, München 1999.

Martin Kuckenburg, *… und sprachen das erste Wort. Die Entstehung von Sprache und Schrift. Eine Kulturgeschichte der menschlichen Verständigung*. Econ, Düsseldorf 1996.

Andreas Lambrou, *Füllfederhalter. Ein Überblick über die Entstehungsgeschichte und die wichtigsten internationalen Marken*. Heyne Praktische Ratgeber. Heyne, München 1992.

Louis Mermet, *Rund um den Bleistift*. Ott, Thun 1995.

Elisabeth Pélégrin-Genel: *Büro. Schönheit – Prestige – Phantasie*. DuMont, Köln 1996.

Henry Petroski, *Der Bleistift. Die Geschichte eines Gebrauchsgegenstandes. Mit einem Anhang zur Geschichte des Unternehmens Faber-Castell*. Birkenhäuser, Basel 1995.

Andrew Robinson, *Die Geschichte der Schrift. Von Keilschriften, Hieroglyphen, Alphabeten und anderen Schriftformen*. Haupt, Stuttgart [u. a.] 1996.

Wilhelm Sandermann. *Papier. Eine Kulturgeschichte*. Ergänzt und überarbeitet von Hans Hoffmann. Springer, Berlin [u. a.] 1997.

Adelheid Schlott, *Schrift und Schreiber im Alten Ägypten. Beck's Archäologische Bibliothek*. C.H. Beck, München 1989.

Vera Trost, *Skriptorium. Die Buchherstellung im Mittelalter*. Belser, Stuttgart 1991.

Zeitschriften

Ars Scribendi. Rundbrief der Internationalen Gesellschaft zur Förderung der Literatur- und Schriftkunst e.V. Köln.

Rüdiger Bucher, *Die schönsten Schreibgeräte*. Edition Scriptum 1999. Ebner, Ulm 1998.

ders., *Scriptum Special. Der Katalog 1999. Aktuell: Preise, Infos, Produkte*. Ebner, Ulm 1998.

Kult am Pult. Das Journal für erlesene Schreibtischkultur. Hg. von K.-H. Weinbrenner [u. a.]. bit-Verlag Weinbrenner, Leinfelden.

Letter Arts Review. Hg. von Karyn Lynn Gilman, Norman/USA.

Regina Martini, *Sammlerkatalog Füllfederhalter. Battenberg Antiquitätenkatalog*. Battenberg, Augsburg 1995.

Paper World. Journal. Hg. von Messe Frankfurt GmbH. bit-verlag Weinbrenner, Leinfelden.

Schreibkultur. Das Magazin für Schreibgeräte und Accessoires. Umschau Zeitschriftenverlag, Frankfurt a.M.

Scriptum. Die Zeitschrift für Schreibkultur. Schreibgeräte. Ebner, Ulm.

The Scribe. Journal of the Society of Scribes and Illuminators. London.

Bildquellen

Privatsammlung: S. 12, 31, 36 oben, 37, 41, 44, 68 oben, 84 unten, 87, 91, 111, 112 oben, 114, 115 oben und unten, 116 links, 141 unten links, 142, 144, 148, 149, 152 rechts, 159.

Fotos von H. Lefebvre: S. 6, 30, 35, 40, 42, 49, 52, 53 oben, 54 unten, 57, 60/61, 62 oben, 63, 70, 72, 73, 74 unten, 75, 76, 83 rechts, 86, 96, 140, 156.

Fotos von A. Brumaire, Sammlung L. Van Cleem: S. 10, 28, 32, 39 Mitte, 56, 64, 68 unten, 69, 77, 93, 95, 158.

RMN: S. 8 rechts, 9 rechts, 21, 22, 23, 29. 32 unten.

J. Boulay: S. 1, 2, 3, 4, 5, 34 oben links und Mitte, Sammlung Ridel, 101, 117, Sammlung O. Purnot, 118–119, 122–123, 124 Halter: Point Plume stylo, Füllfeder: Sammlung Institut des Arts de l'Ecriture – Musée International du Stylo, 126, 127 Sammlung Institut des Arts de l'Ecriture – Musée International du Stylo, 131 Mitte, 133, 137, 154.

Waterman: S. 103 oben und unten, 104–105 oben, 106 oben und unten, 107 links und rechts, 128 links und rechts (Waterman/Steinberg).

Marc Walter: S. 24, 25, 26 Mitte links und unten, 27, 33, 43.

Bibliothèque Forney: S. 36 unten, 38 oben und unten, 39 unten, 55 unten, 59 unten, 111 rechts oben, 116 unten, 151 oben.

Roger Viollet: S. 14 Mitte, 65, 71, 88, 89, 130.

Fotos J. Castel, Sammlung L. Van Cleem, La Mémoire des Sergent-Major: S. 53 unten, 54 oben, 55 oben, 59 oben, 83 unten links, 94, 95 oben.

Sammlung R. Harland: S. 62 unten, 66–67.

G. Benoît: S. 120, 121.

Musée national de l'Education – I.N.R.P.: S. 82, 84 oben.

ADAGP: S. 145, 146, 147.

Cartier: S. 134 oben links, unten (Foto J.-P. Métayer), 135.

Titelbild: Marc Van Appelghem/© Caran d'Ache; S. 8: links, Der Kalligraphe/Foto L. Geneslay; S. 9: links, Royal Library, Kopenhagen; S. 12: Scala; S. 13: Bibliothèque Nationale, Paris; S. 14: links, The National Trust, Waddesdon Manor, Aylesbury; S. 15: Oronoz; S. 16: J.-L. Petit; S. 17: Oronoz; S. 18: Artephot; S. 19: The National Gallery of Ireland, Dublin; S. 26: oben links, AKG Photo; S. 45: Studio Flammarion; S. 46: University Library, Bologne; S. 47: oben, Rustica; unten, Treal et Ruiz; S. 48: Atelier photo Déclic; S. 50: Sammlung Jean Chalon, Colette/Flammarion; S. 51: oben, Richard Foster, Katalog Smythson; unten, Foto Flammarion Arjomari-Papier; S. 74: oben, Keystone; S. 78: AFDPP/Foto M. Bovis/© Ministère de la Culture – France; S. 79: Musée de l'école rurale en Bretagne, Trégarvan; S. 80/81: Musée Granet, Palais de Malte, Aix-en-Provence/Foto: B. Terlay; S. 58, 85: J-L Mège; S. 90: Matite/L. De Ceglie; S. 92: oben, Faber-Castell; unten, Caran d'Ache; S. 97: G. B. oben; unten, Studio Flammarion; S. 98: Lamy; S. 99: UNESCO/D. Roger; S. 100: Stypen; S. 102: AKG Photo/ W. Limot; S. 105: rechts, alle Rechte vorbehalten; S. 108: oben, Parker-Archiv; S. 109: Mitte, alle Rechte vorbehalten; unten, Sheaffer; S. 110: Montblanc; S. 112: unten, Edacoto; S. 113: oben, Omas; unten, Namiki; S. 125: Dunhill-Namiki; S. 129: Pelikan; S. 132: Fabergé; S. 134: rechts, Caran d'Ache; S. 136: Pelikan; S. 138: AFDPP/Foto R. Voinquel/Ministère de la Culture – France; S. 139: Caran d'Ache; S. 141: Sensa; S. 143: alle Rechte vorbehalten; S. 145: ADAGP; S. 146: unten, Studio Flammarion; S. 150: Pilot; S. 151: unten, Pentel; S. 152: links, Sensa; S. 153: Omas; S. 155: Lamy; S. 157: Studio Flammarion; S. 160: Foto Richard Foster, Katalog Smythson; Schutzumschlag-Rückseite: oben, J.-L. Petit; unten, Studio Flammarion.

Register

In diesem Register werden nicht die Seiten des Anhangs berücksichtigt. Die *kursiv* gesetzten Ziffern verweisen auf Bildlegenden.

ABS-Bleistift 92
Alaunpulver 20, *34*
Alexandre, J. 62
Humboldt 62
Alkuin (Alcoin) 12
Altaribo, Henri 19
Amenophis III. *8*
Ancora (Firma) 38
Antoine (Firma) 38, *38*, *41*, 42, *42*, 45
Apple *157*
iMac 157
Aristoteles 70
Arjo-Wiggins 48
Canson 48
d'Arches 48
Johannot 48
Montgolfier 48
Armarius (Leiter der Kopisten) 17
Arnoux, Joseph 59
Aurora 113
Aurora 88
Aurora Thési 153
Etiopia 113

Bac, Guillaume 70
Baignol & Farjon 53, 55, 58, *62*, 73, 90, *148*, *149*
Baïonnette 62
Ballon-Feder 94
Balzac, Honoré de 45
Barthes, Roland 8
Bayard (Firma) 112
Excelsior 98
Beauchesne, John de 20
Bellini, Mario *155*
Bic 98, 141, 145, *145*, 146, 147, *147*, 149, 150
(Bic) Cristal 141, 145, 146, *146*, 149
Junior 147
Mystère 149
Orange 147, 149
Pointe Bic 145
Bich, Marcel 145, 146
Bion, Nicolas 111
Biró, Georg und Ladislav 142
Biró, Lászlo Jozsef (d. i. Ladislav Biró) 142
Blanc *48*
Blanzy, Pierre 55, 58
Blanzy-Poure 55, 58, *62*, 65, 68, 73, 90, *94*
Zick-Zack 62
Bled, Edouard 100
Bleistift 88, 92, *92*
Bleistiftspitzer 92, *92*
Bleistiftverlängerer *90*
Boileau (-Despréaux), Nicolas 42
Borel, Pierre 45
Bossuet, Jacques Bénigne 42
Boston Pen Company 109
Botticelli, Sandro *18*
Bramah, Joseph 26, 70
Brandauer (Großindustrieller) *58*
Brause (Industrieller) 59
Buffard, Edouard 145

Calamus (d. i. ein Schreibgerät) *8*
Calmart (d. i. ein Schreibnecessaire) *12*, 33
Canson 48, 96, 163, 176
Caran d'Ache 34, 90, *92*, *134*, 136, *138*
Genève 134, 136
Cartier 34, *34*, 132, 133, *134*
Diabolo 133
Must 133
Pasha 134
Cassou (Erfinder) *96*
Champollion, Jean-François *32*
Chanou (Künstler) *32*
Chardin, Teilhard de 36
Chevènement (Firma) 38, *39*, *42*
Clarté, Théobald 58
Colette 51, *51*, *103*, 128
Compagnie française 55, 58, 62, 68, 94
Sergent-Major 7, 8, 68, 94, *94*, *130*
Zebra 62, *62*
Computer 157–159
Computerstift 155, 158, 159
Conklin 107, 108, *108*, 115
Crescent Filler 108
Conklin, Roy 108
Conté, Nicolas 73, 88, *88*, 90–92
Coppée, François 70
Coupin, Henri 33, 84
Cross 34, 91, 158
I Pen 158, *159*
Digital Writer 158
Cross, Alonzo Townsend 91

Dactyle-Schreibmaschine 158
Danloux, Henri-Pierre *28*
Daudet, Alphonse 70, 94
De La Rue (Firma) 111, *111*
Onoto 111, *111*
Delpierre & Cie. 58
Diderot, Denis 20, *21*
Didier, Clovis *70*
Dierckx, J. 65
Dixon (Firma) 90
Do-mi-sol-do-Feder 62
Dossi, Carlo 88
Drehbleistift 111, *116*, 128
Druckbleistift 91, 109, 155, *157*
Dugaty-Manufaktur *33*
Dumas, Alexandre 7, 26
Dunhill 132
AD 2000 132, *153*
Dunhill, Alfred *124*, 129
Dutourd, Jean 155

Eagle American Pencil 73, 90, 115
Edacoto (Firma) 112, *112*
Effel, Jean 98
Elisabeth II. *130*
Esterbrook 59
Estivaux, Thierry des 92

Faber 73, *91*, 142, *142*
Faber, Eberhard 142
Faber, Kasper 90
Faber, Lothar von 90
Faber-Castell 90, *92*, 116
Fabergé Gothic 132
Fagard, Jules-Isidore 113
Falcon Pen 94
Fallières, A. 42
Federhalter 26, *28*, *53*, 62, 68, 70–78, 82, 94
Federhalterführer *96*
Federmesser *12*, *14*, 20, *20*
Federschachtel 68–70, 83, 84
Ferris, William 107
Filzschreiber 98, *130*, 150
Fineliner 150
Fonqueragne, M. 76
François, André *148*, *149*
Füllfederhalter 98, 103–138

Gänsefeder 11–30, 55
Gardot (Firma) 38, *41*
Geoffroy, Jean *82*
Gide, André 51
Gilbert (Erfinder) 91
Criterium 91, *91*
Gilette 113
Gillott, Joseph 53, *54*, 56, 58, *58*, *65*
Gimborn-Tinte 38
Giono, Jean 45
Glasfeder *76*
Glaspatrone 113, *114*, 115
Goethe, Johann Wolfgang von 7, *26*
Gold Starry (Firma) 112
Goldfeder 115, 116
Gomez, Francine 113
Goodyear, Charles 105
Gutenberg 18

Hardtmuth 73, *105*
Koh-i-Noor 90, *105*
Hardtmuth, Frantz 90
Hebelfüllhalter *109*, *111*
Heiliger Hieronymus 12, *12*
Heiliger Matthias *9*
Heinrich IV. 20
Heintze & Blanckertz 59, *59*, 73, 110
Herbin (Firma) 38, *38*
Hinks-Wells (Großindustrieller) *58*, 73
Holland, John 107
Honegger, Arthur *138*
Hughes (Großindustrieller) *58*, 65
Time-is-money-Feder 65
Hugo, Victor 26, 45, 65, 70
Hysek, Jorg 132, 136

International Paper 48
Aussedat-Rey 48
Lana 48

Janin, Jules 65
Jessop and Sons 53
JiF 112, 113, *114*, 115, *115*, 130, *152*, 153
Panta 152
Joséphine *23*

Kalam-Feder 62
Kaweko (Firma) 110
Kreide 87, 88
Kugelschreiber 98, 103, 141–156

Laforest 142
Lalique (Firma) 34
Lalouette, Frédéric 58
Lambert, E. 141
Lamy 110, 132
ABC 98, *98*
Combo 110
Lady 132
Lamy 2000 132
Persona 132, *155*
Spirit 153
Lassimone (Erfinder) 91
Laudahn (Graphiker) *59*
Lebeau, François 53, 58, 68
Lefebvre (Atelier) 136
Legangeur, Guillaume 20
Léglize, Belliard & Cie. 22, 23
Legnani (Federfabrik) 59
Leo X. 42
Léonardt (Großindustrieller) *58*, 68
Lépine, Jean-Pierre *120*, *133*
Graphiscaph 133
Le Roux, Jacques *17*
Lexon 155
Liliput-Feder 62
Lion Noir (Firma) *96*
Locati (Federfabrik) 59
Loos, Louis Michel van *21*
Löscher 62, 96
Löschpapier *91*, 96, 97, *97*, 98
Löschwiege 73
Loti, Pierre *44*
Loud, J. J. 141, 144
Ludwig XIII. 45
Ludwig XIV. 31, 111
Ludwig XV. 31
Ludwig XVI. 31
Lun, Tsaï (Lun, Cai oder Ts'ai) 47

Mabie, Todd & Co. 111
Machado, Pedro *17*
Machiavelli 42
Magalhaens 91
Magnum-Feder 62
Majuskel *21*
Mallat-Werke *56*, 73, 112
Plexigraf 112
Syphoïde 112
Visor Pen 112
Mallat, Jean-Benoît 112
Maquet (Firma) *42*
Marais, du (Papierwerke) 51
Médaille 51
Marche, François de la *28*
Marie-Antoinette 45
Martin, Henry George 142
Mason (Stahlfederfabrikant) 55
Jules-Verne-Feder *55*
Mason, Josiah 58, *58*, 70
Massoudy, Hassan 157
Matsuda, Gonroku 129
Mauriac, François *158*
Maurin (Firma) 42
Meiamun (ägyptischer Schreiber) 70
Météore (Firma) 112
Miélot, Jean *13*
Mignon, Jules *84*
Minuskel *21*
Mitchell (Stahlfederfabrikant) 94
Feder *J 94*
Mitchell, William 56, 58, *58*, 73
Möbius, Theodor Paul 92
Moholy-Nagy, Laszló 129
Montblanc 34, 110, *110*, 115, 116, 120, 131, 133, 136
Meisterstück 124, 128, 130, 131, 136
Montegrappa (Füllhalter-Hersteller) 133
Mordan, Sampson 91
Ever Pointed Pencil 91
Muschler (Firma) 116
Reform 158
Myers (Großindustrieller) 58

Namiki, Ryosuke 129
Nebmertuf (ägyptischer Schreiber) *8*
Nerval, Gérard de 45
Neudörffer, Johann 20
Normalfeder 62

Omas (Officine Meccaniche Armando Simoni) 113, 116, *124*, 129, 133, 136, 153
Almirante 136
Lucens 113
Omas 360 113, *153*
Omas 361 116
Omas Extra 113
Paragon 113, 129
Signs for Children 133
Omyacolor 87
Ording und Reda *100*
orthodactyle penholder (orthodaktyler Federhalter) 94
Ovid 45, 70

Pagnol, Marcel 83
Paillasson (Zeichner) 20, *20*
Palatino (Grammatiker) 19
Pamart, Albert 58
Paper Mate 150
Papier 48–51
gerippt 51
Pergament-Papier 51
satiniert 51
Papyrus 9, 47
Parker 41, 103, 107, *108*, 109, 113, 115, 116, 120, 124, 129, 142, 151, 155
Big Red 124, 133
Duofold 116, 128, *157*
Duofold Mandarin 103, *124*, 128, 133, *157*
Lucky Curve 107, *108*
Parker 51 129–132
Parker 180 155
Quink 41
Snake Overlay 124, *128*, 133
Student 98
Tango 133
Trench Pen 107
Vest Pocket 116
Parker, George 107
Pedro III. 47
Pelikan *36*, 38, 110, 115, 129, *136*, 150, 153
Graphos 153
Level 5 136
Pelikan 110 128, 129, *129*
Toledo 133
Pentel 150, 152
Ball Pentel R50 150, 151
Ball Pentel R56 151
Sign Pen 150
Pergament 9, 11, 36, 47, *47*
Perry & Co. 94
Perry, James 38, 56, 58, *58*
Pilot 100, 113, 129, 150, 152
Capless 113
Dr. Grip 152
G1 155
Murex 113
Namiki 34, 113, *113*, 124, 128, 129
V5 150, 152
V Pen 100
Pinsel 9, 36
Pivot, Bernard *103*
Platinum (Firma) 120
Plinius der Ältere 45
Pochet (Erfinder) 32
Poure, Eugène 58
Prévert, Jacques *79*
Proust, Marcel 51

Quintilian 157

Radiergummi 91, 92
Ramses III. 70
Raschid, Harun al 47
Redens (Firma) 120
Regnault, Edmond 149
Remington 59
Reynolds 144, *144*, 150
Fine Carbure 149
Fine Carbure 504 mit Sicherheitstinte 149
Ink Point 157

Reynolds, Milton *142*, 144, 149
Robert, Nicolas Louis 48
Robespierre 45
Roger von Sizilien 47
Röhrenfeder *59*, 62
Rohrfeder 11, 12, 158
Rollerball 150–*153*, 155, *155*
Rotring 132, 150, 153
Art Pen 132, 158
Isograph 153
Quattro 153
Trio 153
Ruspi (Federfabrik) 59

Sankt Markus *14*
Savignac, Raymond 98, *145*, 146, *146*, *147*
Schäffer, J. C. 48
Schaftfeder *59*, 62
Schiefertafel 87
Schlauchfüller 115
Schmidt (Firma) 116
Scholz, M. 19
Schreibpult 11, 17, *17*
Schrift
arabische 149
Bastarda 62
Cancellaresca (d.h. Kanzleischrift) 18
chinesische 149
englische Handschrift 62, *62*
gotische 13, *13*, *14*, 17, 28, 62
gotische Textura *17*
hieratische Kursive 70
Humanistenschrift 18, *19*
karolingische Minuskel 13, 17, 28
kyrillische 149
Ronde (Runde) *21*
Rotunda 62
Unzialschrift *9*, 13, 17
Schwan Stabilo 150
Sébilo, Patrice *133*
Seelhoff 38
Sévigné, Marie Marquise de 42
Sevilla, Isidor von 12
Sheaffer 107, 108, *108*, 109, *109*, 115, 116, 128, 133, 142, *142*, *151*
Balance 120
Legacy 151
Lifetime 109
Nostalgia 133
Sheaffer 101 98
Sheaffer, Walter 108
Sheppard, George W. 105
Simoni, Armando *113*
Simplo Filler Pen Co. (Firma) 110, *110*, 130
Skriptorium 11, 12, *12*, 14, 31
Soennecken (Kalligraph) 59, 94, 110
Smythson (Firma) *159*
ST-Dupont-Füllhalter 132
Staedler 90
Stahlfeder *11*, 26, *28*, 38, 53–67, 94, 115
Stephen 38, 145
Streudose *23*
Stylomine 112
Stylomine 300 112
Stypen Up 100, *100*
Surini, Doucet de *22*
Swan 111, *111*, 149

Textmarker 155
Thesaurarius (d.h. Hüter des Schatzes) 13
Thot (mythischer Begründer der ägyptischen Schrift) *8*
Tinte 36–47
chinesische Tusche *36*, 42
rubica 36
sympathetische 45
Tintenbehälter 31–35, 96
Baradelle 32, *34*
Pumptintenfaß 32
Tintenflasche *31*, *39*
Tintenhorn 11, 31
Tintenkiller 98
Tintenpatrone 113–115, 130, 131
Tintentablette 107, *109*
Titivillus *12*
Tombow 153
España 153
Oceanic 153
Titan 153
Truphême, Auguste *82*
Tuschefüller 153

Uni Mitsubishi 150, 152
Unis-France 92

Vacumatic *116*
Velde, van de (Malerfamilie) 19
Venerabilis, Petrus 12
Vermeer, Jan (Johannes) *19*
Vernet, Carle *42*
Vigny, Alfred de 45
Visconti (Füllhalter-Hersteller) 133

Wada, Masao 129
Wagner, Günther 38, 129
Wahl Eversharp Company 107–109, 116, 120, 128, 129, 142, *142*, 144
Doric 120, *128*, 129
Skyline 132
Waterman 41, 59, 98, 103–110, 112–115, 124, 128, 130–133, 141, 145, *157*, *158*
C. F. Cartridge Filler 115, 130, *131*, 132
Doll Pen 106
Flash 98
Ideal Fountain Pen 104–107
Ink View 114
Lady 103
Lady Patricia 128
Man 100, 133
Patatbille 153
Patrician 120, 128, *128*, 133, *157*
Regular Cone Cap 104
Regular Taper Cap 107, 124
Ripple 116
Safety 76, 100, *107*
The Pen Prophet 109
Tip Fill 45
Waterman 100 157
Waterman Idealtinte 41
X Pen 98
Waterman, Lewis Edson 104, *104*, 105, 106, 115, 136
Watt, Charles 26
Wiley (Erfinder) *70*
Willat 152
Sensa 152, *152*
Williamson, Peregrine 59

Yankee 56

Zola, Emile 70
Zurbarán, Francisco de *17*

Danksagung

Der Autor möchte hier ganz besonders Jean-Pierre Cassagne und Jean-Philippe Teytaut, Alain Bouldoires und Patrick Rétali danken, die ihm bei den Vorbereitungen zu diesem Buch und bei dessen Niederschrift zur Seite gestanden sind, sowie Sylvie Marande, seiner Gefährtin und Komplizin, einer unvergleichlichen Expertin in Sachen Tusche mit einer besonderen Begabung für das Aufstöbern von Tintenbehältern aus vergangenen Jahrhunderten. Für die Fotografieseiten des Buches hat sie eine große Zahl von Objekten gesammelt und bestimmt. Ein großes Dankeschön auch dem Fotografen Hervé Lefebvre in Bordeaux, der mit viel Gefühl für Ästhetik die Formen und Farben der Tintenbehälter, der Federhalter, der Geschenkkästchen und der alten Bücher zur Geltung gebracht hat, und dem Fotografen Jacques Boulay in Paris.
Der Autor dankt Ghislaine Bavoillot, die das Werden und Entstehen dieses Werks überwachte. Sie lenkte seine Feder mit der nötigen Strenge und entwickelte bald eine Leidenschaft für Schreibgeräte, die es ihr ermöglichte, sich in dieser ihr bisher fremden Welt zurechtzufinden. Ein großes Dankeschön auch dem Verlagsteam: Nathalie Bailleux, Blandine Serret, Juliette Seeuws, Hélène Boulanger, Maud Dechambre und Véronique Manssy.
Für ihre wertvollen Ratschläge und Informationen dankt der Autor Henri Altaribo, Stéphan de Boislambert, Jean-Marc Gras, Richard Harland, Pierre Haury, Jacques Le Roux, Bruno Lussato, Jean-Marie Maes, André Mora und Olivier Purnot. Ein großes Dankeschön auch an Carole Illouz, Hélène Horrut, Magali Escatafal und Annie Lebrun für die Mühe, die sie sich bei der Dokumentation gemacht haben, an Cathy Pollato, an Annick Liose (italienisch) und Monique Avril (deutsch) für ihre Übersetzungen, Karine Vilate für ihre Recherchen zu den Firmen und einer frühen Fassung der Adressenlisten.
Er dankt Maurice Druon, Sekretär auf Lebenszeit der Académie Française, für die wiederholten schriftlichen Ermutigungen, die er ihm seit ihrer ersten Begegnung vor drei Jahren bei der Eröffnung der Ausstellung *Cent ans d'objets d'écriture* hat zukommen lassen; der Stadt Coutras in der Gironde, vertreten durch ihren Bürgermeister Jean-Louis Boscq, ohne den der Plan zu dieser Ausstellung niemals hätte verwirklicht werden können, sowie Julie Daurel, Journalistin bei *Côté Ouest*, Marc Clareton in Paris und allen anderen, die zum Erfolg der Ausstellung beigetragen haben.
Ein großes Dankeschön allen, die Schreibgeräte leihweise zur Verfügung gestellt haben: André Mora, Olivier Purnot, Bruno Lussato und das Musée du Stylo, Armando Simoni, Monsieur Ridel von Point Plume, Madame Ardurats vom Buch- und Schreibwarengeschäft Mollat in Bordeaux, den verschiedenen Geschäften in Paris und den Schreibwaren herstellenden Unternehmen, die so freundlich waren, zahlreiche Fragen zu ihrer Firmengeschichte und zu ihren Produkten zu beantworten.
Dieses Buch verdankt seine Existenz aber auch einem silbernen Federhalter – einem Stück des Juweliers Servan in Bordeaux – und einem Federkasten aus Holz, die ersten Schreibgeräte, die vor zwanzig Jahren den Weg zu meinem Schreibtisch fanden.
Ganz besonders möchte der Autor Lionel van Cleem danken, dessen Buch *La mémoire des Sergent-Major* bei ihm eine schlafende Leidenschaft zum Leben erweckt hat. Angeregt durch das Buch oder andere Druckwerke – u.a. die Menükarten von Air France –, hat er einige schöne Objekte der Van-Cleem-Sammlung – Gänsefedern und Metallfedern – in sein eigenes Buch aufgenommen.
Für ihren treuen Beistand bei seinem Buchprojekt dankt der Autor Marie-Claude Le Floch-Vellay, Anne-Marie Bernard und allen Bibliothekaren der Bibliothek von Bordeaux, Eric des Garets – vom Centre régional des Lettres d'Aquitaine –, dem Drucker Gilles Sautreau wie auch allen Liebhabern von Schreibgeräten, die er im Laufe seiner Forschungen getroffen hat, und all jenen, mit denen er telefonisch oder brieflich Wissen und Informationen austauschen konnte.
Er möchte diese Zeilen nicht beschließen, ohne auch seinen Füllhaltern und seinem Computer zu danken, die ihm monatelang in seiner selbstgewählten Einsamkeit Gesellschaft geleistet haben, an den Ufern jenes Flusses aus Tinte, der träge zum Ozean unserer Erinnerung fließt.
Der Verlag möchte an dieser Stelle herzlich allen Privatpersonen und Herstellern danken, die für die Realisierung dieses Buches Objekte oder Fotos zur Verfügung gestellt haben: Valérie Allard (Dunhill), Corinne Deville (Lamy), Emeline Fontvielle (Montblanc), Renée Franck (Cartier), Eve Friedrich (Gillette Ecriture), Pierre Hageman (Herbin), Claire Gérard (Bic), Monique Kahn (Pilot), Jéan-Pierre Lépine, Alain Mothu (Faber-Castell), Mme. Salinière (Omas), Renate Stern (Caran d'Ache), Lalique. Besonderer Dank geht an Laurent Geneslay (Le Calligraphe), Julie Grinberg (Memo Art), Bruno Lussato und Olivier Bourgeois (Institut des Arts de l'Ecriture – Musée International du Stylo), André Mora, Mme. Lillemor Garnier (Ording und Reda), Cassegrain, Marie-Paule Orluc (Marie Papier), Denis Peaucelle (Papiermuseum »Le Nil«), Marie-Hélène Reynaud (Konservatorin der Archive und des Museums der Papierwerke Canson und Montgolfier), Patrice Sébilo, M. und Mme. Ridel (Point Plume Stylos).
Außerdem möchte der Verlag sich bei all denen bedanken, die bei den Recherchen zu diesem Buch wertvolle Unterstützung geleistet haben, vor allem Jacques Le Roux, der so bereitwillig geholfen und auch seine kostbaren, mit der Gänsefeder geschriebenen Texte für Seite 1 dieses Buchs zur Verfügung gestellt hat; Christian Lacroix hat uns freundlicherweise gestattet, auf den Seiten 4 und 5 seine mit Filzschreiber verfaßten Briefe abzubilden; Valérie Marchand hat uns mit Jacques Le Roux bekannt gemacht; wir möchten hier auch den Sammlern Richard Harland und Lionel Van Cleem sowie André Mora danken, die uns großzügig Material für die Illustrationen zur Verfügung gestellt haben.